高职高专"十二五"规划教材

# 导游业务

## Tour Guide Business

（第二版）

主　编 袁　俊 夏绍兵
副主编 鲁建平 袁　春 马艳平

参　编：（以姓氏笔画为序）
马艳平 刘　娟 刘　勤
刘小红 吴　� 陈雪岚
袁　春 袁　俊 夏绍兵
章　晴 蒋永业 鲁建平

WUHAN UNIVERSITY PRESS
武汉大学出版社

**图书在版编目(CIP)数据**

导游业务/袁俊,夏绍兵主编．—2版．—武汉：武汉大学出版社，2012.6(2016.8重印)
高职高专“十二五”规划教材
ISBN 978-7-307-09801-5

Ⅰ.导…　Ⅱ.①袁…　②夏…　Ⅲ.导游—高等职业教育—教材
Ⅳ.F590.63

中国版本图书馆CIP数据核字(2012)第100926号

责任编辑:易　瑛　　责任校对:刘　欣　　版式设计:马　佳

出版发行：**武汉大学出版社**　(430072　武昌　珞珈山)
(电子邮件：cbs22@whu.edu.cn　网址：www.wdp.com.cn)
印刷:崇阳县天人印刷有限责任公司
开本：720×1000　1/16　印张:19　字数:358千字　插表:1
版次：2008年8月第1版　2012年6月第2版
2016年8月第2版第3次印刷
ISBN 978-7-307-09801-5/F·1677　定价:30.00元

# 目　　录

## 基　础　篇



## 实　务　篇

技 能 篇

# 1 基础篇

2 实务篇

3 技能篇

# 第一章　导游服务

【学习目标】

❖了解导游服务产生和发展的历程

❖理解导游服务的概念和服务范围

❖熟悉导游服务的性质和特点

❖明确导游服务在旅游业中的地位和作用

## 第一节　导游服务的发展历程

### 一、导游服务的产生

导游服务是旅游服务的一个组成部分，是旅游活动发展到一定阶段的产物，并伴随着旅游活动的发展而发展。

（一）古代社会的非商业性导游

在人类历史上，人类有意识的外出旅行是由于产品或商品交换引起的。在原始社会末期，随着生产力的发展，出现了第三次社会大分工，商业从农牧业和手工业中分离出来，社会上出现了专门从事商品交换的商人。他们以经商为目的，周游于不同的部落之间，于是产生了最早的以经商为目的的旅游活动，但它仅限于单一的商务旅行活动，是人类早期旅游活动的一种雏形，还没有产生导游服务。

奴隶社会和封建社会时期，人类的旅游活动有了一定的发展，外出旅游的人增多，旅游的目的也不再单一，但人类旅游活动仍处于一种小规模、无组织、无领导的状态。虽然已有人在旅行时聘请当地熟悉路途的人做向导，但是这些向导都只是临时性的，其作用仅是为旅行者指引道路而已，不是我们现代意义上的导游。商业性质的职业导游，是到了近代才产生的。

（二）商业性导游服务的产生

18 世纪 60 年代后，以英国为代表的西方国家开始进入工业革命时期。随着生产力的迅速发展，旅游生活产生了本质性的变化，其最突出的标志是近代旅游业的诞生和商业性导游服务的产生。

1841年7月，英国人托马斯·库克（Thomas Cook）组织了570人，利用包租火车的方式，从莱斯特城到拉夫巴勒参加禁酒大会。虽然这次活动不是一次纯粹的商业性活动，但它却成了近代旅游产生的标志。更重要的是，托马斯·库克从中看出了巨大的商机。1845年，托马斯·库克又组织了一次350人的团体消遣性旅游活动，从莱斯特到利物浦，为期一周。为组织这次活动，托马斯·库克做了大量的先期准备工作，印制了世界上最早的旅游指南《利物浦之行手册》，自己全程陪同，可以说这是世界上第一次大规模的、有组织的、纯粹以商业赢利为目的的旅游活动。此后，托马斯·库克放弃了原来的工作，开始专门从事旅游代理业务，成为世界上第一位专职的旅行代理商。

1846年，托马斯·库克亲自带领一个旅行团到苏格兰旅行。旅行社为每个成员发了一份活动日程表，还为旅行团专门配置了导游，这是世界上第一次有商业性导游陪同的旅游活动，导游作为一个职业正式开始。

1865年，托马斯·库克成立了托马斯·库克父子公司（即后来的通济隆旅游公司），迁址于伦敦，并在美洲、亚洲、非洲设立分公司。1872年他本人亲自带领一个9人旅游团访问纽约、南北战争战场、尼亚加拉大瀑布、多伦多等地，把旅游业务扩展到了北美洲。这是第一次由旅行社组织的环球旅行，产生了极大的影响。

此外，托马斯·库克在1892年还创造性地发明了一种流通券。凡持有流通券的国际游客可在旅游目的地兑换等价的当地货币，更加方便了游客进行跨国和洲际旅游。这种流通券就是后来的旅行支票。

后来，欧洲及北美诸国和日本纷纷效仿。第二次世界大战后，由于世界范围的和平与发展，大众化旅游活动迅速发展，导游队伍得以壮大。

## 二、我国导游服务发展历程

我国导游服务最早起步于1923年8月的上海，至今经历了四个发展阶段。

### （一）起步阶段（1923—1949年）

同欧美国家相比，中国近代旅游业起步较晚。20世纪初期，一些外国旅行社，如英国的通济隆旅游公司，美国的运通旅游公司等开始在上海等地设立旅游代办机构，总揽中国旅游业务。

1923年8月，上海商业储备银行总经理陈光甫先生在其同仁的支持下，在该银行下创设了旅游部。1927年6月，旅游部从该银行独立出来，成立了中国旅行社，其分社遍布华东、华北、华南等地区的15个城市。与此同时，中国还出现了其他类似的旅游组织。这些旅行社和旅游组织承担了近代中国人旅游活动的组织工作，同时也产生了第一批导游员。

（二）开拓阶段（1949—1978 年）

中华人民共和国成立后，我国旅游事业有了进一步发展。中华人民共和国成立后第一家旅行社“华侨服务社”于 1949 年 12 月在厦门正式营业。1954 年 4 月 15 日，中国国际旅行社在北京西交民巷 4 号诞生，其后又在各地设立分社，主要负责接待外宾，为外国人来华旅游提供方便，但不承担自费旅游的接待业务。到 1956 年，由于华侨回国、港澳台胞回内地观光探亲的越来越多，旅行社开始接待自费游客。1964 年 6 月，国务院批准成立“中国旅行游览事业管理局”作为国务院直属机构，加强对旅游事业的组织和领导。在此期间导游队伍逐渐形成，规模有二三百人，近十几种语言导游。这一时期导游服务是以外事接待工作的面貌出现的，因此，从事导游服务的工作人员均称为翻译导游员。

**【小资料】中国旅行社成立过程(简称“中旅”,CTS)**

1949 年 11 月 19 日，厦门有关部门接管了旧的“华侨服务社”，创立了新中国第一家华侨服务社。1957 年 3 月，全国各地华侨服务社在北京开会，决定在社名上增加“旅行”二字，并于 4 月 22 日在北京成立“华侨旅行服务社总社”。1969 年因各种原因被短期撤销。1972 年 8 月，中央又批准恢复总社，1974 年经国务院批准，成立了中国旅行社，并与华侨旅行服务社合署办公，统称中国旅行社。

**【小资料】中国国际旅行社成立过程(简称“国旅”,CITS)**

1952 年，我国成立“国际活动指导委员会”。1953 年，南汉宸和刘贯一了解苏联国际旅行社情况后，决定筹建中国国际旅行社，并于 1953 年 6 月 18 日呈报政务院。1954 年 4 月 15 日，“中国国际旅行社”在北京西交民巷 4 号正式成立总社。同年在天津、上海、南京、广州、杭州、武汉、沈阳、哈尔滨、南宁、安东、大连和满洲里等 12 个城市成立分社。

（三）发展阶段（1978—1989 年）

中国共产党第十一届三中全会后，我国实行对外开放政策，吸引了大批海外游客涌入我国，国内旅游也蓬勃发展。1978 年，“中国旅行游览事业管理局”改名为“中国旅行游览事业管理总局”，各省、市、自治区都设立相应的旅游局。1980 年 6 月，中国青年旅行社总社成立，几个中央部委如邮电部、教育部、铁道部等也相继成立了旅行社。1984 年后旅行社外联权下放，全国各行业和地区性旅行社迅速发展。到1988年底，全国形成了以中旅、国旅、青旅为主干框架的近1600家旅行社体系，全国导游员迅速扩大到25000多人。但由于增长速度过快，导游队伍中出现了鱼龙混杂的局面。

**【小资料】中国青年旅行社成立过程(简称“青旅”,CYTS)**

1979年11月16日，成立了全国青联旅游部，1980年6月27日，经国务院正式批准，中国青年旅行社成立。

（四）全面建设导游队伍阶段（1989年至今）

为了整顿导游队伍，使导游服务水平适应我国旅游业发展的需要，1989年起，国家旅游局每年举行一次全国性的导游资格考试；同年，《中国旅游报》等单位发起了“春花杯导游大奖赛”。此后又举办了多次全国导游大奖赛，对提高我国的导游服务水平、推进导游工作规范化的进程做出了贡献，同时也标志着我国开始迈入全面建设导游队伍的阶段。

为进一步规范导游服务、加强导游管理，1994年国家旅游局决定对全国持有导游证的专职及兼职导游员分等定级，划分为初级、中级、高级、特级四个级别，进一步加强导游队伍建设。同年，国家旅游局联合国家技术监督局发布了《导游员职业等级标准（试行）》，1995年发布《中华人民共和国国家标准导游服务质量》。1999年5月国务院颁发的《导游人员管理条例》标志着我国导游队伍的建设迈上了法律进程。

2001年，国家旅游局颁发《导游人员管理实施办法》，决定启用IC卡导游证，实行导游计分制管理，并运用现代科学技术手段建立导游数据库，在全国范围内推行导游电子信息网络化管理。2002年，国家旅游局开展整顿和规范旅游市场秩序活动，把全面清理整顿导游队伍作为三个重点环节之一来抓，明确提出严厉查处乱拿、私收回扣等不良行为，打击非法从事导游活动，坚决清理一批政治、道德、业务素质不合格的导游员，建立和完善“专职导游”和“社会导游”两套组织体系和教育管理体系，全面推行导游计分制管理和IC卡管理等举措，促进了导游工作的规范化和导游队伍的建设。2003年起，为了支持我国西部地区旅游事业的发展和导游队伍的建设，还开展了“百名导游援藏”行动。

由于国家重视旅游人才的培养，导游的职业队伍已经形成。经过几十年的努力，截至“十一五”期末，全国导游员总数有近60万人。

# 第二节　导游服务的内涵和类型

## 一、导游服务的概念

导游服务是指导游员代表被委派的旅游企业接待或陪同游客进行旅游活动，并按照组团合同或约定的内容和标准向游客提供一整套旅游接待服务。

导游服务的内涵，具体来说包括以下几层含义：

（1）导游服务的主体是具有导游资格的导游员，而且导游员必须是受旅游企业（包括旅行社和景区景点）委派的，未受旅行社委派或景区景点指派的导游员，不得私自接待游客。

（2）导游员的主要业务是接待或陪同游客旅行、游览。一般说来，多数导游员是在陪同游客旅行、游览的过程中向其提供导游服务的，但是也有些导游员是在旅行社设置的不同地点的柜台前接待客人，向客人提供旅游咨询，帮助客人联系和安排各项旅游事宜，他们提供的同样是接待服务。不同的是，前者是在出游中提供接待服务，后者是在出游前提供接待服务。

（3）导游员向游客提供的接待服务，必须按组团合同的规定和导游服务质量标准实施，对于散客则应按事前约定的内容和标准实施。导游员不得擅自增加或减少甚至取消旅游项目，也不得降低导游服务质量标准。一方面，导游员在接待过程中要注意维护所代表的旅行社的形象和信誉，另一方面也要注意维护游客的合法权益。对于参加旅行社组织的旅游活动的游客而言，导游服务工作是其顺利完成游程的主要依托。

因此，导游服务是整个旅游过程中的服务灵魂，导游员在旅游过程中的服务艺术、服务技能、服务效果和组织能力对游客的综合旅游感受会形成最直接的影响。不仅如此，导游服务工作的优劣，还会直接影响到整个旅游行业的信誉，对旅游经济的发展产生直接或间接的影响。

## 二、导游服务的类型

导游服务的类型是指导游员向游客介绍所游览地区或地点情况的方式。按导游服务方式可分为两大类：图文声像导游和实地口语导游。

### （一）图文声像导游

图文声像导游亦称物化导游，是指作为游客旅游指导的招徕宣传品和旅游纪念品，包括多种不同形式的图文印刷资料和声像制品。具体包括：

（1）导游图、交通图、旅游指南、景点介绍册页、画册、旅游产品目录等。

（2）有关旅游产品、专项旅游活动的宣传品、广告、招贴以及旅游纪念品等。

（3）有关国情介绍和景点介绍的录像带、录音带、电影片、幻灯片以及CD、VCD光盘等。

旅游业发达的国家对图文声像导游极为重视，各大中型城市的旅游景点以及机场、火车站、码头等处都设有摆放着各种印制精美的旅游宣传资料的“旅游服务中心”或“旅游问讯处”，人们可以随意翻阅，自由索取；工作人员还应热情、耐心地解答有关旅游活动的各种问题并向问询者提供有参考价值的建议。很多旅游公司通过定期向公众放映有关旅游目的国（地）的电影或录像、举办展览会等手段来影响潜在的游客。组团旅行社通常在旅游团集合后、出发前，在领队向团员介绍目的地的风俗民情及旅游注意事项的同时，都要为游客放映有关旅游目的地的电影、录像或幻灯片，散发《旅游指南》等材料，帮助游客对即将前往游览参观的目的地有一些基本了解。此外，许多博物馆、教堂和其他重要的旅游景点装备有先进的声像设施，方便游客参观游览，并帮助他们比较深刻、全面地理解重要景观内含的深奥寓意和艺术价值，从而获得更多美的享受。

（二）实地口语导游

实地口语导游，亦称讲解导游，它包括导游员在游客旅行途中所做的介绍、交谈和问题解答等导游活动。

随着时代的发展、科学技术的进步，导游服务方式将越来越多样化、高科技化。图文声像导游形象生动、便于携带和保存的优势将会进一步发挥，在导游服务中的作用会进一步加强。然而，同实地口语导游相比，图文声像导游仍然处于从属地位，只能起到减轻导游员负担、辅助实地口语导游的作用。实地口语导游不仅不会被图文声像导游所替代，而且将永远在导游服务中处于主导地位。这是因为：

1. 导游服务的对象是有思想和有目的的游客

由于社会背景和旅游动机的不同，不同的游客出游的想法和目的也不尽相同，有的人会直接表达出来，有的人比较含蓄，还有的人可能缄默不语。单纯依靠图文声像制品千篇一律的固定模式介绍旅游景点，不可能满足不同社会背景和出游目的的游客的需求。导游员可以通过实地口语导游掌握游客对旅游景点的喜好程度，在与游客的接触和交谈中，了解不同游客的想法和出游目的，然后根据游客的不同需求，在对参观游览的景物进行必要介绍的同时，有针对性、有重点地进行讲解。

2. 现场导游情况复杂多变

现场导游情况纷繁复杂，在导游员对参观游览的景物进行介绍和讲解时，有的游客会专心致志地听，有的则满不在乎，有的还会借题发挥，提出各种稀奇古怪的问题。这都需要导游员在讲解过程中妥善处理。导游员要在不降低导游服务质量标准的前提下，一方面满足那些确实想了解参观游览地景物知识的游客的需求，另一方面要想方设法调动那些对参观游览地不感兴趣的游客的游兴，还要对提出古怪问题的游客做必要的解释，以活跃整个旅游气氛。

3. 旅游是一种人际交往和情感交流关系

旅游是客源地的人们到旅游目的地的一种社会文化活动，通过对目的地社会文化的了解来接触目的地的人民，实现不同国度、地域、民族之间的人际交往，建立友谊。导游员是游客首先接触而且接触时间最长的目的地的居民，导游员的仪容仪表、言谈举止和导游讲解方式都会给游客留下难忘的印象。通过导游员的介绍和讲解，游客不仅可以了解目的地的文化，增长知识，陶冶情操，而且通过接触目的地的居民，特别是与其相处时间较长的导游员，会自然而然地产生一种情感交流，这种游客与导游之间建立起的正常的人与人之间的情感关系是提高导游服务质量的重要保证。

## 三、导游服务的范围

导游服务工作繁重复杂，服务范围很广，旅游活动的六大要素食、住、行、游、购、娱，无所不包（见图 1-1）。但归纳起来，导游服务大体可分为三大类，即导游讲解服务、旅行生活服务和市内交通服务。

### （一）导游讲解服务

导游讲解服务包括为游客在整个旅行期间所做的沿途讲解服务、景区景点的现场讲解服务以及座谈、访问和某些参观点的口译服务等。

导游讲解服务有助于传播文化、增进了解和陶冶性情。通过导游员的介绍、讲解或翻译，帮助游客认识一个国家（或地区）及其民族的历史文化、传统风俗、生活方式和现代文明，进而了解他们的精神面貌、价值观念和道德水准，使游客对游览地的社会文化和精神风貌有切身体验，获得在旅游目的地的难忘经历和美好回忆。高质量的导游讲解服务有助于加深游客对游览地的了解和对自然景观、人文景观的认识，从而使他们增长知识，获得更多的旅游乐趣和精神享受，还可以在某种程度上弥补生活服务中的某些不足，消除因生活服务的不尽如人意而造成的不愉快。

### （二）旅行生活服务

旅行生活服务包括游客入出境迎送、旅途生活照料、邮电通信、安全服务以及上、下站联络等。

旅行生活服务是目的地旅游接待工作不可缺少的环节。在现代旅游中，

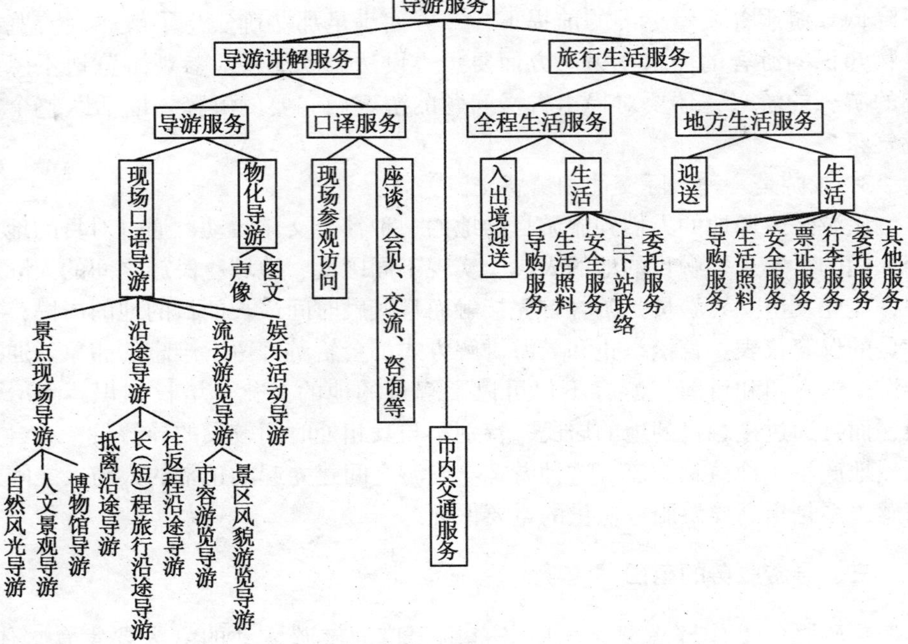


图 1-1 导游服务示意图

游客以实现享受需求为其出游的主要目的之一。因此，认真做好游客的旅行生活服务显得十分重要。在这方面，导游员是做好游客旅行生活服务的重要环节。首先，导游员除了处理迎送游客、帮助游客住店离店、安排行李运送、注意保护游客安全等日常事务外，还负责与饭店、餐馆、商店等提供旅游接待服务的相关部门进行必要的协调、沟通，使游客在旅游期间的生活顺利、愉快。其次，提供令人满意的旅行生活服务，可使游客对导游员产生信赖感，逐渐消除初见时的隔膜。再次，提供热情周到的旅行生活服务，可使旅游生活丰富多彩，游客精神轻松愉快、游兴浓郁，客、导之间关系融洽，有利于游客集中精力倾听导游员的讲解，从而使导游讲解服务取得良好的效果。

（三）市内交通服务

市内交通服务是指导游员同时兼任驾驶员为游客在市内和市郊旅行游览时提供的开车服务。这种服务在西方旅游发达国家比较普遍，目前在我国也已有发展的趋势。

# 第三节 导游服务的性质、特点和作用

## 一、导游服务的性质

导游服务是针对游客提供的专项服务，具有社会性、文化性、服务性、经济性和涉外性五大特点。

（一）社会性

旅游活动是一种社会现象，在促进社会物质文明和精神文明建设中起着十分重要的作用。在旅游活动中，导游员处于旅游接待工作的中心位置，接待着四海宾朋、八方来客，所以导游员所从事的工作本身就具有社会性。并且，导游工作又是一种社会职业，对大多数导游员来说，它是一种谋生的手段。

（二）文化性

不同游客由于国别、语言和生存环境等方面的不同，与旅游目的地之间往往存在较大的文化差异，从而产生交流和欣赏的障碍。为了加强旅游的美感和愉悦程度，游客们需要导游的引导和服务，需要通过导游的讲解来跨越不同的文化范畴，来弥合不同的文化差异。

导游服务的文化性主要体现在以下两个方面：

1. 导游服务是传播文化的重要渠道

导游员的导游讲解、翻译、与游客的日常交谈，一言一行都在影响着游客，都在扩大着一个国家（或地区）及其民族的传统文化和现代文明的影响。导游员为来自世界各国、各民族的游客服务，通过引导和生动、精彩的讲解给游客以知识、乐趣和美的享受；同时也对各国、各民族的传统文化和现代文明兼收并蓄，有意无意间传播着异国文化。

2. 导游服务是审美和求知的媒介

游客要通过旅游去认识过去不曾接触或不曾了解的事物，以期得到求知欲望的满足。导游讲解服务能循循善诱地指导游客以最佳的方式或最合适的角度去欣赏某一名胜古迹、历史故事、神话传说，能妙趣横生地向游客介绍当地的风俗习惯、掌故趣谈、风味特产等，使游客得到自然美和艺术美的享受，并在潜移默化中增长知识。因此，导游服务起着沟通和传播精神文明、为人类创造精神财富的作用，直接或间接地起着传播一个国家（或地区）及其民族的传统文化和现代文化的作用。

（三）服务性

导游服务与第三产业的其他服务一样，属于非生产劳动，是一种通过提供一定的劳务活动和服务产品，创造特定的使用价值的劳动。与一般服务工作不同的是，导游服务不是一般的简单服务，它围绕游客展开，有翻译、讲解、安排生活、组织活动等形式，工作内容涉及旅途中的交通、住宿、饮食、娱乐、购物、票证、货币和其他各方面的生活需求等，给游客提供全方位、全过程的服务。导游员除具有丰富的专业知识外，还应具备一定的社会活动能力、应变能力以及独立处理问题的工作能力。

导游服务的服务性具体表现在以下几方面：

1. 导游服务可以提高旅途生活质量

旅游是人类的一种高级消闲休息形式，是在旅游动机的主导下进行的有目的的享受、休闲、娱乐的活动，其基本特点之一就是异地性。游客身处陌生的环境，如果没有导游员的服务，就会茫然不知所向，或疲于奔波而破坏旅游情绪。游客要自己安排食、住、行，势必会分散游览观光的精力，也会影响旅游观光的顺利进行。有了导游员的服务，游客就可获得事半功倍的旅游效果。即使那些旅游经验丰富而不需要导游的人也往往离不开物化的导游（即旅游指南和各种旅游地的指示）。

2. 导游服务可以促进文化交流，满足游客心理需求

人类总是渴求一种归属感。游客身处他乡异地，满目陌生，很希望有人对其在精神上进行抚慰，在生活上尽心关照。热情的导游员能消除游客在旅游中出现的拘谨心理和寂寞感，增强安全感。同时，旅游生活中常有因对当地风俗不了解或因语言不通而造成误会的情况发生；有时甚至因不熟悉情况，冒犯当地居民的风俗习惯而发生不愉快的事情，使人极为扫兴。因此，帮助游客避免上述现象发生这一任务，就责无旁贷地落在了导游员的肩上。

（四）经济性

导游服务是导游员通过向游客提供劳务而创造特殊使用价值的劳动。在商品经济条件下，这种劳动通过交换而具有交换价值，在市场上表现为价格。

旅游业是国民经济的重要组成部分，是具有独立特色的经济部门，是无烟的朝阳产业。导游的工作对象是游客，通过协调、组织、迎送、翻译、讲解、代理等形式为游客服务。目的在于引导游客，便利游客，满足游客相应的旅游需求，实现旅游企业的经济目标，获取相应的个人经济收入，体现个人的人生和社会价值。因此，导游工作一般具有经济性。

导游服务的经济性主要表现在以下诸方面：

1. 优质服务、直接创收

旅行社是现代旅游业的龙头行业。旅行社的产品开发能力、促销能力、接待能力如何对整个旅游业的发展意义重大。旅行社组合的旅游产品在形式上是通过签订旅游合同销售出去的，但实际上，旅游产品不同于一般的有形商品，它的销售是多次性的，贯穿于旅游全过程，通过提供综合性服务来实现，而导

游服务在其中起着举足轻重的作用。产品的设计是为了接待，宣传和销售的效果需要通过接待来实现。会计业务的顺利进行依赖于接待工作的顺利完成，依赖于导游的协调和回款。导游员直接为游客服务，为他们提供语言翻译服务、导游讲解服务、旅行生活服务以及各种代办服务，收取服务费和手续费。旅行社的产品最终是通过导游工作生产和提供出来的。因此，导游服务是旅行社产品的最终生产者和提供者，它直接为国家建设创收外汇、回笼货币、积累资金。

2. 扩大客源、间接创收

游客是旅游业生存和发展的先决条件。没有游客，发展旅游业无从谈起，导游员也就没有了服务对象。世界许多国家和地区的政府为支持旅游业的发展，不惜投入大量资金和人力在国内外进行大规模的广告宣传和促销活动以招徕游客。然而，与广告宣传相比，另一种更为有效的宣传方式则是游客的“口头宣传”，即游客在旅游目的地参观访问之后，回去向其亲朋好友讲述他在旅游地所受到的接待、旅游经历和体验。这种“口头宣传”不仅向游客周围的人传播了旅游目的地的旅游信息，提高了旅游目的地和旅行社的知名度，而且在一定程度上会对其他游客今后的旅游流向产生影响。因为，游客的亲身体验比任何广告宣传更可靠，更令人信服。所以，导游员向游客提供优质的导游服务，在招徕回头客、扩大客源以及间接创收方面都起着不可忽视的作用。

3. 因势利导、促销商品

商品和旅游纪念品的开发、生产和促销是发展旅游业的重要组成部分。各国、各地对此都非常重视，并将其视作争夺游客的魅力因素和增加旅游收入的重要手段。据统计，在国际旅游总消费中，用于购物的部分约占50%，在新加坡、中国香港等国家和地区的旅游总收入中，销售商品和纪念品的收入还远远超过了上述比例，在促销商品过程中，导游员的作用举足轻重。

4. 增进了解、促进经济交流

在形形色色的国内外游客中，不乏有人希望借旅游之机与各地的同行接触，相互交流信息；或想通过参观访问，了解经济合作的可能性以及投资的环境。因此，导游员在与游客交往过程中要做一个有心人，设法了解他们的愿望，并不失时机地向旅行社报告，在有关领导的指示下积极牵线搭桥，促进中外及地区间的科技、经济交流与合作，为国家和地区的经济建设做出应有的贡献。

（五）涉外性

发展入境旅游是我国旅游业的长期方针，也是一项战略任务。自中国改革开放以来，随着我国国力的提升、人民生活水平的提高，我国公民出境旅游发展势头也很强劲。导游员既有为海外游客提供导游服务的，也有为中国公民提供出境陪同服务的，两者都具有明显的涉外性。据世界旅游组织WTO的统计数据显示，仅2010年，国际游客就超过了10亿多人次。游客的跨国界旅游行为为增进各国人民之间的了解和友谊、促进世界和平做出了积极贡献。

此外，导游服务的涉外性，还要求导游员对海外有关情况进行调查研究，特别要了解外国游客的需求及其变化，了解外国旅游企业的运作和经营管理模式。这有助于导游员有针对性地提供导游服务，提高导游服务质量；也有助于促进我国旅游产品的开发、设计，更具针对性地开展旅游宣传、招徕与促销活动。

## 二、导游服务的特点

导游服务是旅游服务中具有代表性的工作，其特点主要有：

### （一）独立性强

导游服务工作独当一面。在游客的整个旅游活动过程中，往往只有导游员与游客朝夕相处，按照游客吃、行、游、购、娱等方面的需求，独立地提供各项服务，特别是在回答游客提出的政策性很强的问题或处理突发性事故时，常常要当机立断、独立决策，事后才能向领导和有关方面汇报。导游的讲解也是比较独特的，因为在同一景点，导游要在不同时机根据游客的不同特性进行有针对性的导游讲解，以满足他们的精神享受。这是每位导游员都必须努力完成的任务，其他人无法替代。

### （二）脑体高度结合

导游服务是一项脑力劳动与体力劳动高度结合的服务性工作。一方面，由于旅游活动涉及面广，这就要求导游员具有丰富而广博的知识，如此才能使导游服务工作做到尽善尽美，精益求精。除了掌握导游工作程序外，导游员还必须具有一定的政治、经济、历史、地理、天文、宗教、民俗、建筑、心理学、美学等方面的基本知识，还必须了解我国当前的大政方针和旅游业的发展状况及有关的政策法规，掌握旅游目的地主要游览点、旅游线路的基本知识。同时，还要了解客源国（或地区）的政治倾向、社会经济、风土民情、宗教信仰、禁忌等。导游员在进行景观讲解、解答游客的问题时，需要运用所掌握的知识来应对，这是一种艰苦而复杂的脑力劳动。另一方面，导游员的工作量也相当大，除了在旅行游览过程中进行介绍、讲解，还要随时随地应游客的要求，帮助解决问题，事无巨细，也无分内与分外之别。尤其是旅游旺季时，导游员往往会连轴转，整日、整月陪同游客，无论严寒酷暑长期在外作业，体力消耗大，又常常无法正常休息。因此，要求导游员必须具备高度的事业心和良好的体质。

（三）客观要求复杂多变

导游服务工作具有一定的规范流程，如接站、送站、旅途服务和各方面关系的接洽、协调等，按照一定的程序进行工作，具有相对的规范性和便利性。但导游服务中更多的是不确定性和未知性，即使是预定的日程范围内，由于服务对象复杂、人际关系复杂、游客需求多样，具体的情况也可能千差万别，意外的情况也可能随时出现。因此，导游员必须具备应对各种可能和偶然事件的能力。

（四）跨文化性

导游服务是传播文化的重要渠道，起着沟通和传播文明、为人类创造精神财富的作用。各类游客来自不同的国家、地区和不同的民族，有着不同的文化背景，导游员必须在各种文化的差异中，甚至在各民族、各地区文化的碰撞中工作，所以应尽可能多地了解中外文化以及各地区文化之间的差异，圆满完成文化传播的任务。

## 三、导游服务的地位和作用

旅行社在现代旅游业的三大要素中处于核心地位，而在旅行社接待工作中处于第一线的关键角色则是导游员，他们是导游服务工作的主体。因而，世界各国的旅游专家把导游服务视为现代旅游业的代表工种，并给予高度的评价。日本旅游专家土井厚认为“任何行业都有代表性的业务，在旅游业中，就是导游服务”。能够成为某一行业代表性工种的工作，应该具有行业的典型特征、典型工作方式，其工作应该与行业行为具有很强的关联性，能够对本行业的发展产生重要的影响。有些国际旅游界人士说：“没有导游员的旅行，是不完美的旅行，甚至是没有灵魂的旅行。”并将导游服务冠以“旅游业的灵魂”、“旅行社的支柱”、“旅行游览活动的导演”以及“旅游接待服务的四大要素之一”等美称。虽然赞词各异，但都说明了导游服务在旅游接待工作中不可或缺的作用。

（一）导游服务的地位

导游服务是整个旅游服务中最重要的一个部分，是旅游服务中最具代表性的工作，贯穿于旅游活动的始终，在旅游活动中具有极其重要的地位。

我们可以从旅行社和游客两个角度来理解导游服务的地位。

1. 从旅行社的角度来讲，导游服务是旅行社核心竞争力的重要组成部分

（1）导游服务体现了旅行社服务的水平和质量。导游服务是直接面对游客的服务，游客对导游服务的质量也最敏感，因此可以说，导游服务的质量代表着旅行社服务的质量。一般说来，如果导游服务质量好，可以弥补其他方面旅游服务质量的某些欠缺，如果导游服务质量低劣，则容易引起游客的不满。

（2）导游服务在旅行社业务中具有核心地位。对游客而言，导游员是旅行社的代表，是旅游产品的提供人。旅行社的各项业务，如产品设计、线路组合、市场促销、车船机票预订，最终都通过导游服务传递给游客。因此可以说，旅行社各部门的工作都是围绕导游服务这条主线展开的，都是导游服务的幕后支持者。

（3）导游服务是旅行社竞争的焦点。旅游竞争说到底就是导游服务质量的竞争。优质的导游服务能使游客增长知识，使旅游活动更有魅力，更加充满情趣。拥有一流的导游队伍无疑是旅行社扩大知名度、争取更多客源的法宝，也是旅行社最大的一笔财富。

（4）导游服务是旅行社了解游客意见和建议、改进旅游产品的主要途径。导游员工作在旅游第一线，熟悉旅游产品链中每一个环节的服务质量，了解游客的消费心理，可以及时将有关信息反馈给旅行社，有利于旅行社改进服务方式，提高产品的针对性，推出更具竞争力的旅游产品。

2. 从游客角度讲，导游服务是游客顺利完成旅游活动的根本保证

（1）导游服务是游客了解旅游地文化的桥梁。游客来自不同的地区和国家，与旅游地居民在文化、语言、生活习惯等方面存在着差异，他们必须借助导游员的翻译服务和讲解服务，才能达到与旅游地居民顺利沟通，进而了解旅游地历史文化的目的。

（2）导游服务是旅游活动顺利开展的前提条件。游客初到一地，人地生疏，要自行安排吃、住、行、游、购、娱，多有不便，而借助导游服务则可把行程中的一切琐事抛诸脑后，专心游览，大大增加旅游的乐趣，使旅游活动更轻松、更惬意。

（二）导游服务的作用

1. 纽带作用

导游服务是旅游接待服务的核心和纽带。导游员在旅游服务各环节之间中对沟通上下、联结内外、协调左右关系方面起着举足轻重的作用。

首先，是“沟通上下”的作用。导游员是国家方针政策的宣传者和具体执行者，他们代表旅行社执行并完成旅游计划，同时，游客的意见、要求、建议乃至投诉，其他旅游服务部门在接待中出现的问题以及他们的建议和要求，一般也通过导游员向旅行社转递，直至上达国家最高旅游管理部门。

其次，是“连接内外”的作用。导游员既代表接待方的旅行社的利益，又肩负着维护游客合法权益的责任；导游员既有责任向游客介绍中国，同时又要多与游客接触，进行调查研究，了解外国，了解游客。

最后，是“协调左右”的作用。旅行社与饭店、餐馆、游览点、交通部

门、商店、娱乐场所等企业之间的第一联络员是导游员，其在各旅游企业之间起着重要的协调作用。导游员要通过自己的努力使游客在游览过程中的物质需求及其他生活需求得到满足，而相互协作是导游服务中的生活服务得以顺利进行的重要保障。

2. 标志作用

导游服务质量是旅游服务质量高低的最敏感的标志。导游服务质量包括导游讲解质量、为游客提供生活服务的质量以及各项旅游活动安排落实的质量。导游员与游客朝夕相处，因此游客对导游员的服务接触最直接，感受最深切，对其服务质量的反应最敏感。一般来说，如果导游服务质量高，令游客感到满意，游客会认为该旅游产品物有所值，而且在满载而归后，以其亲身体验向亲朋好友进行义务宣传，这将有助于扩大旅游产品的销路。同时优质的导游服务还可以弥补其他旅游服务质量的某些不足。而导游服务质量低劣会导致游客抱怨和不满，并间接影响其周围的人，从而阻碍旅游产品的销路，给旅游企业造成无法弥补的损失。因此，游客旅游活动的成败更多取决于导游服务质量。导游服务质量的好坏不仅关系到整个旅游服务质量的高低，而且关系着国家或地区旅游业的声誉。

3. 信息反馈作用

在旅游消费过程中，游客会根据自己的需要对旅游产品的型号、规格、质量、标准等做出这样或那样的反应。导游员由于处在接待游客的第一线，同游客交往和接触的时间最长，对游客关于旅游产品方面的意见和需求最了解。导游员可充分利用这种有利条件，根据自己的接待实践，综合游客的意见，反馈到旅行社有关部门，促使旅游产品的设计、包装和质量得到不断改进和完善，更好地满足游客的需要。

应当指出的是，旅游服务是一项综合性服务，导游服务只是其中一个重要环节，没有其他各项旅游服务的配合，导游服务也无法做好，旅游产品的价值就不可能充分实现。

4. 扩散作用

优质的导游服务能对旅游目的地的旅游产品和旅行社形象起到扩散或传播作用。旅游产品质量主要由旅游资源质量、旅游服务质量、旅游活动组织安排质量和旅游环境质量构成。它们都与导游服务质量密切相关。如“景色美不美，全靠导游一张嘴”，说的就是导游服务质量与旅游资源质量的关系。总之，各种旅游服务质量和活动安排都离不开导游员的业务水平和对工作的投入程度。

## 第四节 导游服务的发展趋势

### 一、导游服务工作面临新的挑战

旅游发展进入21世纪以来，已经反映出的变化有：需求趋于多样化、个性化；团队比重下降，规模趋小；大跨度的长线团减少，环口岸的区域游和淡季一地游增加；游客在华停留天数和一次性旅游经停城市数趋减；旅行预报周期越来越短，临时变化越来越多。近年来，这种变化又有了新的发展，主要表现在：海外游客直接预订急剧增加（包括机票、客房）；入境后的旅游活动也有部分是客户指定内容，这使旅行社导游员的主动权大大削弱。目前，中国旅行社行业已经全面对外开放，外国旅行商已加紧渗入中国市场，这些情况使我国旅行社的经营面临着更加严峻的挑战。

随着旅游市场的发展和游客维权意识的增强，导游服务工作将面临越来越挑剔和成熟的游客。例如，近年来游客对我国旅游市场的意见就集中在以下方面：产品老化、单一，缺乏趣味性；购物次数过多，买到假货、次货的事经常发生；餐饮水准下降，用餐地点不合理；有时需绕道，路上浪费不少时间；对导游服务安排提出质疑。

目前，我国旅游面临两种截然不同的游客：一种是成熟的，但对我国的服务条件有一定的心理准备的国际游客；一种是较少享受旅行社服务的相对不成熟的国内游客。随着消费者权益法的发布，国内游客的投诉增加，他们开始注重保护自己的各项权益，如游客在旅游过程中遭受由于旅行社的责任而导致的物质上、精神上的损失时，有权获得赔偿，游客对涉及旅游接待的各方面资讯有知悉权等。消费主体意识的觉醒仅仅是第一步的现象，随后将是一场广泛的消费者权益保障运动的到来。这是因为，群体性旅游活动已培养了一代有旅游意识的、成熟的游客，旅游已成为一种日常性消费行为，消费者维权已成为由个别人关注到群体共同关心的问题，因此旅行社必须通过各种手段来规范导游服务的行为。

### 二、导游服务的发展趋势

未来旅游活动的发展趋势对导游服务将会产生影响并提出新的要求。导游服务在未来将出现如下五种趋向：

1. 导游内容高知识化

导游服务是一种知识密集型的服务，即通过导游员的讲解来传播文化、传递知识，促进世界各地区间的文化交流。在未来社会，人们的文化修养更高，对知识的更新更加重视，文化旅游、专业旅游、科研考察的发展，对导游服务将会提出更高的知识要求。

根据这一趋向，导游员必须提高自身的文化修养，不断吸收新知识和新信息，导游掌握的知识不仅要有广度，还要有深度，使导游讲解的内容进一步深化，更具有科学性。这样，导游员的讲解将更有说服力，不仅能同游客讨论一般问题，还能较深入地谈论某些专业问题。

2. 导游手段科技化

随着科学技术的发展，将来还会有更先进的科技手段运用到导游工作中来。如图文声像导游、网络导游等先进的导游手段，在游览前或在游览现场引导游客参观游览过程中，不仅让游客看到（听到）旅游景观的现状，还进一步使其了解旅游景点的历史沿革和相关知识，起到深化实地导游讲解和以点带面的作用，现已成为导游工作中不可或缺的辅助手段。因此，导游员必须学会使用它们并在游前导、游中导和游后导中与实地口语导游密切配合，使其相辅相成，锦上添花。同时，在导游过程中讲解科技知识、运用科技手段，能够使游客了解到旅游与高科技发展之间的关系，使导游工作充满时代气息。

3. 导游方法多样化

旅游活动日趋多样化，尤其是参与性旅游活动的兴起和发展，要求导游员随情境变化而变化其导游方法。参与性旅游活动的发展，意味着人们追求自我价值实现的意识在不断增强。追求自我价值不仅体现在工作中，人们还将其转移到了娱乐活动之中。人们参加各种节庆活动，与当地居民一起活动、生活，还在旅游目的地学习语言、各种手艺和技能，甚至参加冒险活动等。这要求导游员不仅要“会说”（导游讲解），还要“能动”，与游客一起参加各种活动。

4. 导游服务个性化

今天的社会是个性张扬的社会，个性化发展成为时代的主题，人们对旅游的需求日益个性化，旅游产品的消费也呈现个性化的趋势。一方面，导游服务的个性化要求我们导游员根据游客的个性差异和不同的旅游需求提供有针对性的服务，使不同的游客获得不同的心理满足；另一方面，导游服务的个性化有利于导游员根据自己的优势或特长、爱好，形成自己的个性风格，朝品牌化导游发展，给游客留下特色鲜明的印象。

5. 导游职业自由化

从世界各国导游发展的历史来看，导游员作为自由职业者是必然趋势。他们身份自由、行动自由、收入自由，靠为游客提供良好的服务和高尚的职业道德取得社会认同，收入取决于上团机会，服务水平高、个人声誉好的导游上团机会就多，收入就高，体现了“优胜劣汰”的原则。目前，我国各地区成立的导游公司或导游服务中心就是这一趋势的反映。

总之，未来的旅游业要求导游员不仅要有“十八般武艺”，而且要掌握“三十六般武艺”甚至更多的导游技艺，来满足游客不断变化着的旅游需求，只有这样，导游员才能胜任未来的导游服务工作，才有可能将导游服务做得不同凡响。

**【实训项目】课堂讨论：你想象中的导游工作是什么？**

实训目的：理解导游服务的类型、范围、特点和作用。

实训内容：分组讨论，每个小组形成自己的意见，派出代表在课堂上说明本组讨论的结果。

教师主要观测点：

（1）观察各小组的合作状态以及成员的参与性。

（2）考查本代表的语言表达能力和普通话水平，为后续训练搜集信息。

**【思考题】**

1. 导游服务是怎样产生的？
2. 我国导游服务的发展经历了哪几个阶段？
3. 怎样理解导游服务的内涵？
4. 为什么说实地口语导游在导游服务中永远处于主导地位？
5. 导游服务的文化性和经济性体现在哪些方面？
6. 导游服务具有哪些特点？
7. 简述导游服务在旅游服务中的地位和作用。
8. 未来导游服务的发展趋势是怎样的？

# 第二章 导 游 员

【学习目标】

❖了解导游员的概念与分类

❖按业务范围熟悉不同类型导游的基本职责

❖掌握合格导游员应具备的基本条件

❖掌握导游员的职业道德

❖了解导游员的培训、考核与管理的基本情况

## 第一节 导游员的概念及分类

### 一、导游员的概念

人们常说，导游是旅游业的“灵魂”。“导游”一词有两层含义：一是指导游工作、导游业务、导游接待服务；二是用作对导游员的简称。

导游这种社会职业首先在西方国家出现，导游员在英语中的一般定义是：Person who shows others the way esp. a person employed to point out interesting sights on a journey or visit；指为他人引路者，特别受雇而为他人在旅游或参观中指点风景名胜者。但不同国家表达不同，如加拿大用“旅游团领队”指代导游员，并要求：“他是受过高等教育和培训的人，他有能力进行研究，为一次旅游做准备，带领团队旅行、做旅游讲解，因而能使旅游成为一次异乎寻常、难以忘却的经历。”美国则是这样表述导游员的：“他是首要的代理人和各种服务的供应商，直接与旅行者打交道，保证提供承包的服务项目、实现承诺，使游客满意，此人就是陪同或旅游团领队，通常称为导游。”

根据国家标准 GB/T15791—2010《导游服务规范》的变化，导游人员统称为“导游员”，是指符合上岗资格的法定要求，接受旅行社委派，直接为旅游团（者）提供向导、讲解及相关旅游服务的人员。在日常旅游活动中，人们习惯将所有从事导游工作的人员简称为“导游”。

## 二、导游员的分类

导游员由于业务范围、业务内容的不同，服务对象和使用的语言各异，其业务性质和服务方式也不尽相同，即使是同一个导游员，由于从事的业务性质不同，所扮演的社会角色也随之变换。并且，世界各国对导游员分类方法也不相同，因而很难用一个世界公认的统一标准对导游员进行分类。

### （一）国外导游员的分类

在国外，特别是在旅游业高度发达的国家，导游员的管理体制已进入制度化或法律化。一般按工作性质分为国际入境导游与国际出境导游两大类。

1. 国际入境旅游导游

按职业性质区分，国际入境旅游导游又可分为以下四种：

（1）专业导游员：是指以导游工作为职业，受雇于旅行社或其他旅游企业，领取固定工资，专门从事导游接待服务的人员。有的国家组建有翻译导游协会之类的半官方性质的组织，接受政府授权，享有招考、培训导游员，颁发导游执照的权限。经协会培训、考核合格并领取执照者，即为会员。

（2）业余导游员：亦称兼职导游员。他们不以导游工作为主要职业，而是利用业余时间兼职导游工作。他们也需经培训、考核，向管理部门领取导游执照，与使用单位签订合同，按接待游客的人数和活动时间计酬。在西方旅游业发达的国家中，大学师生、政府公务员与自由职业者从事业余导游工作的比较多。

（3）旅游景点导游员：是指被博物馆或景点管理部门雇用，专职从事本景点导游讲解工作的人员。重要的博物馆或景点（如英国的大英博物馆等）对导游员的考试极为严格，只有水平很高的导游员，才能获取在这些景点从事导游讲解的资格。

（4）义务导游员：这些人大多是业余旅游活动的爱好者，他们参与导游工作完全出于个人爱好和自愿，不计较报酬。当然，他们也必须经过有关部门考核，取得从事这项工作的资格。

2. 国际出境旅游导游

国际出境旅游导游，习惯上称为领队，由所在国旅行社雇用，带领旅游团出国旅游，既对组团旅行社负责，又代表该旅行社与接待国进行业务联系，随团活动，伴随始终。

领队又分为职业、业余、义务三种。职业领队受雇于旅行社，领取固定工资，以此作为谋生的职业；业余领队是旅行社临时雇用的人员，他们多半因为熟悉接待国的情况或语言而被临时雇用；义务领队是从旅游团成员中选择出来的，他们既是游客，又义务为大家服务，从而可享受某些优惠待遇。

（二）我国导游员的分类

根据我国旅游市场现状以及未来旅游业发展趋势，借鉴国外成功的经验和我国旅游业发展规律，对我国导游员的分类可从不同的角度来进行。

1. 按业务范围划分

分为海外领队、全程陪同导游员、地方陪同导游员和景点景区导游员，其区别见表2-1。

（1）海外领队：是指受国家旅游行政主管部门批准可以经营出境旅游业务的旅行社的委派，全权代表该旅行社带领旅游团从事旅游活动的工作人员。

（2）全程陪同导游员：简称全陪。是指受组团旅行社委派，作为组团社的代表，在领队和地方陪同导游员的配合下实施接待计划，为旅游团（者）提供全程陪同服务的工作人员。这里的组团社或组团旅行社是指接受旅游团（者）或海外旅行社预订，制订和下达接待计划，并可提供全程陪同导游服务的旅行社。这里的领队是指受海外旅行社委派，全权代表该旅行社带领旅游团队从事旅游活动的工作人员。

（3）地方陪同导游员：简称地陪。是指受接待旅行社委派，代表接待旅行社实施接待计划，为旅游团（者）提供当地旅游活动安排、讲解、翻译等服务的工作人员。这里的接待旅行社是指接受组团社的委托，按照接待计划委派地方陪同导游员负责组织安排旅游团（者）在当地参观游览等活动的旅行社。

（4）景点景区导游员：亦称讲解员。是指在旅游景点景区，如博物馆、自然保护区等为游客进行导游讲解的工作人员。他们只负责讲解而不涉及其他事务。

表2-1 **按业务范围划分不同导游员的区别**

| | 委派单位 | 讲解内容 | 陪同范围 | 是否提供旅途生活服务 |
|---|---|---|---|---|
| 海外领队 | 组团社 | 旅游目的地国情况（行前介绍） | 全程陪同 | 是 |
| 全程陪同导游员 | 组团社 | 介绍沿途各站点情况 | 全程陪同 | 是 |
| 地方陪同导游员 | 接待社 | 介绍接待地及当地游览景点基本情况 | 接待地陪同 | 是 |
| 景点景区导游员 | 景区景点 | 景点导游词 | 景点陪同 | 否 |

2. 按职业性质划分

（1）专职导游员：是指在一定时期内以导游工作为其主要职业的导游员。目前，这类导游员大多数受过中、高等教育，或受过专门训练，一般为旅行社的正式职员，他们是当前我国导游队伍的主体。

（2）兼职导游员：亦称业余导游员，是指不以导游工作为其主要职业，而利用业余时间从事导游工作的人员。目前这类导游员分为两种：一种是通过了国家导游资格统一考试取得导游证而从事兼职导游工作的人员；另一种是具有特定语种语言能力，受聘于旅行社，领取临时导游证而临时从事导游工作的人员。

（3）自由职业导游员：以导游为主要职业，但并不受雇于固定的旅行社或其他旅游企业，而是通过签订合同为多家旅行社服务。这类导游员人数虽然不多，但呈现出良好的发展态势。

3. 按导游使用的语言划分

（1）中文导游员：是指能够使用普通话、地方话或者少数民族语言，从事导游业务的人员。目前，这类导游员的主要服务对象是国内旅游中的中国公民和进入内地旅游的港、澳、台同胞。

（2）外语导游员：是指能够运用外语从事导游业务的人员。目前，这类导游员的主要服务对象是入境旅游的外国游客和出境旅游的中国公民。

4. 按技术等级划分

（1）初级导游员。获导游员资格证书一年后，就技能、业绩和资历对其进行考核，合格者自动成为初级导游员。

（2）中级导游员。获初级导游员资格两年以上，业绩明显，考核、考试合格者晋升为中级导游员。他们是旅行社的业务骨干。

（3）高级导游员。取得中级导游员资格四年以上，业绩突出、水平较高，在国内外同行和旅行商中有一定影响，考核、考试合格者晋升为高级导游员。

（4）特级导游员。取得高级导游员资格五年以上，业绩优异，有突出贡献，有高水平的科研成果，在国内外同行和旅行商中有较大影响，经考核合格者晋升为特级导游员。

**【小资料】**

（一）中级导游员等级考试

1. 学历要求：初级中文导游和中级中文导游报考中级外语导游的，需具备所报考语种大专以上学历。

2. 职业经历：取得初级导游证满三年，或具有大专以上学历的取得初级导游证满两年；申报前实际带团不少于90个工作日，带团工作期间表现出良好的职业道德。

3. 业绩表现：申请前3年内，一次性扣分达4分以上（含4分）或一年内扣分累计达10分的导游员，不得参加当年的中级导游员考试。

4. 考试方式：全国中级导游员等级考试分普通话和外语考试。普通话导游员考试科目为“导游知识专题”（包括基础知识和文化专题两部分）和“汉语言文学知识”（包括基础知识和旅游文学知识两部分）；外语导游员考试科目为“导游知识专题”（包括基础知识和文化专题两部分）和“外语”。

（二）高级导游员等级考试

1. 学历要求：本科及以上学历或旅游类及外语类大专学历。

2. 职业经历：取得中级导游员证书满三年，并且在申请前三年内以中级导游员身份带团至少90个工作日以上。

3. 业绩表现：申请前3年内，一次性扣分达4分以上（含4分）或一年内扣分累计达6分的导游员，不得参加当年的高级导游员考试。

4. 考试方式：全国高级导游员等级考试分普通话、英语两个语种。普通话导游员考试科目为“导游综合知识”和“导游能力测试”，以中文命题，并以中文作答。英语导游员考试科目为“导游综合知识”和“导游能力测试”，以英语命题，并以英语作答。

## 第二节 导游员的素质要求

早在20世纪60年代，周恩来总理就对我国的外事人员提出了“三过硬”和“五大员”的要求。结合导游工作的实际，当时提出翻译导游员要“三过硬”（即思想过硬、业务过硬和外语过硬）和做“五大员”（即宣传员、调研员、服务员、安全员和翻译员）。改革开放以来，我国导游翻译界著名人士王连义认为，当今导游员要真正做好导游服务工作，真正成为游客和自己工作单位所喜欢的导游员，必须当好“八大员”，即：国情讲解员、导游翻译员、旅游协调员、生活服务员、安全保卫员、情况调查员、座谈报告员和经济统计员。

我们认为合格的导游员应该具备以下素质要求：

### 一、良好的思想品德

（一）热爱祖国、热爱社会主义

热爱祖国、热爱社会主义是作为一名合格的中国导游员的首要条件。首先，导游员所从事的工作是社会主义祖国整个事业的一部分，社会主义祖国培育了导游员，为导游员创造了良好的工作环境和发挥自己智慧与才能的条件。其次，导游员的一言一行都与社会主义祖国息息相关。正如前面所述，在海外游客的心目中，导游员是国家形象的代表，游客很多时候是根据导游员的思想品德和言行举止来观察、了解中国的。再次，导游员向游客介绍和讲解的内容都是祖国灿烂的文化、壮丽的河山、中国人民的伟大创造和社会主义事业的辉煌成就。没有这些丰富的内容，导游讲解工作就成了无源之水、无本之木。

（二）优秀的道德品质

社会主义道德的本质是集体主义，是全心全意为人民服务的精神。从接待游客的角度来说，旅行社和各接待单位实际上组成了一个大的接待集体，导游员则是这个集体的一员。因此，导游员在工作中应从这个大集体的利益出发，从旅游业的发展出发，依靠集体的力量和支持，关心集体的生存和发展。只有这样，导游员的工作才能做好。导游员要发扬全心全意为人民服务的精神，并把这一精神与“宾客至上”的旅游服务宗旨紧密结合起来，热情地为国内外游客服务。

**【小阅读】**

2009年4月26日，武汉大唐国际旅行社有限责任公司一辆满载34名游客和司乘人员的大客车，在湖北省宜昌市境内发生特大交通事故。随团导游金晶被压在倒扣客车下的一刹那昏了过去。在村民救她时，发现她怀里还紧紧地抱着一个孩子，孩子竟毫发无损。那是在事故发生的瞬间，她一把抱住身边游客的孩子护在了自己的身下。当她苏醒过来看到事故现场惨烈的场面时，揪心地哭喊道：“我的游客呢?!”闻讯赶来的村民救出金晶怀里的孩子之后，她仍然用能够活动的上体，奋力帮助身边的游客撑开压在他们身上的物体，进行互救。救援队伍赶来救她时，她说：“我是导游，请先救游客！”最后，她自己挣扎着爬了出来，找到电话向旅行社报告了车祸情况之后，又冒着危险钻进翻倒的车里抢救其他游客。导游金晶因为这种不顾个人安危，先人后己的高素质职业精神，被授予“湖北省优秀导游员”的荣誉称号。

资料来源：武汉旅游政务网，http：//www. wuhantour. gov. cn，2012-04-08。

（三）热爱本职工作、尽职敬业

导游工作是一项传播文化、促进友谊的服务性工作，因而也是一项很有意义的工作。导游员在为八方来客提供导游服务时，不但可以结交众多的朋友，而且能增长见识、开阔视野、丰富知识。导游员应树立远大理想，将个人的抱负与事业的成功紧密结合起来，立足本职工作，热爱本职工作，刻苦钻研业务，不断进取，全身心地投入到工作之中，热忱地为游客提供优质的导游服务。

（四）高尚的情操

高尚的情操是导游员的必备修养之一。导游员要不断学习，提高思想觉悟，努力使个人的功利追求与国家利益结合起来；要提高判断是非、识别善恶、分清荣辱的能力；要培养自我控制的能力，自觉抵制形形色色的精神污染，力争做到“财贿不足以动其心，爵禄不足以移其志”，始终保持高尚的情操。

#### （五）遵纪守法

遵纪守法是每个公民的义务，作为旅行社代表的导游员尤其应树立高度的法纪观念，自觉地遵守国家的法律、法令，遵守旅游行业的规章，严格执行导游服务质量标准，严守国家机密和商业秘密，维护国家和旅行社的利益。对于提供涉外导游服务的导游员，还应牢记“内外有别”的原则，在工作中多请示汇报，切忌自作主张，更不能做违法乱纪的事。

### 二、渊博的知识

旅游的本质是一种追求文化享受的活动。随着时代的发展，现代旅游活动更加趋向于对文化、知识的追求，人们出游除了消遣，还想通过旅游活动增长知识、扩大阅历、获取教益，这就对导游员提出了更高的要求。为了适应游客的需要，导游员要知识面广，要有真才实学，只有以渊博的知识做后盾，讲解时才能做到内容丰富、言之有物。

导游知识包罗万象，下面就是导游员必须掌握的知识体系。

#### （一）语言知识

语言是导游员最重要的基本功，是导游服务的工具。导游员若没有过硬的语言能力，就根本谈不上优质服务。语言知识包括外语知识和汉语（或少数民族语言知识）。涉外导游员还至少应掌握并熟练运用一门外语，最好掌握两三门外语。掌握一门外语，了解一种外国文化，有助于接受新思想、新观念，开阔眼界，在促进中外文化交流中做出贡献。

#### （二）史地文化知识

史地文化知识包括历史、地理、宗教、民族、风俗民情、风物特产、文学艺术、古典建筑和园林诸方面的知识。这些知识是导游讲解的素材，是导游服务的“原料”，是导游员的看家本领。导游员要对本地及邻近省、市、地区的旅游景点、风土人情、历史典故、民间传说等了如指掌，对国内外的主要名胜景区、景点应有所了解，还要善于将本地的风景名胜与历史典故、文学名著、名人逸事等有机地联系在一起。

#### （三）政策法规知识

政策法规是导游员工作的指导方针。导游员在导游讲解、回答游客的询问时，必须以国家的方针政策和法规作指导，否则会给游客造成误解，甚至给国家造成损失。旅游过程中出现的有关问题，导游员须根据国家的政策和有关的法律法规予以正确处理。导游员自身的言行要符合国家政策法规的要求，遵纪守法。

（四）心理学

导游员的工作对象主要是形形色色的游客，还要与各旅游服务部门的工作人员打交道，导游工作集体三成员（全陪、地陪和领队）之间的相处有时也很复杂。导游员主要是做与人打交道的工作，而且往往是与之短暂相处，因而掌握必要的心理学知识具有特殊的重要性。导游员要随时了解游客的心理活动，有的放矢地做好导游讲解和旅途生活服务工作，有针对性地提供心理服务，从而使游客在心理上得到满足，在精神上获得享受。

（五）美学知识

旅游活动是一项综合性的审美活动。导游员不仅要向游客传播知识，也要传递美的信息，让他们获得美的享受。一名合格的导游员要懂得什么是美，知道美在何处，并善于用生动形象的语言向不同审美情趣的游客介绍，而且还要用美学知识指导自己的仪容、仪态，因为导游员代表着国家（地区的形象），其本身就是游客的审美对象。

（六）政治、经济、社会知识

由于游客来自不同国家和地区的不同社会阶层，他们中的一些人往往对目的地的某些政治、经济和社会问题比较关注，询问有关政治、经济和社会问题，有的人还常常把本国本地的社会问题同出访目的地的社会问题进行比较。另外，在旅游过程中，游客随时可能见到或听到目的地的某些社会现象，也会引发他们的思考，要求导游员给予相应的解释。所以，导游员掌握相关的社会学知识，熟悉国家的社会、政治、经济体制，了解当地的风土人情、婚丧嫁娶习俗、宗教信仰情况和禁忌习俗等就显得十分必要。

（七）旅行知识

导游员率领游客在目的地旅游，在提供导游服务的同时，还应随时随地帮助游客解决旅行中的种种问题。因此，导游员掌握必要的旅行知识，对旅游活动的顺利进行就显得十分重要。旅行知识有交通知识、通信知识、货币保险知识、卫生防疫知识、旅游业知识等，必要的旅行知识往往能起到少出差错、事半功倍的作用。

（八）国际知识

涉外导游员还应掌握必要的国际知识，要了解国际形势和各时期国际上的热点问题，以及我国的外交政策和对有关国际问题的态度；要熟悉客源国或旅游接待国的概况，知道其历史、地理、文化、民族、风土民情、宗教信仰、民俗禁忌等。了解和熟悉这些情况不仅有利于导游员有的放矢地提供导游服务，而且还能加强与游客的沟通。

## 三、较强的独立工作能力和创新精神

导游工作是一项复杂而艰巨的工作，导游的能力直接影响到对客服务的效率和效果。导游员接受任务后，要独立组织游客参观游览，要独立做出决定、独立处理问题。导游员的工作对象形形色色，旅游活动丰富多彩，出现的问题和性质各不相同，不允许导游员工作时墨守成规。相反，必须根据不同的时空条件采取相应的措施，予以合理处理。因此，有较强的独立工作能力和创新精神，能充分发挥主观能动性和创造性，对导游员具有特殊的重要意义。

导游员的独立工作能力和创新精神主要表现在下列四个方面：

### （一）独立执行政策和独立进行宣传讲解的能力

导游员必须具有高度的政策观念和法制观念，要以国家的有关政策和法律、法规指导自己的工作和言行；要严格执行旅行社的接待计划；在涉外旅游中要积极主动地宣传我国，讲解我国现行的方针政策，介绍我国人民的伟大创造和社会主义建设的伟大成就以及各地区的建设和发展情况，回答游客的种种询问，帮助他们尽可能全面地认识我国。

### （二）较强的组织协调能力和灵活的工作方法

导游员接受任务后要根据旅游合同安排旅游活动并严格执行旅游接待计划，带领全团人员游览好、生活好。这就要求导游员具有较强的组织、协调能力，要求导游员在安排旅游活动时有较强的针对性并留有余地，在组织各项活动时讲究方式方法并及时掌握变化着的客观情况，灵活地采取相应的有效措施。

### （三）善于和各种人打交道的能力

导游员的工作对象甚为广泛，善于和各种人打交道是导游员最重要的素质之一。与层次不同、品质各异、性格相左的中外人士打交道，要求导游员必须掌握一定的公共关系学知识并能熟练运用，具有灵活性、理解能力和适应不断变化着的氛围的能力，随机应变处理问题，搞好各方面的关系。导游员具有相当的公关能力，就会在待人接物时更自然、得体，能动性和自主性的水平必然会更高，有利于提高导游服务质量。

### （四）独立分析、解决问题，处理事故的能力

沉着分析、果断决定、正确处理意外事故是导游员最重要的能力之一。旅游活动中意外事故在所难免，能否妥善地处理事故是对导游员的一种严峻考验。临危不惧、头脑清醒、遇事不乱、处理果断、办事利索、积极主动、随机应变是导游员处理意外事故时应具备的能力。

## 四、较高的导游技能

服务技能可分为操作技能和智力技能两类。导游服务需要的主要是智力技能，即：导游员与同事协作共事，与游客成为伙伴，使旅游生活愉快的带团技能；根据旅游接待计划和实情，巧妙、合理地安排参观游览活动的技能；选择最佳的游览点、线，组织活动，当好导演的技能；触景生情、随机应变，进行生动精彩的导游讲解的技能；灵活回答游客的询问，帮助他们了解旅游目的地的宣讲技能；沉着、果断地处理意外事故的应急技能；合情、合理、合法地处理各种问题和旅游投诉的技能等。

语言、知识、服务技能构成了导游服务三要素，缺一不可，只有三者的和谐结合才称得上是高质量的导游服务。

导游员的服务技能与他的工作能力和掌握的知识有很大的关系，需要在实践中培养和发展。导游员要在掌握丰富知识的基础上，努力学习导游方法、技巧，并不断总结、提炼，形成适合自己特长的导游方法、技巧及自己独有的导游风格。

## 五、竞争意识和进取精神

当今时代是知识经济的时代，其特征是以智力资源为主要依托，把知识作为第一生产力要素。导游服务是一种高智能的服务，它以导游员的智力资源为主要依托。因此，导游员只有不断充实、更新知识，不断进取，才能迎接充满竞争的新世纪的挑战。

在加入 WTO 后，我国旅游业更加开放，现在不仅外国旅游企业纷纷进入中国旅游市场，外国导游员也可能踏上中国的国土。另外，随着改革的深入，面对国际国内旅游市场的激烈竞争，目前的导游管理体制正在发生巨大变化。因此，导游员应居安思危，应有优胜劣汰的思想准备。只有树立强烈的竞争意识，将压力变为动力，不断开拓进取，才能在国际化的导游事业中立于不败之地。

## 六、身心健康

导游工作是一项脑力劳动和体力劳动高度结合的工作，工作纷繁，量大面广，流动性强，体力消耗大，而且工作对象复杂，诱惑性大。因此，导游员必须是一个身心健康的人，否则很难胜任工作。身心健康包括身体健康、心理平衡、头脑冷静和思想健康四个方面。

### （一）身体健康

导游员从事的工作要求他能走路，会爬山，能连续不间断地工作；全陪导游员、地陪导游员和旅游团领队要陪同旅游团周游各地，变化着的气候和各地的水土、饮食对他都是严峻的考验。

（二）心理平衡

导游员的精神要始终愉快、饱满，在游客面前应显示出良好的精神状态，进入“导游”角色要快，并且能保持始终而不受任何外来因素的影响。面对游客，导游员应笑口常开，绝不能把丝毫不悦的情绪带到导游工作中去。特别是现在，游客的自我保护意识越来越强，有时对导游的工作理解不够，导游员要能受得起委屈，要学会调整自己的心态。

（三）头脑冷静

在旅游过程中，导游员应始终保持清醒头脑，处事沉着、冷静、有条不紊；处理各方面关系时要机智、灵活、友好协作；处理突发事件以及旅游的挑剔、投诉时要干脆利索，要合情、合理、合法。

（四）思想健康

导游员应具有高尚的情操和很强的自控能力，应能抵制形形色色的诱惑，清除各种腐朽思想的污染。

总之，一名合格的导游员应精干、老练、沉着、果断、坚定，应时时处处显示出有能力领导旅游团，而且工作积极、耐心，会关心人、体谅人，富于幽默感，导游技能高超。加拿大旅游专家帕特里克·克伦在他的《导游的成功秘诀》一书中对导游员的素质作了精辟的概括：导游员应“是集专业技能和知识、机智、老练圆滑于一身”的人。

## 第三节 导游员的职责和纪律要求

导游员的基本职责是指各类导游员都应履行的共同职责。各类导游员由于其工作性质、工作对象、工作范围和时空条件各不相同，职责重点也有所区别。但他们的基本职责是共同的，就是为游客提供良好的导游讲解和旅行服务。

### 一、导游员的基本职责

导游员的基本职责是：

（1）接受旅行社分配的导游任务，按照接待计划安排和组织游客参观、游览；

（2）负责向游客导游、讲解，介绍我国（地方）文化和旅游资源；

（3）配合和督促有关部门安排游客的交通、住宿、保护游客的人身和财产安全；

（4）反映游客的意见和要求，协助安排会见、座谈等活动；

(5) 耐心解答游客的问询，协助处理旅途中遇到的问题。

在我国，全陪、地陪和领队统称导游员，他们的工作各有侧重，所起的作用也不尽相同，但对上文中提出的导游员的基本职责都必须履行。

## 二、海外领队、全陪、地陪和景点景区导游员的职责

一个标准、规范、完整的旅游接待过程应该是由全陪、地陪、领队共同参与、共同配合才能完成的。全陪是东道国（地区）组团社利益的代表，地陪是东道国（地区）接待社利益的代表，而领队则是游客及其所在国（地区）利益的代言人，三者代表着三个方面，维护着各自的利益。共同的目标，相同的工作对象，使他们走到了一起。

### （一）海外领队的职责

海外领队是出境旅游团的领导者和代言人，海外领队的具体职责是：

1. 全程服务，旅途向导

领队行前应向旅游团介绍旅游目的国（地区）概况及注意事项；陪同旅游团的全程参观游览活动，积极提供必要的旅途导游和生活服务。

2. 落实旅游合同

领队要监督但更要配合旅游目的国（地区）的全陪、地陪安排好旅游计划，组织好游览活动，全面落实旅游合同。

3. 做好组织和团结工作

领队应积极关注并听取游客的要求和意见，做好旅游团的组织工作，维护旅游团内部的团结，调动游客的积极性，保证旅游活动顺利进行。

4. 协调联络、维护权益、解决难题

领队应负责旅游团与接待方旅行社的联络工作，转达游客的建议、要求、意见乃至投诉，维护游客的正当权益，遇到麻烦和微妙问题时出面协调或解决。

### （二）全程导游员（全陪）的职责

全程导游员在导游工作集体中处于中心地位，起着主导作用。他的具体职责是：

1. 实施旅游接待计划

按照旅游合同或约定实施组团旅行社的接待计划；监督各地接待单位的执行情况和接待质量。

2. 联络工作

负责旅游过程中与组团旅行社和各地接待旅行社的联络，做好旅行各站的衔接工作，掌握旅游活动的连贯性、一致性和多样性。

3. 组织协调工作

协调旅游团与地方接待旅行社及地方导游员之间、领队与地方导游员及司机等各方面接待人员之间的合作关系；协调旅游团在各地的旅游活动，听取游客的意见。

4. 维护安全、处理问题

维护游客旅游过程中的人身和财物安全，处理好各类突发事件；转达游客的意见和要求，力所能及地处理游客的意见、要求乃至投诉。

5. 宣传、调研工作

耐心解答游客的问询，介绍我国（地方）文化和旅游资源，开展市场调研，协助开发、改进旅游产品的设计和市场促销。

（三）地方导游员（地陪）的职责

地方导游员是地方接待旅行社的代表，是旅游计划的具体执行者。地陪的职责重点之一是组织旅游团在当地的旅游活动并负责安排落实旅游团全体成员的吃、行、住、游、购、娱等方面的事宜；重点之二是导游讲解，这是区别于全陪的。他的具体职责是：

1. 安排旅游活动

严格按照旅游接待计划，合理安排旅游团（游客）在当地的旅游活动。

2. 做好接待工作

认真落实旅游团（游客）在当地的接送服务和行、游、住、食、购、娱等服务；与全陪、领队密切合作，按照旅游接待协议做好当地旅游接待工作。

3. 导游讲解

负责旅游团（游客）在当地参观游览中的导游讲解，解答游客的问题，积极介绍和传播我国（地方）文化和旅游资源。

4. 维护安全

维护游客在当地旅游过程中的人身和财物安全，做好事故防范和安全提示工作。

5. 处理问题

妥善处理旅游相关服务各方面的协作关系以及游客在当地旅游过程中发生的各类问题。

（四）景点景区导游员的职责

1. 导游讲解

负责所在景区、景点的导游讲解，解答游客的问询。

2. 安全提示

提醒游客在参观游览过程中注意安全，并给予必要的协助。

3. 普及知识

结合景物向游客宣讲环境、生态和文物保护知识。

随着旅行社业务的发展，地陪和全陪的界线不是绝对的。目前许多地方旅行社的地陪也在做全陪，全陪和地陪的划分只是相对的。但无论全陪或地陪，其主要职责都是为游客服务。

## 三、导游员的纪律要求

### （一）忠于祖国，坚持“内外有别”原则

导游员要严守国家机密，时时、事事以国家利益为重。带团旅游期间，不随身携带内部文件，不向游客谈及旅行社的内部事务及旅游费用。

### （二）严格按规章制度办事，执行请示汇报制度

（1）导游员应严格按照旅行社确定的接待计划，安排旅行、游览活动，不得擅自增加、减少旅游项目或者中止导游活动；在旅行、游览中，遇有可能危及游客人身安全的紧急情形时，经征得多数游客的同意，可以调整或者变更接待计划，但应当立即报告旅行社。

（2）在旅行、游览中，导游员应当在可能发生危及游客人身、财物安全的情况时，提早向游客作出真实说明和明确警示，并按照旅行社的要求采取防止危害发生的措施。

### （三）自觉遵纪守法

（1）导游员要严禁嫖娼、赌博、吸毒；也不得索要、接受反动、黄色书刊画及音像制品。

（2）导游员不得套汇、炒汇；也不得以任何形式向海外游客兑换、索取外汇。

（3）导游员不得向游客兜售物品或者购买游客的物品；不得偷盗游客的财物。《旅行社质量保证金赔偿试行标准》第八条第五款规定：导游私自兜售商品，旅行社应全额退还旅游者购物价款。

（4）导游员不得欺骗、胁迫游客消费或者与经营者串通欺骗、胁迫游客消费。

（5）导游员不得以明示或暗示的方式向游客索要小费，不准因游客不给小费而拒绝提供服务。《旅行社质量保证金赔偿试行标准》第八条第六款规定：导游索要小费，旅行社应赔偿被索要小费的2倍。

（6）导游员不得向游客销售商品或提供服务的经营者的财物。

（7）导游员不得营私舞弊、假公济私，不大吃大喝。

### （四）自尊、自爱，不失人格、国格

（1）导游员不得“游而不导”，应做到不擅离职守，不懒散松懈，不本位主义，不推诿责任。《旅行社质量保证金赔偿试行标准》第九条规定：导游在旅游行程期间，擅自离开旅游团队，造成旅游者无人负责，旅行社应承担旅游

者滞留期间所支出的食宿费等直接费用，并赔偿全部旅游费用30%的违约金。

(2) 导游员要关心游客，不态度冷漠，不敷衍了事，不在紧要关头临阵脱逃。

(3) 导游员不要与游客过分亲近；不介入旅游团内部的矛盾和纠纷，不在游客之间拨弄是非；对待游客要一视同仁，不厚此薄彼。

(4) 导游员有权拒绝游客提出的侮辱人格尊严或者违反其职业道德的不合理要求。

(5) 导游员不得迎合个别游客的低级趣味，在讲解、介绍中掺杂庸俗下流的内容。

(五) 注意小节

(1) 导游员不要随便单独去游客的房间，尤其不要单独去异性游客的房间。

(2) 导游员不得携带自己的亲友随旅游团活动。

(3) 导游员不得与外国旅游团领队同住一室。

(4) 导游员饮酒不要超过自己酒量的1/3。

## 第四节 导游员的培训、考核与管理

### 一、导游员的培训

1994年，世界旅游组织为世界旅游日提出的宣传主题口号是："高质量的员工，高质量的服务，高质量的旅游。"这说明高质量的旅游取决于旅游接待部门提供的高质量的服务，而高质量的服务则取决于高质量的员工。我国导游员的培训主要依靠在职培训。在职培训分为两个方面：一是旅游接待部门有计划有组织地安排导游员参加培训；二是有意识地安排导游员接待不同类型的游客，使其在实践中锻炼，在实践中总结提高。

(一) 导游员培训的重要性

1. 适应市场竞争的需要

国内外旅游市场的竞争非常激烈，在国际旅游市场上，竞争已不再主要表现为产品价格的竞争，而是把提高服务作为竞争的主要手段，因为旅游产品是一种服务性产品，其质量主要表现为服务质量。

导游员是旅游服务的提供者，而且为游客提供的是旅游全程服务，其服务质量的高低直接关系旅游产品质量的高低，对游客的影响最直接、最深远。优质的导游服务可以提高旅行社声誉，劣质的导游服务则会败坏旅行社的名誉。所以旅行社要想在激烈的旅游市场竞争中取胜，关键在于不断对包括导游员在内的旅游从业人员进行有计划有组织的培训。

2. 导游员知识更新的需要

为了做好导游服务，导游员的知识需不断充实、不断更新。因为目的地国（地区）的政治、经济、社会和旅游业的情况在不断发展、变化；客源国和地区的政治、经济、社会和旅游业情况也在不断发展、变化中；游客的文化层次也在不断提高中，求知欲更加强烈。

3. 导游员队伍建设的需要

我国的旅游业虽然起步较晚，但发展速度却令世人瞩目，这就对我国导游员队伍的建设提出了新的挑战。我国的导游员队伍是一支很年轻的队伍，随着时间的推移，导游员队伍随时可能出现青黄不接的现象。许多新加入这一行业的年轻导游，在就业前接受过导游服务专业训练的人为数不多。有些导游员缺乏专业理论知识，不懂游客的心理和审美情趣，导游艺术也不够讲究，导游内容千篇一律。还有的导游员对我国的历史、文化、地理等情况缺少起码的了解。导游员之间的水平差距显而易见。因此，要加快导游员队伍的建设，必须加强导游员的培训工作。

（二）导游员培训的内容

1. 理念或价值观的培训（即职业道德培训）

它主要阐述导游员在导游服务过程中，在处理各种关系时应提倡什么，反对什么，并进一步探讨为什么提倡，为什么反对。这样就会深化一个行业的理念或一个企业的价值观。价值观决定着一个群体和个体的行为，因此，培植、树立企业的价值观是培训的第一课，也是最重要的培训内容。

2. 专业基础知识的培训

导游角色的特殊性要求导游员必须掌握多方面的知识，导游员可以不是专家，但必须是“杂家”，必须博学、多识，在此基础上分清主次。如旅游心理学、旅游地理、中国历史、中外风俗、美学基础、中国艺术史、宗教、建筑、考古、中国的诗词歌赋欣赏以及法律基础和旅游法规等。培训内容的确定可结合旅行社的性质、经营范围、导游类别作重点选择。

3. 语言素质的培训

语言是人际交流的基本工具，从事国际旅游业的导游员必须掌握一至二门外语。国内导游员则要求有过硬的汉语语言能力，同时根据企业目标市场应了解一些地方语言，如粤语、闽南语以及少数民族语言。培训一定要有针对性，缺什么，就补什么。没有过硬的语言表达本领，导游服务就很难生动、形象。

4. 能力素质的培训

导游能力的高低一方面取决于导游员所受的教育程度，另一方面取决于他对实践经验的思考与总结。导游员的能力素质的培训主要应注重以下三个方面：

(1) 专业技术能力。这种技能就是导游接待服务的操作技术，也称导游业务技能，它包括技术技能与心智技能两方面。其中，技术技能是导游员能按照规范化操作程序操作的技术性工作能力，如办理出入境手续、住宿手续、兑换外币等；心智技能是指工作中没有规范化的操作程序，只能凭经验、知识、才智随机应变、灵活操作的能力。

(2) 处理人际关系的能力。一个优秀的导游员往往具备许多待人接物的技巧，能理解人，善于领会别人的言语和行为所表示的意思；能够容忍别人的过失；善于观察人，并能及时地对自己的个人行为可能产生的后果作出判断；能影响人，能通过自己的言行并以对方能接受的方式传递自己的观点；能团结人，能使自己所带领的旅游团队成为一个团结愉快的集体。

(3) 组织协调能力。这是导游员能力培训中须特别强调的一环。事实上，游客的"一次心情愉快的旅行"或导游员的"优质导游服务"，无疑是各部门、各环节通力协作的结果，而协作的轴心正是导游员。

此外，导游员能力的培训还要注重导游员观察力、记忆力、应变能力、自控能力和推销能力等。实际上若仅从狭义的导游服务培训而言，其内容就是服务态度、服务技能和相关服务知识三大板块。

### (三) 培训的方式

培训方式是指导游员培训中所采用的方式、方法，一般情况下，导游员的培训方法有课堂讲授、直观教学、专题研讨和实践培训等四种。

#### 1. 课堂讲授

课堂讲授是把导游员集中在课堂，由主讲人进行系统的讲授。此方法适用于思想道德教育、法律法规学习、导游基础知识传授和理论学习。

#### 2. 直观教学

直观教学是通过声像资料和现场示范等方式进行教学。主讲人根据声像资料提供的背景或在导游现场一面进行导游讲解，一面讲述导游要领。这种方法的优点是形象生动，易于理解和接受，有利于提高导游员的导游水平。

#### 3. 专题研讨

专题研讨是给受训导游员提供一些导游中的实际案例，让他们进行分析、讨论。这种方法实用性强，有利于提高导游员的实际工作能力。

#### 4. 实践培训

实践培训是在有丰富经验的导游员的指导下，受训导游员进行导游上岗实践，以掌握导游操作程序和服务技能，积累实际经验。

## 二、导游员的考核

（一）我国导游员资格考试背景情况

1988年国家旅游局在上海、浙江两地试点导游资格考试制度，1989年在全国推广。1989—1996年，全国导游资格考试按旅行社类别进行分类考试，当时的一、二类旅行社导游资格考试由国家旅游局负责；三类旅行社导游资格考试由省级旅游局负责组织。1997—1998年，全国导游资格考试按旅行社业务范围进行分类考试，国际社由国家旅游局负责，国内社由省级旅游局负责。1999—2000年又作了改革，按语种进行分类考试，外语导游资格考试由国家旅游局负责，中文导游考试由省级旅游局负责。从2001年起，国家旅游局将考试权力下放，国家旅游局制定政策，省级旅游局负责导游考试的培训、命题、发证等管理工作。

**【小资料】湖北省导游资格考试内容**

包括导游综合知识和导游服务能力考试。“导游综合知识”为笔试，分“导游专业知识”和“导游相关知识”两部分，考试时间各为120分钟。“导游专业知识”包括：导游业务、全国导游基础知识和湖北导游基础知识。“导游相关知识”包括：政策与法规、职业道德、时事政治（前一年9月至当年8月）。“导游综合知识”计算总分，不计算单科成绩。“导游服务能力”为口试，即现场导游，主要内容为：①导游讲解能力；②导游规范服务能力；③导游特殊问题处理及应变能力。外语类考生必须用所报考语种的语言进行，并加试口译（中译外和外译中）。抽签景点10个，其中全省指定5个为：长江三峡、神农架、武当山、黄鹤楼、大别山，各地另外自定5个。

（二）导游考核的ASK原则

导游员的考核是指对导游员政治思想素质、业务素质和身体素质进行的全面考察和审核。由于导游服务工作强调实践性，所以考核就不是一般考试能完成的。导游员考核的另一个特点是长期性，它不是一次能完成的。由于旅游业是知识密集型的行业，所以要经常对导游员进行考核以适应旅游业日新月异的变化。

国外不少旅游管理专家在考核导游员时，坚持ASK的原则。“A”（Attitude）即导游员的工作态度，“S”（Skill）是指导游技巧和能力，“K”（Knowledge）是指知识的深度和广度。

（三）导游员的考核方式

一般来讲，考核包括三个方面：笔试、口试以及实践工作能力。考核可在全旅行社范围内进行，也可分部门进行。导游员的考核包括新进导游员的录用考核、在职导游员的考核和兼职导游员的考核。

新进导游员的录用考核,包括全面考核和择优录用两方面。在职导游员的考核,分为考试和年审两种形式。考核的目的是全面了解和掌握每个导游员的德、能、勤、绩,并建立导游员业务档案,作为导游员培训、奖惩和晋级的主要依据。兼职导游员的考核,包括聘用时的审核和导游工作的考核。

## 三、导游员的管理

### （一）计分制管理

为了加强对全国导游员的管理，全面提高导游服务质量，国家旅游局从2002年4月10日起，在全国范围内推行对导游员的计分管理制度。

为确保该制度的施行，国家旅游局启用了IC卡式导游证，卡内储存导游员的姓名、性别、民族、学历、语种、出生年月、家庭地址、身份证号码、导游证编号、导游资格证号等基本情况和违规计分情况，可凭借手持读卡机等电子设备读取其内容。国家旅游局于2002年4月1日起，在部分地区试行IC导游证，2003年4月1日起在全国实行。

导游员计分办法实行年度管理10分制。

**【小资料】导游员27种扣分的违规行为：**

1. 扣除10分的行为

有损害国家利益和民族尊严的言行；

诱导或安排旅游者参加黄、赌、毒活动项目；

有殴打或谩骂旅游者的行为；

欺骗、胁迫旅游者消费；

未通过年审继续从事导游业务；

因自身原因造成旅游团重大危害和损失。

2. 扣除8分的行为

拒绝、逃避检查，或欺骗检查人员；

擅自增加或者减少旅游项目；

擅自终止导游活动；

讲解中掺杂庸俗、下流、迷信内容；

未经旅行社委派私自承揽或者以其他任何方式直接承揽导游业务。

3. 扣除6分的行为

向旅游者兜售物品或购买旅游者物品；

以明示或者暗示的方式向旅游者索要小费；

因自身原因漏接漏送或误接误送旅游团；

讲解质量差或不讲解；

私自转借导游证供他人使用；

发生重大安全事故不积极配合有关部门救助。

4. 扣除4分的行为

私自带人随团游览；

无故不随团活动；

在导游活动中未佩戴导游证或未携带计分卡；

不尊重旅游者宗教信仰和民族风俗。

5. 扣除2分的行为

未按规定时间到岗；

10人以上团队未打接待社社旗；

未携带正规接待计划；

接站未出示旅行社标志；

仪表、着装不整洁；

讲解中吸烟、吃东西。

（二）年审管理

导游员必须参加年审，通过年审能够比较清楚地了解导游一年来的基本情况。年审以考评为主，考评的内容包括：当年从事导游业务情况、扣分情况、接受行政处罚情况、游客反映情况等。考评等级为通过年审、暂缓通过年审和不予通过年审三种。

年审之前，导游员必须参加由旅游行政管理部门组织的专业培训，从业人员每年的培训时间累计不得少于7天（56小时）。年审培训考核合格后，由负责年审培训的部门在导游员的资格证书或等级证书上加盖印章，作为导游员向年审管理部门申请年审的依据。没有参加年审培训或年审培训不合格者，不予通过年审。暂缓通过年审的，通过培训和整改后，方可重新上岗。

（三）等级管理

导游员的等级管理是导游员管理的一个重要方面。依照规定，高级导游员和特级导游员由国家旅游局组织评定；中级和初级导游员由省级旅游管理部门或委托地市县级旅游管理部门组织评定。2005年7月，《导游人员等级考核评定管理办法（试行）》也正式执行。

（四）旅行社管理

由于导游员的导游服务质量关系到旅行社乃至国家旅游业的声誉，旅行社必须加强对导游员的管理，其管理主要包括如下几个方面。

1. 加强培训与考核，确保导游员的素质

导游员素质的高低，是决定导游服务质量高低的关键因素，因此旅行社应不遗余力地提高导游员的素质。

2. 实行合同管理，强化导游员的责任感

劳动用工合同是劳动者与用人单位确立劳动关系，明确双方权利和义务的协议。它作为劳动关系的法律形式，具有控制人们在劳动过程中的行为、规范劳动活动、调整劳动关系的作用。旅行社对导游员实行合同管理，根据劳动合同的规定对导游员承担的义务进行检查、监督，这是促使导游员依法为游客提供优质导游服务的保证，是提高导游服务质量的重要措施，可促使导游员增强责任感，自觉地为游客服务。

3. 强化导游员的检查、监督机制

由于导游员常年独立工作在外，旅行社应多采取一些措施，强化对导游员的检查和监督，它不仅有利于加强对导游员的管理，而且也有助于促进导游员工作自觉性的提高。这些措施除国家旅游行政主管部门制定的《海外旅游者意见表》和由导游员填写的陪同日志外，一些旅行社还制定了旅游团领队评价表，定期到有关接待单位听取意见或不定期地派专人到现场进行检查等。

## 四、建立开放有序的导游人才市场

导游人才市场，是指按照社会主义市场经济规律，在国家政策指导和宏观调控下，自觉地运用市场手段来调节导游资源，促进导游资源的充分合理使用的市场调节机制、市场活动、劳动关系和中介服务的总和。目前主要的做法有：发展导游服务中介机构，对导游员实行专业化管理；实行导游员注册备案制度；导游公司依靠专业化管理优势，通过提高导游员的服务质量，对旅行社进行利益诱导，引导旅行社调整用人机制；建立全国导游员信息库，实行导游信息资源的社会共享以利于导游人才资源的合理使用和流动等。

**【课外阅读】**

### 导游情绪失控在云南丽江砍伤20人

2007年4月1日下午4时，丽江古城四方街发生一起导游持刀伤人恶性事件。吉林省某旅行社一男性导游因与其他导游发生争执，挥刀连伤二十人，其中多为游客及导游。目前，凶手已经被拘留。

### 起因似乎是与同行争吵

4月2日上午10时，丽江市公安局召开了有关吉林导游徐敏超在丽江古城持刀伤人一案的新闻发布会。会上，市公安局新闻发言人、副局长谢家刚介绍了目前对案件的调查结果。

根据犯罪嫌疑人徐敏超交代以及案件初步调查，犯罪嫌疑人徐敏超，男，汉族，1982年3月18日出生，大专文化，工作单位系吉林市雾凇旅行社。4月1日，犯罪嫌疑人徐敏超带领40人的吉林市“夕阳红”旅游团队于当天15时从大理乘车到达丽江。随后，犯罪嫌疑人徐敏超与昆明大家旅行社导游彭某因旅游地点改变而发生了争吵，随后两人分开。之后，犯罪嫌疑人徐敏超跑到一个经营玉器、银器等旅游商品的个体商铺，声称借刀。商铺女主人的妹妹随手将一把生活用刀拿给他，犯罪嫌疑人徐敏超接刀后顺手捅伤商铺女主人的妹妹，之后持刀逃窜，沿途见人就砍，先后砍伤20人，其中外省游客15人，本地居民和在丽江经商人员5人，据公安人员调查了解，犯罪嫌疑人徐敏超在团队游览途中，曾向本团游客谈到自己父母离异的情况。

**北京受伤游客觉得倒霉**

67岁的刘珠还是安徽师范大学退休教授。她和11名年龄都在60岁以上的老同学、老朋友从安徽自行组团前往云南旅游。4月1日下午4点30分左右，刘珠还在丽江古城东大街上行走。当她走到一家卖珠宝首饰的“百年老字号”门口时，一男子突然从她身后飞奔而来。刘珠还称，她当时并没发现她被砍伤了。她老公将她从地上扶起来后，她赶紧跑到附近一间铺面躲了起来，此时她才发现她的面部受伤了。而在丽江市人民医院，一位受伤的北京游客闫小姐称，没想到这样的倒霉事会落到她头上。昨晚，记者在古城采访时，已见一队身着迷彩服的治安员正在巡逻。

**“发疯男子”好像是疯了**

这个名叫徐敏超的男子为什么要砍人？目前人们最普遍的看法是：他疯了。

古城东大街上卖珠宝的“百年老字号”的两名女员工说，徐手提大刀沿东大街从北向南一路疯杀乱砍，见人就杀，见人就砍，当时，街上的人纷纷躲避，一些人为了逃命，从别人的身上踩过去也不顾，整个街上的人像是被龙卷风刮起来乱跑一样，见门就钻，20多名游客一下子就把她们家的铺面塞得满满当当，把店里玻璃柜台踩碎踏破，把珠宝首饰踢得满地都是。正在此时，一名老太太（即刘珠还）从她家铺面前经过，徐敏超一下子就把刘扑倒在地，然后一阵乱刀猛砍。在砍伤刘珠还后，凶手继续沿着东大街自北向南逃窜。

资料来源：http：//www.cd110.cn，2007-04-04，转自《云南信息报》。

**【实训项目1】课堂讨论：你为什么要做导游？**

实训目的：了解学生对导游这个职业的认识。

实训内容：学生在课堂上当众阐述自己的观点，要求真实、可信。

教师主要观测点：

（1）观察学生对导游行业的正确认识。

（2）考查参与学生的语言表达能力和普通话水平，为后续训练搜集信息。

**【实训项目 2】课堂讨论：比较金晶和徐敏超**

实训目的：通过讨论使学生掌握导游员的素质要求和导游员的职业道德与修养。

实训内容：课堂阅读，分组讨论，各组提出自己观点。

教师主要观测点：

（1）观察学生对两类现象的正确认识，看问题的角度和思路。

（2）考查学生对课堂知识的当场理解和掌握能力。

**【思考题】**

1. 对导游员内涵的理解要注意哪些方面？
2. 目前我国导游员是如何分类的？
3. 简述导游员的基本职责。
4. 何谓 ASK 原则？
5. 导游员应具备什么样的知识结构？导游员的业务能力包括哪些方面？

3 技能篇

# 2 实务篇

1 基础篇

# 第三章　全陪导游服务流程

【学习目标】

❖掌握全陪的概念

❖熟悉全陪的工作程序与标准

❖掌握全陪各工作环节的要领和技巧

❖了解导游工作集体关系

❖掌握旅游接待计划安排、旅途讲解、生活服务等的方法

## 第一节　全陪导游工作流程图

导游工作程序是指从导游员接到旅行社下达的接待任务起到送走旅游团、做完善后工作为止的全过程。在这个服务过程中，全陪、地陪和旅游团领队，三者构成了导游工作集体（见表3-1），他们分工明确，各有侧重，三者的密切配合、相互协作至关重要，直接关系到导游工作的服务质量和接待效果。

表3-1　　导游工作集体关系一览表

| 导游工作集体 | 重　点 | 共同点 |
|---|---|---|
| 全　陪 | 实施旅游接待计划 | 共同的工作对象；共同的工作任务；共同的工作目标；共同的利益 |
| 地　陪 | 当地旅游活动安排及接待和导游讲解 | |
| 领　队 | 组织和团结工作 | |

全陪，是指受组团旅行社的委派，作为组团社的代表，在领队和地方陪同导游员的配合下实施接待计划，为旅游团（者）提供全程陪同服务。其中全陪是整个导游工作集体的中心。全陪导游工作流程如图3-1所示。

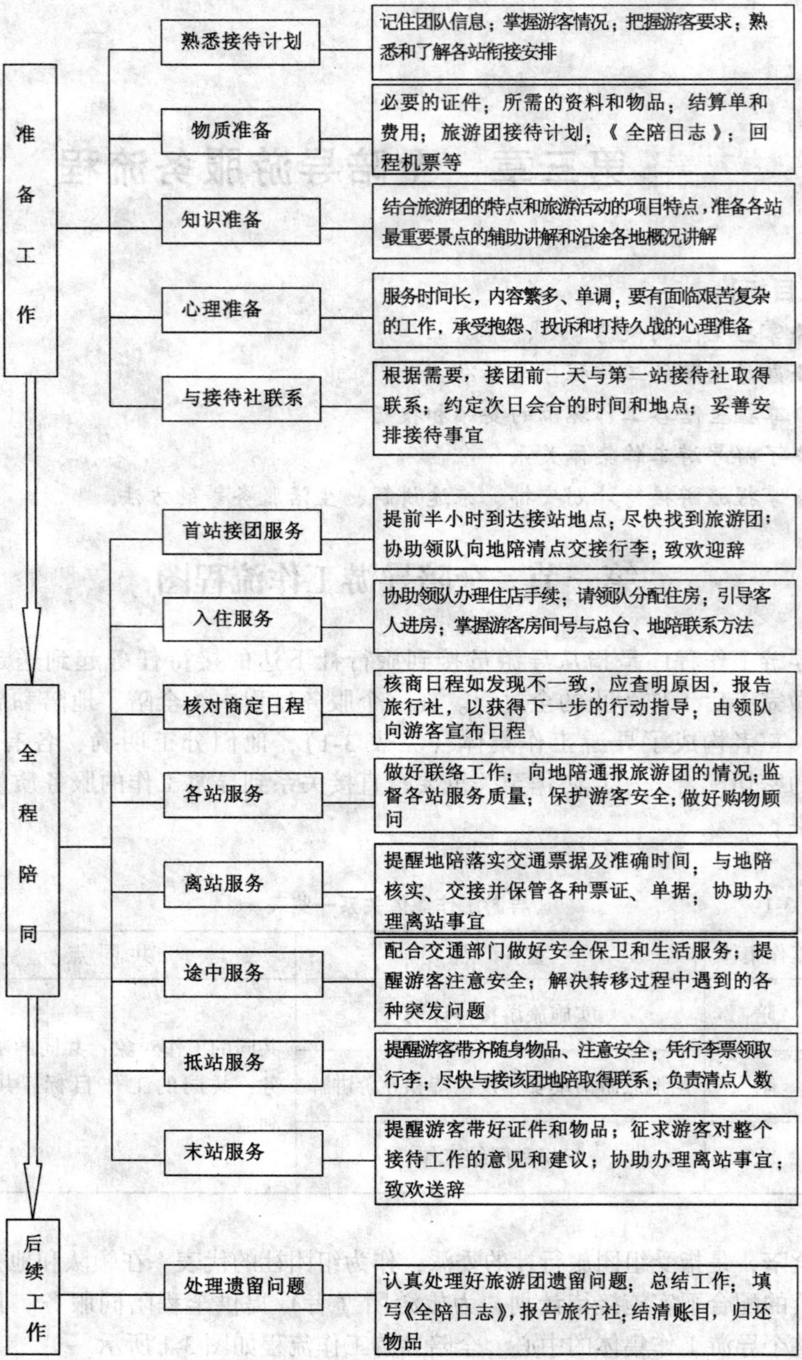


图 3-1　全陪导游工作流程图

## 第二节　全陪导游的服务程序

全陪导游的服务程序，是指全陪自接受了旅行社下达的旅游团（者）接待任务起至送走旅游团（者）整个过程的工作程序。在 GB/T15791—2010《导游服务规范》中，规定全陪是受组团社委派，作为其代表，监督接待社和地方陪同导游员的服务，以使组团社的接待计划得以按约实施，并为旅游团（者）提供全旅程陪同服务的导游员。

**【小知识】**

组团社是从事招徕、组织旅游者，并为国内旅游、入境旅游、出境旅游的旅游者提供全程导游服务的旅行社。接待社是指受组团社委托，实施组团社的接待计划，委派地方陪同导游员，安排旅游团（者）在当地参观游览等活动的旅行社。

### 一、准备工作

准备工作是做好全陪服务的重要环节之一。

（一）熟悉接待计划

接待计划（见表 3-2）是组团旅行社委托各地方接待社组织落实旅游团活动的契约性文件，是导游员了解该团基本情况和安排活动日程的主要依据。全陪在拿到旅行社下达的旅游团队接待计划书后，必须熟悉该团的相关情况，注意掌握该团重点游客情况和该团的特点。

（1）听取该团外联人员或旅行社领导对接待方面的要求及注意事项的介绍。

（2）熟记旅游团名称、旅游团人数，了解旅游团成员性别构成、年龄结构、宗教信仰、职业、居住地及生活习惯等。

（3）掌握旅游团的等级、餐饮标准，国内游客在饮食上有无禁忌和特别要求等情况。

（4）有无特殊安排，如：有否会见、座谈，有否特殊的文娱节目等。

（5）了解收费情况及付款方式，如团费、风味餐费、各地机场建设费等。

（6）熟悉和了解各站衔接安排，掌握旅游团的行程计划、旅游团抵离旅游线路各站的时间、所乘交通工具的航班（车、船）次，以及交通票据是否订妥或是否需要确认、有无变更等情况。

（二）物质准备

（1）带团过程中所需旅行手续，如边防通行证（去经济特区深圳、珠海需办理）；必要的证件，如身份证、导游IC证等。

（2）必要的票据和物品，如旅游团接待计划书、分房表、旅游宣传资料、行李封条、旅行社社徽、全陪日志、名片、话筒、计算器、导游旗、换洗衣物、药品等。

表3-2 **旅游团队计划书**

<table>
<tr><td colspan="2">组团单位</td><td colspan="2"></td><td>团号</td><td></td></tr>
<tr><td colspan="2">结算人数</td><td></td><td>其中：　男　女</td><td>全陪</td><td></td></tr>
<tr><td colspan="2">旅游等级</td><td colspan="3"></td><td>金　额</td></tr>
<tr><td rowspan="7">付费标准</td><td rowspan="2">住宿</td><td colspan="2">宾馆名称</td><td>联系方法</td><td></td></tr>
<tr><td colspan="2">标　准</td><td>结　算</td><td></td></tr>
<tr><td rowspan="2">用车</td><td colspan="2">车辆单位</td><td>联系方法</td><td></td></tr>
<tr><td colspan="2">车型座位</td><td>结　算</td><td></td></tr>
<tr><td>门票</td><td colspan="2">景点名称</td><td>结　算</td><td></td></tr>
<tr><td rowspan="2">餐费</td><td colspan="2">餐厅名称</td><td>餐　标</td><td rowspan="2"></td></tr>
<tr><td colspan="2">其中　早　正</td><td>结　算</td></tr>
<tr><td>导服</td><td colspan="5"></td></tr>
<tr><td>合计</td><td colspan="5"></td></tr>
<tr><td rowspan="2">接待社</td><td colspan="2">名称及负责人</td><td colspan="3"></td></tr>
<tr><td colspan="2">地陪导游</td><td colspan="3"></td></tr>
<tr><td rowspan="4">行程</td><td colspan="5">D1</td></tr>
<tr><td colspan="5">D2</td></tr>
<tr><td colspan="5">D3</td></tr>
<tr><td colspan="5">D4</td></tr>
<tr><td>备注</td><td colspan="5"></td></tr>
</table>

（3）结算单据和费用，如团款结算通知单或支票、现金，足够的旅费等。在这里，要强调全陪须慎重保管好所带的支票及现金。在旅行社，尤其是国内旅行社业务来往中，有时是采用现金支付的方法，全陪所带现金数额往往较大，如不加以妥善保管而发生意外，会给自己和旅行社会带来重大经济损失。

（4）回程机票，国内团的回程机票若是由组团社出好并由全陪带上，全陪须认真清点，并核对团员名字有无写错。

#### （三）知识准备

（1）在上团之前，要了解最近的天气预报、热门话题、国际动态等即时信息，如果接外宾团，要有一定的外语口语表达能力。

（2）根据旅游团的不同类型和实际需要准备相关知识：了解各旅游目的地的政治、经济、历史、文化、民俗风情和旅游点的大概情况，以应对游客的咨询；同时还应了解游客所在地的上述情况，以便能做相互比较，和游客做更多的沟通。

（3）沿途各站的相关知识：如全陪对该团所经各站不太熟悉，一定要提前准备各站的基本知识，如主要景观、市容民情、风俗习惯等。

#### （四）心理准备

（1）准备打“持久战”。全陪相对于地陪而言，要长时间承担导游服务工作，内容繁多而且单调，很容易疲劳，要有打“持久战”的心理准备。

（2）准备面临艰苦复杂的工作。在做准备工作时，导游员不仅要考虑到正规的程序要求提供给游客热情的服务，还要有充分的思想准备，考虑对特殊游客如何提供服务，以及在接待工作中发生问题和事故时如何去面对、去处理等。

（3）准备承受抱怨和投诉。由于导游员接待对象的复杂性，有时可能遇到下述情况：导游员已尽其所能热情周到地为旅游团服务，但还会有一些游客挑剔、抱怨、指责导游员的工作，甚至提出投诉。对于这种情况，导游员也要有足够的心理准备，冷静、沉着地面对。

#### （五）与接待社联系

根据需要，接团前一天与第一站接待社取得联系，互通情况，约定次日会合的时间和地点，妥善安排好接待事宜。

### 二、全程陪同

#### （一）首站接团服务

首站接团服务要使旅游团抵达后能立即得到热情友好的接待，让游客有宾至如归的感觉。

1. 迎接旅游团

(1) 接团前，全陪应向旅行社了解本团接待工作的详细安排情况。

(2) 接团当天，全陪应提前30分钟到接站地点迎接旅游团，并尽快认找到旅游团。

(3) 接到旅游团后，全陪应与领队尽快核实有关情况，做好以下工作：问候全团游客；向领队做自我介绍（可交换名片）并核对实到人数，如有人数变化，与计划不符，应尽快与组团社联系。

2. 致欢迎辞

在首站，全陪应代表组团社和个人向旅游团致欢迎辞，欢迎辞一般应包括如下内容：

问候语：各位来宾、各位朋友，大家好。

欢迎语：代表所在旅行社、本人及司机欢迎游客光临本地。

介绍语：介绍自己的姓名及所属单位；介绍司机。

希望语：表示提供服务的诚挚愿望。

祝愿语：预祝旅游愉快顺利。

**【小参考】全陪欢迎辞示范**

各位团友，大家好！欢迎大家参加我们×××旅行社组织的这次海南双飞5日团。（团队名称要讲得很流畅，会给游客一种你很专业、很值得信任的感觉。）

首先，我先介绍一下自己。我是这次行程的全陪导游，叫×××，大家可以叫我阿×或××。（**不要称某小姐或某小姐，显得疏远；在这里还可以拿自己的名字开个小玩笑，以加深印象并活跃气氛。**）首先我们有一件最重要的事，请大家拿出身份证，顺便检查一下有效期，特别是临时身份证，它的有效期特别短，要看一看回来那天会不会过期；然后把身份证交给我，我先要核对身份证和机票上的名单是否相符，等一会到机场由我用这些身份证给大家办理登机手续，然后连同登机卡一起发还大家。我在这儿顺便说一下，身份证一定要保管好，而且请随身携带，不要放入大的行李箱中，以免匆忙中被托运了，人就上不了飞机了。像我们这次去海南要是没了身份证就只能游水回来啦！

我作为大家的全陪，职责主要在于照顾大家这几天的食、住、行、游、购，景点讲解由地陪负责，解决大家在旅途中遇到的麻烦，尽我最大的努力维护大家的利益，务求使大家在这一次的旅途中过得轻松愉快。我的任务就是要令大家玩得开心愉快，但同时我非常需要在座各位的合作和支持。俗话说，“百年修得同船渡”，我觉得也可以说“百年修得同车行”，现在我们大家一起坐在这里，一起度过这几天的旅程，我觉得是很有缘分的，所以我希望在这几天的行程中，我们能够相处得愉快，同时也祝愿大家旅游愉快，玩得开心！

这是我们公司赠送给大家的纪念品，有旅行袋、帽子、团徽。公司发这个旅行袋的意思是祝愿大家"代代平安，满载而归"，大家回程时一般都会买些当地土特产带回来，这个袋子到时就有大用处了。现在有的人如果本身带的包较小放不下，可以打开公司这个大袋，把自己的小袋放进去，就还是一个袋，不会多出行李来了。

还有呢，希望大家佩戴好这个团徽，因为等会儿到了机场，人比较多，流动性大，大家戴了团徽以后，就能够互相认识，并且知道都是来自同一个地方，那样就不容易找不到人了，是不是？而且到了旅游景点进门时验票员看见这个团徽就知道是我们团队的，没有戴的就会被拦住查票，所以请大家佩戴好它，并且不要遗失了。另外这个团徽背后印有我们公司的总机电话号码，当您遇到什么问题可以及时打电话求助。

下面，我就来讲一讲大家最关心的行程安排……

由于全陪在整个旅游过程中较少向游客讲解，所以要重视首站的介绍。致完欢迎辞后，全陪要向全团游客简明扼要地介绍行程，对于住宿、交通等方面的情况适当让游客有所了解；还要向游客说明行程中应该注意的问题和一些具体的要求，以求团队旅途顺利、愉快。这种介绍有利于加快游客对全陪的信任。

### （二）饭店内服务

旅游团进入所下榻的饭店后，全陪应做好分房方案，并按照方案在地陪的协助下办妥入住手续。

#### 1. 协助领队分房

和地陪一起到饭店总台领取房间钥匙，由领队分配住房；掌握旅游团成员所住房号，并把自己的房号告诉全体团员。

#### 2. 热情引导游客进入房间

应协助地陪主动、热情地引导游客进入各自的房间。尤其是在住房分布较为分散时，更应积极协助地陪做好这一工作。

#### 3. 处理入住后的问题

协助有关人员随时处理游客入住过程中可能出现的问题。遇有地陪在饭店无房的情况，全陪应负起全责照顾好全团游客。

#### 4. 掌握与地陪的联系方法

请地陪留下家庭电话和移动电话的号码，以便必要时的联络。

### （三）核对商定日程

全陪应分别与领队和地陪核对、商定日程，以免出差错，造成不必要的误会和经济损失。一般以组团社的接待计划为依据；尽量避免大的改动；小的变动（如不需要增加费用的变动、调换上下午的节目安排等）可主随客便；而对无法满足的要求，要详细解释。如遇难以解决的问题（如领队提一些对计划有较大变动的提议或全陪手中的计划与领队或地陪手中的计划不符等情况）应立即反馈给组团社，并使领队得到及时的答复。详细日程商定后，请领队向全团宣布。

**【小参考】全陪和领队商谈日程示范**

领：晚上好。现在所有的人都已经安顿下来，我们来核对商定一下日程吧。

全：当然可以。我和你住同一层楼，这样便于我招呼客人们。

领：去年这个时候，我带来一个度假团队，我们合作得很好。每个人都玩得很开心。

全：我相信今年我们能干得更好。这次是一个 VIP 团队，我们会把一切都安排得更完美。

领：对。我们团队有 32 个成员，其中有 10 对夫妻，6 位单身男性和 6 位单身女性。他们都受过良好的教育，都是职业人士。其中有 2 位教授，2 位作家，还有 4 位新闻记者。

全：是的，我也事先了解了这些情况。我保证他们都会受到很好的照顾的。特别是那 4 位记者，他们能为两国和两国人民之间的理解和沟通做出很大的贡献。

领：这个旅游团主要是做研究的。比起游览和购物，他们更愿意多接触人，更多地了解普通人，以及他们的生活方式和中国古老的文明。具体来说，他们很关心妇女、孩子、婚姻状况和社会福利等社会问题。

全：可以理解。实际上，我已经安排了去参观一些普通的中国家庭，还安排了和一些普通工人的交谈等活动。这是我做的日程安排，请您看看，需要做些什么修改？

……

（四）各站服务

各站服务工作是全陪工作的主要组成部分。全陪要通过这一项工作使旅游团的计划得以顺利全面的实施，使旅游团有一次愉快、难忘的经历和体验。

1. 联络与沟通

全陪要做好各站间的联络工作，架起联络沟通的桥梁。

（1）做好领队与地陪、游客与地陪之间的联络、协调工作。

（2）做好旅游线路上各站间，特别是上、下站之间的联络工作。若实际行程和计划有出入时，全陪要及时通知下一站。

(3) 抵达下一站后，全陪要主动把团队的有关信息，如前几站的活动情况、团员的个性、团长的特点等通报给地陪，以便地陪能采取更有效、主动的方法。

2. 监督与协助

在旅游过程中，全陪要正确处理好监督与协助这两者的关系。一方面，全陪和地陪的目标是一致的，他们都是通过自己的服务使游客获得一次美好的经历，让游客满意，并以此来树立自己旅行社的品牌。因此，从这方面来说，作为全陪，协助地陪做好服务工作是主要的。但是全陪和地陪毕竟分别代表各自的旅行社，且全陪会更多地考虑游客的利益，因此，监督地陪以及其所在接待社按旅游团协议书提供服务也是全陪必须要做的工作。

(1) 若活动安排与上几站有明显重复，应建议地陪作必要的调整。

(2) 若对当地的接待工作有意见和建议，要诚恳地向地陪提出，必要时向组团社汇报。

3. 旅行过程中的服务

(1) 生活服务。生活服务的主要内容包括：

① 出发、返回、上车、下车时，要协助地陪清点人数，照顾年老体弱的游客上下车。

② 游览过程中，要留意游客的举动，防止游客走失和意外事件的发生，以确保游客人身和财产安全。

③ 按照“合理而可能”的原则，帮助游客解决旅行过程中的一些疑难问题。

④ 融洽气氛，使旅游团有强烈的团队精神。

(2) 讲解服务和文娱活动。作为全陪，提供讲解服务固然不是最重要的，但适当的讲解仍是必要的。尤其是两站之间，在汽车上做较长时间的旅行或火车专列或包车厢时，全陪也要提供一定的讲解服务。其讲解内容则一定是游客感兴趣的。此外，为防止长途旅行时团队气氛沉闷，全陪还要组织游客开展一些文娱活动，如唱歌、讲故事、讲笑话、玩游戏等。形式上力求丰富多彩，但要有吸引力，使游客能踊跃参与。

(3) 购物服务。应严格按照旅游合同的约定安排统一的购物活动，非经旅游者主动要求，不应擅自增加旅游合同约定以外的购物安排或者强迫旅游者购物。旅游团（者）购物时，导游员应向其介绍商品的主要品种及特色；需要时，向旅游者提供购物过程中所需要的服务，如翻译、介绍托运手续等。

**【小技巧】导游购物讲解**

购物本身就是旅游六要素之一，属于旅游活动的重要组成部分。有时候即使导游一句有关购物的讲解都没有说，游客也同样具有很强烈的购买欲望。物质的摄取，“满载而归”是游客的一种常见心理。所以导游购物讲解的内容主体，不应该是用夸大其词的泛泛之谈来向游客推销，或者编造一些不切实际的故事来蒙骗游客，而在于如何针对游客的需求，对其消费进行理性、正确的引导。要设身处地地为游客着想，思考不同年龄、不同职业、不同地区、不同收入、不同爱好的游客都有什么需要，再逐一满足他们的需要。比如老年人更关注健康，中年人更关注保值，青年人更关注时尚，少年人更关注新奇，这些都是需求，能够将这些需求结合到不同的旅游商品上，让游客满意，才是成功的购物讲解。

资料来源：宙斯：《带团就是战斗！》，旅游教育出版社 2011 年版。

（五）离站服务

每离开一地前，全陪都应为本站送站与下站接站的顺利衔接做好以下工作：

（1）提前提醒地陪落实离站的交通票据及核实准确时间。

（2）如离站时间因故变化，全陪要立即通知下一站接待社或请本站接待社通知，以防空接和漏接的发生。

（3）协助领队和地陪妥善办理离站事宜，向游客讲清托运行李的有关规定并提醒游客检查、带好旅游证件。

（4）协助领队和地陪清点托运行李，妥善保存行李票。

（5）按规定与接待社办妥财务结账手续。

（6）如遇推迟起飞或取消，全陪应协同机场人员和该站地陪安排好游客的食宿和交通事宜。

（六）途中服务

在向异地（下一站）转移途中，无论乘坐何种交通工具，全陪应提醒游客注意人身和物品的安全，安排好旅途中的生活，努力使游客旅行充实、轻松愉快。

（1）全陪必须熟悉各种交通工具的性能及交通部门的有关规定，如两站之间的行程距离、所需时间、途中经过的省份城市等。

（2）由领队分发登记牌、车船票，并安排游客座位。

（3）组织旅游团顺利登机（车、船），自己殿后。

（4）与交通部门工作人员（如飞机乘务员、列车乘务员等）搞好关系，争取他们的支持，共同做好途中的安全保卫工作、生活服务工作。

（5）做好途中的食、住、娱工作。如乘火车（或轮船）途中需要就餐时，上车（或船）后，全陪应尽快找餐车（或餐厅）负责人联系，按该团餐饮标准为游客订餐。如该团有餐饮方面的特殊要求或禁忌应提前向负责人说明。

（6）旅游团中若有晕机（车、船）的游客，全陪要给予特别关照；游客若突患重病，全陪应立即采取措施，并争取司机、乘务人员的协助。

（7）做好与游客的沟通工作（如通过交谈联络感情等）。

（七）抵站服务

（1）所乘交通工具即将抵达下一站时，全陪应提醒游客整理带齐个人的随身物品，下机（车、船）时注意安全。

（2）下飞机后，凭行李票领取行李，如发现游客行李丢失和损坏，要立即与机场有关部门联系处理并做好游客的安抚工作。

（3）出港（出站），全陪应举社旗走在游客的前面，以便尽快同接该团的地陪取得联系。如出现无地陪迎接的现象，全陪应立即与接待社取得联系，告知具体情况。

（4）向地陪介绍本团领队和旅游团情况，并将该团计划外的有关要求转告地陪。

（5）组织游客登上旅游车，提醒其注意安全并负责清点人数。

（八）末站服务

末站服务是全陪服务的最后环节，全陪仍要一丝不苟，通过最后服务，加深游客对行程的良好印象。

（1）当旅行结束时，全陪要提醒游客带好自己的物品和证件。

（2）向领队和游客征求团队对此次行程的意见和建议，并填写《团队服务质量反馈表》（见表3-3）。

（3）致欢送辞，对领队、游客给予的合作和支持表示感谢并期望再次重逢。

**【小参考】欢送辞示范**

女士们、先生们：

经过几天的观光游览，你们就要离开了，借此机会我代表我们旅行社，向各位亲爱的朋友表示感谢，向你们道别。

谢谢大家的耐心和友善，这使我的工作变得更加容易，也使我更多地了解了你们的国家和人民。你们中有的人教我学英语，有的人给我介绍你们的文化和生活方式。你们将使我成为一个更好的导游。还有各位的合作和理解使我们的旅途特别愉快，我在此感谢大家。

几天以前，我们还互不相识。而今天，我们却以朋友的身份相互告别。我将永远珍藏与大家共度的美好时光。我相信越来越多的交往会使我们两国人民走得越来越近，进一步地促进世界的和平与和睦。

祝你们返程旅途愉快！早日和家人团聚。

我再次衷心地感谢大家。并期待着你们的再次光临。

表 3-3 **团队服务质量反馈表**

尊敬的游客：

欢迎您参加旅行社组成的团队出外旅游，希望此次旅程能为您留下难忘的印象。为不断提高我社的旅游服务水平和质量，请您协助我们填写此表（在每栏其中一项里打“✓”），留下宝贵的意见。谢谢您！欢迎再次旅游！

组团社： 全陪导游姓名：

团号： 人数：

游览线路： 天数：

游客代表姓名： 联系电话：

单位： 填写时间：年 月 日

| 项 目 | 满意 | 较满意 | 一般 | 不满意 | 游客意见与建议 |
|---|---|---|---|---|---|
| 咨询服务 | | | | | |
| 线路设计 | | | | | |
| 日程安排 | | | | | |
| 活动内容 | | | | | |
| 价格质量相符 | | | | | |
| 安全保障 | | | | | |
| 全陪导游业务技能 | | | | | |
| 全陪导游服务态度 | | | | | |
| 地陪导游服务 | | | | | |
| 住 宿 | | | | | |
| 餐 饮 | | | | | |
| 交 通 | | | | | |
| 娱 乐 | | | | | |
| 履约程度 | | | | | |
| 整体服务质量评价 | | | | | |

## 三、善后工作

下团后，全陪应认真处理好旅游团的遗留问题。

（1）对团队遗留的重大、重要问题，要先请示旅行社有关领导后，再做处理。认真对待游客的委托，并依照规定办理。

（2）对团队的整个行程做总结。若有重大情况发生或有影响到旅行社以后团队操作的隐患问题，应及时向领导汇报。

（3）认真、按时填写《全陪日志》（见表3-4）。《全陪日志》的内容包括：旅游团的基本情况，旅游日程安排和飞机、火车、航运交通情况，各地接待质量（包括游客对食、住、行、游、购、娱等方面的满意程度），发生的问题及处理经过，游客的反映与改进意见。

表3-4　　　　**全陪日志**

| | | | | |
|---|---|---|---|---|
| 单位/部门 | | | 团号 | |
| 全陪姓名 | | | 组团社 | |
| 领队姓名 | | | 国籍 | |
| 接待时间 | 年　月　日至　年　月　日 | | 人数 | （含　岁儿童　名） |
| 途经城市 | | | | |
| 团内重要客人、特别情况及要求 | | | | |
| 领队或游客的意见、建议和对旅游接待工作的评价 | | | | |
| 该团发生问题和处理情况（意外事件、游客投诉、追加费用等） | | | | |
| 全陪意见和建议 | | | | |
| 全陪对全过程服务的评价： | | 合格 | 不合格 | |
| 行程状况 | 顺利 | 较顺利 | 一般 | 不顺利 |
| 客户评价 | 满意 | 较满意 | 一般 | 不满意 |
| 服务质量 | 优秀 | 良好 | 一般 | 比较差 |
| 全陪签字 | 部门经理签字 | | 质管部门签字 | |
| 日期 | 日期 | | 日期 | |

（4）及时归还所借钱物，按财务规定办理报销事宜。

全陪带团到祖国的大江南北参观游览，见识颇多，又同各种各样的领队、地陪打交道，每送走一个旅游团，应及时总结带团的经验体会，找出不足，不断提高全陪导游服务的水平、不断完善自我。

随着旅游市场竞争的加剧，全陪还应做好旅游团队的售后服务。如果是国内团队的话，旅游团成员大多是组团社所在地的居民，因此，旅游行程结束后，全陪应电话联系或者上门回访，保持经常性的联系，以加深与游客的感情，争取回头客。

**【经典案例】**

小张按照旅行社的接待计划，作为英国 HBU-002 团的全陪，和地陪小赵一起去首都机场接站。接到该团后，小张就和地陪一起将客人带到车上，在向客人作了自我介绍和介绍了地陪后，就在后面找了个座位坐了下来。到达饭店后，他到前台要了自己的房号后就进了房间，安排好自己的事情后才下来看看有什么问题没有。请问小张在接站和饭店服务上有哪些方面不符合导游规范的要求？

**◎分析：**

1. 接站服务方面：首先应立即与领队核实有关情况和实到人数，如有变化要及时与组团社联系；同时与领队、地陪一起清点、交接行李，如有毁损，及时处理；要向全团游客简要介绍在华日程、饭店和交通情况以及注意事项。

2. 到达饭店服务方面：应与地陪办理入住手续，登记团队房号，将自己的房号告诉全团游客，由领队分发房号；应照顾游客进房；应协助办理入住后的有关问题；应和地陪交换联系方法。

**【实训项目 1】认找旅游团训练**

实训目的：掌握认找旅游团的基本方法和技巧。

实训内容：将学生分组扮演不同类型的团队与导游，准备接站牌、社徽、导游旗等来模拟认找旅游团。

教师主要观测点：

（1）观察学生对各个环节的把握状况。

（2）考查参与学生对现场情况的把握能力和应变能力。

**【实训项目 2】致欢迎辞训练**

实训目的：锻炼学生的胆量，帮助学生树立良好的第一印象。

实训内容：将教室布置成旅游车内场景，学生分组扮演旅游团与导游，根据自身特点致欢迎辞。

教师主要观测点：

（1）观察学生对欢迎辞完整性和艺术性的把握。

（2）考查参与学生的普通话水平，语言节奏的把握和态势语言的运用状况为后续教学内容作例证。

**【实训项目 3】饭店入住服务流程训练**

实训目的：通过训练让学生掌握饭店入住服务程序，根据实际情况妥善处理问题。

实训内容：将学生分组分配不同角色，前台服务员、行李员、全陪、地陪、领队、游客等模拟饭店入住服务，包括游客到达大厅的处理；办理饭店入住服务。

教师主要观测点：

（1）观察学生处理的程序与步骤。

（2）考查参与学生处理过程中的规范合理性及应变性。

**【思考题】**

1. 什么是全陪导游服务程序？其带团程序如何？
2. 全陪如何做好旅游团队的购物工作？
3. 地陪和全陪在接待工作中有哪些异同？
4. 接团前，全陪在熟悉接待计划时要注意哪些问题？
5. 全陪在整个旅游接待工作中，怎样做好联络协调工作？

# 第四章　地陪导游服务流程

【学习目标】

❖ 掌握地陪的概念

❖ 熟悉地陪的工作程序与标准

❖ 掌握地陪各工作环节的要领和技巧

❖ 掌握地陪在旅游接待计划安排、旅途讲解、生活服务等的方法

## 第一节　地陪导游工作流程图

地方陪同导游员，简称地陪，是受当地接待社委派或聘用，代表当地接待旅行社执行组团社接待计划，提供当地导游服务的人员。地陪是旅游计划的具体执行者，对确保旅游计划的顺利落实起着关键作用。地陪导游工作流程如图4-1所示。

## 第二节　地陪导游的服务程序

地陪导游的服务程序是指地陪自接受了地方接待旅行社下达的旅游团接待任务起，至送走旅游团并完成后续工作为止的工作程序。

### 一、准备工作

这是指地陪接到旅行社的接待计划书（见表4-1）后到正式与旅游团（游客）接触之前将要展开的工作，主要是为即将展开的导游服务工作做准备，认真研究旅行社下达的旅游接待计划，尽可能充分地预计导游服务过程中可能出现的各种情况并做好应变准备。

（一）熟悉接待计划

地陪在接到《旅行社旅游任务派遣书》（见表4-2）后，应认真阅读有关资料，详细、准确地了解旅游团（者）的服务项目和要求，重要事宜要做记录。

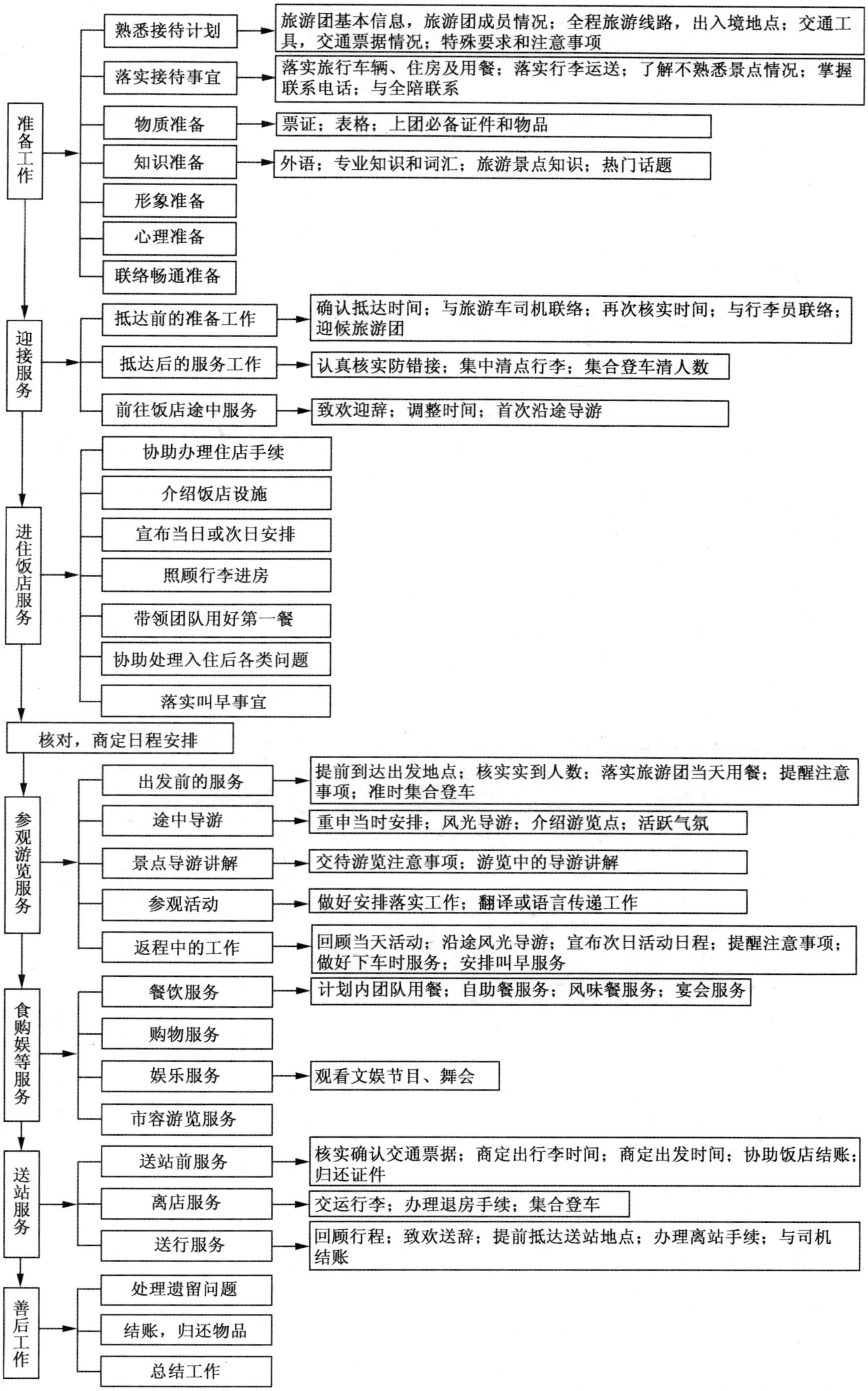


图 4-1　地陪导游工作流程图

表 4-1　　　　　　　　**旅游团队接待计划书**

<table>
<tr><td colspan="2">组团单位</td><td colspan="2"></td><td>团号</td><td></td></tr>
<tr><td colspan="2">结算人数</td><td></td><td>其中　　男　　女</td><td>全陪</td><td></td></tr>
<tr><td colspan="2">旅游等级</td><td colspan="3"></td><td>金　额</td></tr>
<tr><td rowspan="7">付费标准</td><td rowspan="2">住宿</td><td colspan="2">宾馆名称</td><td>联系方法</td><td></td></tr>
<tr><td colspan="2">标　准</td><td>结　算</td><td></td></tr>
<tr><td rowspan="2">用车</td><td colspan="2">车辆单位</td><td>联系方法</td><td></td></tr>
<tr><td colspan="2">车型座位</td><td>结　算</td><td></td></tr>
<tr><td>门票</td><td colspan="2">景点名称</td><td>结　算</td><td></td></tr>
<tr><td rowspan="2">餐费</td><td colspan="2">餐厅名称</td><td>餐　标</td><td></td></tr>
<tr><td colspan="2">其中　早　正</td><td>结　算</td><td></td></tr>
<tr><td>导服</td><td colspan="5"></td></tr>
<tr><td>合计</td><td colspan="5"></td></tr>
<tr><td rowspan="2">接待社</td><td colspan="2">名称及负责人</td><td colspan="3"></td></tr>
<tr><td colspan="2">地陪导游</td><td colspan="3"></td></tr>
<tr><td rowspan="4">行程</td><td colspan="5">D1</td></tr>
<tr><td colspan="5">D2</td></tr>
<tr><td colspan="5">D3</td></tr>
<tr><td colspan="5">D4</td></tr>
<tr><td>备注</td><td colspan="5"></td></tr>
</table>

表 4-2　　　　旅行社旅游任务派遣书

| | | | | | |
|---|---|---|---|---|---|
| 旅行社名称 | （盖章） | | | 电话 | |
| 团号 | | 游客类别 | □国内 □国际 | 游客人数 | |
| 导游姓名 | | □专职 □兼职 | 导游证号 | D-4201- | |
| 目的地 | | | 团队性质 | □地接 □出游 | |
| 任务时间 | 年　月　日至　年　月　日 | | | 天　夜 | |
| 乘坐交通情况 | 抵达 | 交通工具： | 航（车）次： | 月　日　时 | |
| | 离开 | 交通工具： | 航（车）次： | 月　日　时 | |
| | 接送站 | 按：车型　座数　司机 | 送：车型　座数　司机 | | |
| | 城市间 | | | | |
| 住宿饭店 | | 住宿天数 | | | |
| 游览景点 | | | | | |
| 进餐地点 | | | | | |
| 购物地点 | | | | | |
| 其他安排 | | | | | |
| 计调部负责人 | （签名） | 计调部电话 | | | |
| 完成任务情况及有关说明 | | | | | |

武汉市旅游局制

有关要求：

1. 旅行社须按要求填写，并加盖公章。

2. 详细游览活动日程做附件附后。

3. 导游员在带团出游或地接时，须携带此任务派遣书，不得擅自改变派遣书确定的行程。

4. 此任务派遣书一式二份，一份由旅行社存档，一份由导游员携带供旅游管理部门检查。

（1）旅游团的基本信息：

①组团社名称（计划签发单位）、联络人姓名、电话号码、客源地组团社名称、团号、旅游团的结算方式、旅游团的等级（如豪华团、标准团、经济团等）和全陪姓名。

②旅游团的团名、代号、电脑序号、人数（含儿童）、用车、住房、餐标（是否含酒水）等情况。

③在食、住、行、游等方面是否有特殊要求，有否特殊游客（如残疾游客、高龄游客）。

（2）旅游团员的基本情况：客源地、全陪姓名、游客姓名、性别、职业、年龄（有否老人和儿童）、宗教信仰、民族。

（3）全程旅游路线，海外旅游团的入出境地点。

（4）所乘交通工具情况：抵离本地时所乘飞机（火车、轮船）的班次、时间和机场（车站、码头）的名称。

（5）掌握交通票据的情况：

①该团去下一站的交通票据是否已按计划订妥，有无变更及更改后的情况；有无返程票。

②接海外团应了解该团机票有无国内段；要弄清机票的票种是 OK 票还是 OPEN 票。

OK 票，即已订妥日期、航班和机座的机票。持 OK 票的旅客若在该联程或回程站停留 72 小时以上，国内机票需在联程或回程航班起飞前两天中午 12 小时以前，国际机票需在 72 小时以前办理座位再证实手续，否则原座位不予保留。

OPEN 票，是不定期机票，旅客乘机前需持机票和有效证件（护照、身份证等）去航空公司办理订座手续。订妥座位后才能乘机，此种客票无优先权、无折扣优惠。

（6）掌握特殊要求和注意事项：

①该团是否要求有关方面负责人出面迎送、会见、宴请等礼遇。

②该团有无要办理通行证地区（如香港、澳门、深圳、珠海等特区和湖北宜昌三峡坝区等）的参观游览项目，若有则要及时办理相关手续。

（二）落实接待事宜

地陪在旅游团抵达的前一天，应与有关部门或人员落实、检查旅游团的交通、食宿、行李运输等事宜。

旅行社在确定旅行团队接待计划之后，都会事先向有关旅行服务供应商预定其服务。这一项工作大多由旅行社计调部门进行，不过由具体预订服务变为现实服务，是地陪在工作中完成的。地陪需核实预订服务是否已经落实。

1. 落实旅游车辆

（1）与为该团提供交通服务的车队或汽车公司提前取得联系，确保司机和车辆均处于良好的待命状态。

（2）问清并核实司机的姓名、车号、联系电话，要特别注意车型是否与旅游团人数相符合。接大型旅游团时，车上应贴编号或醒目的标记。

（3）确定与司机的接头地点并告知活动日程和具体时间。

2. 落实住房和用餐

（1）熟悉该团所住饭店的名称、位置、服务设施和服务项目，如：距市中心的距离、附近有何购物娱乐场所、交通状况等。

（2）向饭店销售部或总服务台核实该团游客所住房间的数目、级别、用房时间是否与旅游接待计划相符合和房费内是否含早餐等。

（3）向饭店提供该团抵店时间。

（4）与各有关餐厅联系，落实该团日程表的每一次用餐计划，包括日期、团号、用餐人数、餐饮标准、特殊要求等。

3. 落实行李运送

各旅行社是否配备行李车，行李车是根据旅游团的人数多少而定，地陪应了解本社的具体规定。如该团是配有行李车的旅游团，地陪应了解落实为该团提供行李服务的车辆和人员，提前与其联络，使其了解该团抵达的时间、地点、住哪一家饭店等。

4. 了解不熟悉景点的情况

对新的旅游景点或不熟悉的参观游览点，地陪应事先了解其概况：开放时间、最佳游览路线、厕所位置等，以便游览活动顺利进行。

5. 与全陪联系

地陪应和全陪提前约定接团的时间和地点，防止漏接或空接事故的发生。

（三）物质准备

1. 领取必要的票证和表格

按照该旅游团中游客的人数和活动日程，到本社有关部门领取门票结算单和旅游团餐饮结算单等结算凭证及与该团有关的表格（如游客意见反馈表等）。地陪一定要注意：在填写各种结算凭证时，具体数目一定要与该团的实到人数相符，人数、金额要用中文大写（见表4-3）。

表 4-3　　　　导游接待常用单据

××国际旅行社××分社　　　　NO. 0085765

**旅游团（者）费用结算凭证**

年　　月　　日

| 团体（者）名称 | 项　　目 | 数量 | 单位 | 单价 | 金额 | | | | | | |
|---|---|---|---|---|---|---|---|---|---|---|---|
| | | | | | 万 | 千 | 百 | 十 | 元 | 角 | 分 |
| | 外宾餐费 | | | | | | | | | | |
| | 陪同餐费 | | | | | | | | | | |
| | 啤酒费 | | | | | | | | | | |
| | 汽水费 | | | | | | | | | | |
| | | | | | | | | | | | |
| 陪同： | | | | | | | | | | | |
| 合　计：　万　仟　佰　拾　元　角　分 | | | | | | | | | | | |

接待单位：　　　　会计：　　　　经手人：

**×××公园团队购票凭证单**

NO. 0046011

年　　月　　日

（双方盖章有效）

| 旅行社名称 | | | | 时　　间 | |
|---|---|---|---|---|---|
| 团　　号 | | | | 客　源　地 | |
| 团　队　人　数 | | 单　价 | | 购票金额 | |
| 合计（大写） | 人民币　　万　　仟　　佰　　拾　　元 | | | | |
| 旅行社签发人 | | 导　游 | | 售　票　员 | |

2. 备齐上团必备的证件和物品

（1）带团必备用品，导游 IC 卡、本人身份证、计划书等，社旗、话筒、接站牌、记事本和名片等。

（2）个人必备物品，自用常备药品、旅游衣物等。

（3）足够的经费，根据接待计划的内容做好开支预算，向财务部支取足够的团款并妥善保存。

（四）知识准备

1. 更新常规知识

这里说的常规知识是指大多数旅游团队都想了解的知识，如本地概况、风俗习惯、风物特产、主要旅游景点的知识等。这一类知识具有一定的稳定性，但也有可能发生变化，地陪要及时掌握变换情况，更新自己的知识库。对新的景点或不常去的参观游览点，地陪最好实地踩线，掌握第一手资料。

2. 增加与本次旅游活动相关的知识

接待有专业要求的旅游团队，地陪在了解游客的基本情况后，要有针对性地做好相关专业知识、专业术语、词汇等方面的准备。

3. 强化语言表达能力

根据接待计划上确定的参观游览项目，对游客游览的重点内容，地陪应做好语言和介绍资料上的准备。对一些景点的生僻词语和专业词汇要反复诵读，避免出现意思不当或发音不准的错误。

4. 准备即时信息

地陪准备的即时信息是指经常变化的信息，如天气情况、热门话题、国内外重大新闻等游客可能感兴趣的话题。地陪准备一些相应的即时信息，既方便自己的导游工作，也有利于与游客交流。

（五）形象准备

导游员在宣传旅游目的地、传播中华文明方面起着重要作用，也有助于在游客心目中树立导游员的良好形象。因此，地陪在上团时要以良好的外在形象迎接游客的到来。

（1）导游员的着装要符合导游员的身份，要方便导游服务工作。

（2）衣着要整洁、整齐、大方、自然，佩戴首饰要适度，不浓妆艳抹。

（六）心理准备

见第三章全陪心理准备。

（七）联络畅通准备

（1）备齐并随身携带与有关接待社各个部门、行李员、车队、餐厅、饭店、剧场、商店、机场、车站等单位联系、问讯的电话号码。

（2）地陪上团前要检查自己的手机是否好用，电力是否充足，以保证与旅行社之间的联络畅通。

**【小知识】地陪导游装备全攻略**

必需品：导游IC卡、身份证、行程计划、签单、意见单、导游旗；

机械类：手机、腰式扩音器、计算器、手表、刮胡刀；

食品类：口香糖、巧克力、茶叶；

衣服类：日常衣物、正装、遮阳帽、太阳镜、手套；

洗护品类：化妆品、防晒霜、清洁用品、卫生用品、防蚊水；

随身携带类：前背式小包、通讯录、名片夹、小本、笔、瑞士军刀、充电器、电池、打火机、旗杆、润喉片。

资料来源：宙斯：《带团就是战斗!》，旅游教育出版社 2011 年版。

## 二、迎接服务

迎接服务是地陪向游客直接提供导游服务的开始，是地陪树立第一印象的关键环节，这一阶段的工作直接影响着以后接待工作的质量。

（一）旅游团抵达前的准备工作

接团当天，地陪应提前到达旅行社，全面检查准备工作的落实情况：

1. 确认旅游团所乘交通工具抵达的准确时间

接团当天，地陪应在出发前 3 小时内向机场（车站、码头）问讯处问清飞机（火车、轮船）到达的准确时间（一般情况下应在飞机抵达前的 120 分钟，火车、轮船预定到达时间前 60 分钟向问讯处询问）；做到三核实：计划时间、时刻表时间、问讯时间。

2. 与旅游车司机联络

掌握交通工具抵达的准确时间以后，地陪要立即与司机联系，商定出发的时间，确保提前 30 分钟抵达机场（车站、码头），确定接头地点；在前往接站点途中，地陪应告知司机该团日程安排；如需要使用音响设备导游讲解，地陪应事先调试音量，以免发生噪音；到达接站地点后，地陪应与司机商定车辆停放的位置。

3. 再次核实旅游团抵达的准确时间

地陪提前 30 分钟抵达接站地点后，要马上到问讯处再次核实旅游团所乘飞机（火车、轮船）抵达的准确时间。

4. 与行李员联络

地陪应在旅游团出站前与行李员取得联系，告知其该团行李送往的地点。

5. 迎候旅游团

地陪应在旅游团出站前，持本社导游旗或接站牌站立在出站口醒目的位置热情迎接旅游团。接站牌上应写清团名、团号、领队或全陪姓名；接小型旅游团或无领队、无全陪的旅游团时，要写上游客的姓名、单位或客源地。地陪也可以从交团社的社旗或游客的人数及其他标志，如所戴的旅游帽、所携带的旅行包或上前委婉询问，主动认找旅游团。

（二）旅游团抵达后的服务

1. 认真核实防错接

找到旅游团后，为防止错接，地陪应及时与领队、全陪接洽，核实该团的客源地、组团社或交团社的名称、领队及全陪姓名、旅游团人数等。如该团无领队和全陪，应与该团成员逐一核对客源地及团员姓名等，无任何出入才能确定是自己应接的旅游团。如因故出现人数增加或减少等与计划不符的情况，要及时通知旅行社有关部门。

2. 集中清点交行李

在核实实到人数后，地陪应协助本团游客将行李集中放在指定位置，提醒游客检查自己的行李物品是否完整无损。与领队、全陪核对行李件数无误后，移交给行李员，双方办好交接手续。若有行李未到或破损，地陪应协助当事人到机场登记处或其他有关部门办理行李丢失或赔偿申报手续。

3. 集合登车清人数

地陪应提醒游客带齐手提行李和随身物品，引导游客前往登车处。游客上车时，地陪应恭候在车门旁，协助或搀扶游客上车就座。待游客坐稳后，地陪再检查一下游客放在行李架上的物品是否放稳，礼貌地清点人数、到齐坐稳后请司机开车。

（三）前往饭店途中服务

从机场（车站、码头）到下榻饭店的行车途中，地陪要做好如下几项工作，这是地陪给全团游客留下良好第一印象的重要环节。

1. 致欢迎辞

这是地陪第一次面对全体游客讲话，它直接影响着客人对地陪的信赖程度和客人与地陪之间的人际关系，影响着客人的旅游情绪和导游员今后工作的正常进行。

欢迎辞内容应视旅游团的性质及其成员的文化水平、职业、年龄及居住地区等情况而有所不同。一般应在游客放好物品、各自归位、静等片刻后，再开始讲。因为游客新到一地，对周围环境有新奇感，左顾右盼，精神不易集中，讲解效果不好。因此地陪要掌握时机，等大家情绪稳定下来后再讲解。欢迎辞要有激情、有特点、有新意、有吸引力，要给游客留下深刻印象。地陪的导游辞同样包括问候语、欢迎语、介绍语、希望语、祝愿语五个方面的内容。

不同的导游员在导游风格上都有不同的特点，因此在设计欢迎辞时要突出自己的风格，避免千篇一律，一般有风趣式、闲谈试、感慨式等类。

**【小参考】欢迎辞示范**

各位游客：大家好！欢迎您来到湖北参观游览，十分荣幸能和朋友们同行。首先做一下自我介绍，我是来自武汉××旅行社的导游刘小小，大家可以称呼我小刘或者小小！在我身边的这位师傅姓熊，有着多年的驾车经验，大家尽可能放心地坐他的车。在今后的五天里，我将和大家一路同行，一起去感受我们湖北的山山水水，一起去领略富有浓郁地域特色的楚韵风情。俗话说：有缘千里来相会，能和大家同行，都是一个缘字，我会珍惜和大家相处的每一天，并尽我最大的可能为大家提供优质的服务。大家如果有什么需要或者要求的话，请告知我，我会尽力为大家解决！同时也祝愿大家此次旅程能够游得开心、玩得尽兴！下面就由我为大家介绍一下我们本次旅游的行程安排……

2. 调整时间

如果地陪是作为首站地的接待境外团导游，在致完欢迎辞后要介绍两国的时差，并请游客将自己的表调到当地时间。

3. 首次沿途导游

首次沿途导游，指的是游客在由机场（车站、码头）前往下榻饭店或前往参观点的途中，地陪结合沿途情况所做的导游讲解工作。游客初来一地感到好奇、新鲜，什么都想问，什么都想知道，地陪应把握时机，选择游客最感兴趣、最急于了解的事物进行介绍，以满足游客的好奇心和求知欲。首次沿途导游是显示导游员知识、导游技能和工作能力的大好机会，精彩成功的首次沿途导游会使游客产生信任感和满足感，从而在他们的心目中树立起对导游员的良好第一印象。

首次沿途导游依路途远近和时间长短而定，主要介绍当地城市概况、风光风情介绍和下榻饭店的情况。

（1）介绍城市概况。如地理位置、历史沿革、人口状况、行政区划、市政建设等。

（2）风光风情介绍。地陪在风光风情介绍时，讲解的内容要简明扼要，语言节奏明快、清晰；景物取舍得当，随机应变，见人说人，见景说景，与游客的观赏同步。可适当突出当地人民的社会生活、文化传统、土特产品等。

总之，沿途导游讲解贵在灵活，地陪应把握时机、反应敏锐。

**【小参考】介绍湖北省情导游辞**

各位来宾、各位朋友：

大家好！“灵秀湖北”欢迎您来湖北参观游览，我是大家此行的导游，这次将由我为各位提供导游服务，一路上大家有什么要求请尽管提出，我将竭诚为您服务，希望美丽而富饶的荆楚大地能给您留下深刻而美好的印象！

湖北省，简称鄂，位于中国内陆腹地，因地处长江中游的洞庭湖以北，故称湖北。总面积18.59万平方公里，人口6000多万，素有“千湖之省”的美誉。湖北是一个美丽而富饶的省份，旅游资源丰富。在这里，既有西陵山水甲天下的长江三峡自然风光，又有举世无双的三峡大坝；既有野人之谜、莽莽林海的神农架，又有道教名山之首的武当山；既有四大文人之一的屈原，又有四大美女之一的王昭君；既有鄂东红色人文之旅，又有鄂西民俗风情之旅……

湖北省山水优势得天独厚，全省西、北、东三面被武陵山、巫山、大巴山、武当山、桐柏山、大别山、幕阜山等山地环绕，山前丘陵岗地广布，中南部为江汉平原，与湖南省洞庭湖平原连成一片。全省地势呈三面高起、中间低平、向南敞开、北有缺口的不完整盆地。特别是道教圣地武当山，享誉全球。湖北江河纵横，湖泊遍布，沟渠交错，库塘众多，拥有内陆水域的各种类型。引人注目的一是河流，流程5公里以上的有1195条，尤以长江、汉江为最，流经湖北的长度均在1000公里左右；二是湖泊，湖北素以“千湖之省”闻名遐迩，曾有湖泊700多个，面积达3000余平方公里，可谓星罗棋布；三是池塘，无论平原还是山区，大大小小的池塘随处可见；四是温泉，省内大多数地区都分布有温泉，其中不乏全国知名的；五是湿地洼地，湖北古有“泽国”之称，如今则是名副其实的“水乡”。特别是全国最大的城中湖——东湖、雄伟壮丽的长江三峡驰名中外。湖北山清水秀，美不胜收。

湖北省历史悠久，几十万年前就有人类在此生息。文物古迹与革命胜迹遍布全省，人文旅游景观时代跨度大、历史价值高。有古人类长阳人遗址、屈家岭文化遗址，武汉市黄陂区发掘的盘龙城是我国迄今在长江流域发现最早的商代古城之一。游历随州炎帝庙、秭归屈原故里、纪南故城、昭君故里、武汉古琴台、黄鹤楼、三国赤壁、武昌起义军政府旧址等都可以了解中国历史上的许多重大历史事件。

湖北省是古代楚文化的发祥地。春秋战国时期，楚国是当时湖北境内疆域最大的国家。楚庄王曾经问鼎中原，成为霸主，同齐桓公、晋文公、秦穆公、宋襄公齐名，史称“春秋五霸”。到战国时，楚国力更强，同齐、燕、韩、赵、魏、秦一起被称为“战国七雄”。楚国在长达八百多年的历史中，创造了光辉灿烂的楚文化，屈原的《离骚》是我国诗坛的千古绝唱，人们熟知的《阳春》、《白雪》、《下里》、《巴人》，都是当时楚国的歌曲。埋藏于黄土之中的曾侯乙青铜编钟，虽历经2400多年，仍然音质不损，千年回响。东湖楚城，再现了楚国的市井风俗；全国重要的民间节日——端午节，也是由楚地兴起传开的。这些都赋予了湖北浓厚的楚风楚韵，形成了湖北独具魅力的楚文化地域特色。

湖北居中独厚，武汉至北京、广州、上海、成都均相距1100千米左右，湖北旅游交通发达，已形成水运、公路、铁路、空运兼备的立体交通网络。特别是地处京广深、沪汉蓉两条高速铁路客运专线的中心地带，武汉是高铁南北纵贯线的中心城市，湖北形成了覆盖东南西北四个方向的四小时经济圈。

湖北同时兼有温带大陆性和亚热带季风性两种气候特征。全省年均温15~17℃，7月均温为27~29℃，少数地区由于特殊的地理条件，加上副热带高压的影响形成了全国有名的“火炉”奇观。湖北光照充足，热量丰富，无霜期长，降水丰沛，雨热同季，利于农业生产，有“湖广熟，天下足”的民谚。但由于受地形影响，神农架南部等地为全省多雨中心，江汉平原在梅雨期长的年份常发生洪涝灾害。

湖北省著名的风味佳肴有老通城的豆皮、谈炎记的水饺、荆州的皮条鳝鱼、石首的鸡茸鱼肚和鱼糕丸子、公安的三鲜头菜、钟祥的蟠龙菜、江陵的散绘八宝、沔阳三蒸等。大家在品尝的同时也可以一起欣赏流行全省的汉剧，它有300年历史，角色齐全，长于抒情。而楚剧语言质朴，有浓厚的乡土气息。现在国内影响极广的黄梅戏也出于湖北，源于明末清初，还有湖北大鼓、湖北评书、汉滩小曲、汉川善书等丰富多彩的说唱艺术。武汉杂技在国内外享有盛誉，每两年在我市都要举行武汉国际杂技节，从1992年第一届开始，到2006年已经成功举办了七届国际杂技节。

湖北旅游资源分布广泛，种类丰富，在海内外有着很强的吸引力。壮美的长江三峡、宏伟的三峡工程、迷人的神农仙境、恢弘的文化遗产、丰富的三国胜迹、灿烂的荆楚文化、多彩的民俗风情、红色的革命摇篮，尽情展示着湖北旅游独有的魅力和风采。丰富的旅游资源，良好的区位条件，必将使湖北省这朵奇葩越开越艳，在不久的将来，展现给人们更加绚丽的画面。

好了，朋友们，也许我的讲解使您对湖北有了大概的了解，而要真正地感受这个省份，还是请你随我一起去登临道教圣地武当山、游览最大的城中湖——东湖、徜徉楚风楚韵的博物馆，共同走进这个美丽而富饶的省份。

### 三、入店服务

地陪应该在游客抵达饭店后尽快办理好入店手续，进住房间，取到行李，及时了解饭店的基本情况和住店注意事项，熟悉当天或第二天的活动安排。

（一）介绍下榻饭店

地陪在快要到达饭店的时候，应向游客介绍所住饭店的基本情况：如饭店的名称、位置、星级、规模、交通、电话号码、主要设施设备及其使用方法、入住手续及注意事项（如赠品和非赠品的区别）等。

（二）协助办理住宿手续

游客抵达饭店后，地陪要引导游客到指定地点办理入店手续，要协助领队和全陪办理入住登记手续，请领队分发住房卡。

地陪要掌握领队、全陪和团员的房间号，并将与自己联系的办法如房间号（若地陪住在饭店）、电话号码等告知全陪和领队，以便有事时方便联系。

（三）介绍饭店设施

在游客拿到房卡后，地陪要带领游客到电梯或楼梯处，向全团介绍饭店内的外币兑换处、中西餐厅、咖啡吧、商场、公共洗手间和商务中心等设施的位置及有关设施的开放时间，并讲清相关注意事项。

（四）照顾行李进房

地陪应等待本团行李送达饭店，负责核对行李，督促饭店行李员及时将行李送至游客的房间。

（五）带领旅游团用好第一餐

游客进入房间之前，地陪要向游客介绍饭店内的就餐形式、地点、时间及餐饮的有关规定。游客到餐厅用第一餐时，地陪必须带他们去餐厅，帮助他们找到桌次，要将领队和全陪介绍给餐厅领班、主管等有关人员，告知旅游团的特殊要求（如用餐标准、游客口味、忌食等），向游客介绍有关餐饮规定，祝愿游客胃口好。

（六）宣布当日或次日活动安排

游客进入房间之前，地陪应向全团宣布当天或第二天活动的安排、集合的时间、地点。如该团中有提前入住的游客，必须通知他们次日的出发时间及活动安排。

（七）协助处理游客入住后的各类问题

游客进入房间后，地陪应在本团游客居住区内停留一段时间，处理临时发生的问题，如：打不开房门、房间不符合标准、房间卫生差、设施不全或损坏、行李错投等。有时还可能出现游客调换房间等要求，地陪应协助有关人员妥善解决，并向客人说明、道歉。

（八）确定叫早时间

地陪在结束当天活动离开饭店之前，应与领队商定第二天的叫早时间，并请领队通知全团，地陪则应通知饭店总服务台或楼层服务台。

## 四、核对、商定日程

核对、商定日程是旅游团抵达后的重要程序。地陪在接到旅游团后，应尽快与领队、全陪进行这项工作。

（一）核对、商定日程的必要性

地陪在接受旅行社下达的接待任务时，旅行社的计调部门已将该团的参观游览内容明确规定在旅游协议书上，并已安排好该团在本地的活动日程，其中包括：每天上、下午安排去哪个参观游览的景点；午、晚餐安排在哪家餐厅；晚间活动的内容等。即便如此，地陪也必须与领队、全陪进行核对、商定日程的工作（若无领队和全陪，地陪应与全体游客进行这项工作）。

地陪必须认识到，日程安排是旅行社产品的一个重要部分，游客有权审核该团的活动计划和具体安排，也有权提出修改意见。导游员与游客商定日程，既是对游客的尊重，也是一种礼遇。领队希望得到导游员的尊重和协助，商定日程并宣布活动日程是领队的职权。某些专业旅游团除参观游览活动外，还有其他特定的任务（如参观工厂、学校、幼儿园等），因此商定日程显得更为重要。

（二）核对商定日程的时间、地点

在旅游团抵达后，地陪应抓紧时间尽早进行核对、商定日程的工作，这是与领队、全陪合作的开始，并使本团游客心中有数。如果团队抵达后是直接去游览点的，核对商定团队行程的时间、地点一般可选择在机场或行车途中；如果团队是先前往饭店的，一般可选择在饭店入住手续安排好后的一个时间，地点宜在公共场所，如饭店大堂等。

**【小技巧】导游核对商定日程时出现不同情况的处理措施**

1. 提出小的修改意见或增加新的游览项目时：

（1）及时向旅行社有关部门反映，对“合理又可能”满足的项目，应尽力予以安排；

（2）需要加收费用的项目，地陪要事先向领队或游客讲明，按有关规定收取费用；

（3）对确有困难而无法满足的要求，地陪要详细解释、耐心说服。

2. 提出的要求与原日程不符且又涉及接待规格时：

（1）一般应婉言拒绝，并说明我方不便单方面不执行合同；

（2）如确有特殊理由，并且由领队提出时，地陪必须请示旅行社有关部门，视情况而定。

3. 领队（或全陪）手中的旅行计划与地陪的接待计划有部分出入时：

（1）要及时报告旅行社，查明原因，分清责任；

（2）若是接待方的责任，地陪应实事求是地说明情况，并向领队和全体游客赔礼道歉。

## 五、参观游览服务

参观游览过程中的地陪服务，应努力使旅游团（者）参观游览全过程安全顺利，应使游客详细了解参观游览对象的特色、历史背景等及其他感兴趣的问题。

参观游览活动是旅游产品消费的主要内容，是游客期望的旅游活动的核心部分，也是导游服务工作的中心环节。地陪在参观游览服务中应做以下工作：

（一）出发前的准备工作

1. 提前到达出发地点

出发前，地陪应提前10分钟到达集合地点，并督促司机做好出发前的各项准备工作。同时在时间上留有余地，以应付紧急突发事件。

2. 核实实到人数

若发现有游客未到，地陪应向全陪、领队或其他游客问明原因，并设法及时找到；若有的游客愿意留在饭店或不随团活动，地陪要问清情况并妥善安排，必要时报告饭店有关部门。

3. 落实旅游团的当天用餐

地陪要提前落实本团当天的用餐，对午、晚餐的用餐地点、时间、人数、标准、特殊要求逐一核实并确认。

4. 提醒注意事项

出发前，地陪应向游客预报当日的天气、游览景点的地形特点、行走路线的长短等情况，必要时提醒游客带好衣服、雨具，换上舒适方便的鞋。这些小环节会使游客感到地陪服务很周到细致，也可以减少或避免游客生病、扭伤、摔伤等问题的发生。

5. 准时集合登车

早餐时向游客问候，提醒集合时间和地点；游客陆续到达后，清点实到人数并请游客及时上车，地陪应站在车门一侧，一面招呼大家上车，一面扶助老弱者登车；开车前，要再次清点人数。

（二）途中导游

1. 重申当日活动安排

开车后，地陪要向游客重申当日活动安排，包括午、晚餐的时间地点；向游客报告到达游览点途中所需时间；视情况介绍当日当地或国内外重要新闻。

2. 风光导游

在前往景点的途中，播放外景影像资料，向游客介绍本地的风土人情、自然景观，并回答游客提出的问题。

3. 介绍游览景点

抵达景点前，地陪应向游客介绍该景点的简要概况，尤其是景点的历史价值和特色。讲解要简明扼要，目的是满足游客事先想了解有关知识的心理，激起其游览景点的欲望，也可节省到达目的地后的讲解时间。

4. 活跃气氛

如旅途长，可以讨论一些游客感兴趣的话题，或组织适当的娱乐活动等来活跃气氛。

（三）景点导游、讲解

1. 交待注意事项

（1）抵达景点、下车前，地陪要讲清并提醒游客记住游览车的车型、颜色、标志、车号和停车地点、开车的时间；尤其是下车和上车不在同一地点时，地陪更应提醒游客注意。

（2）在景点示意图前，地陪应讲明游览线路、所需时间、集合时间、地点等。

（3）地陪还应向游客讲明游览参观过程中的注意事项（如：黄鹤楼公园是一个无烟公园，请各位吸烟者注意）。

2. 导游讲解

（1）抵达景点后，地陪的主要工作是带领本团游客沿着游览线路对所见景物进行精彩的导游讲解。讲解的内容要因人而异、繁简适度，包括该景点的历史背景、特色、地位、价值等方面的内容。讲解时，导游的语言不仅应让游客听得清楚，而且要生动、优美、富有表达力；不仅要使游客增长知识，而且能使其得到美的享受。

（2）严格执行计划。在景点景区内的游览过程中，地陪应严格执行旅游合同，保证在计划的时间与费用内，使游客能充分地游览、观赏。擅自缩短时间或克扣门票费用的做法都是错误的。

（3）注意游客的安全。在游览过程中，地陪应做到讲解与引导游览相结合；适当集中与分散相结合；劳逸适度并应特别关照老弱病残的游客。在讲解时，地陪也应眼观六路、耳听八方，注意游客的安全，要自始至终与游客在一起活动；在景点的每一次移动都要和全陪、领队密切配合并随时清点人数，防止游客走失和意外事件的发生。

（四）参观活动

1. 做好安排落实工作

当安排旅游团到工厂、学校、幼儿园等特殊地点参观时，地陪一般都应提前做好联系落实工作。

2. 翻译或语言的传递工作

在参观时，一般是先由主人做情况介绍，然后引导参观。这时候，地陪的主要任务是翻译或做语言信息的传递工作。外语导游员在翻译的过程中，若发现介绍者的言语有不妥之处，应予以提醒，请其纠正后再译。如来不及可改译或不译，但事后要说明，必要时还要把关，以免泄露有价值的经济情报。

（五）返程中的工作

从景点、参观点返回饭店的途中，地陪可视具体情况做以下工作：

1. 回顾当天活动

回顾当天参观、游览的内容，回答游客的提问，如在参观游览中有漏讲的内容可作补充讲解。

2. 风光导游

如不从原路返回饭店，地陪应该对沿途风光进行导游讲解。

3. 宣布次日活动日程

返回饭店下车前，地陪要预报晚上或次日的活动日程、出发时间、集合地点等。提醒游客带好随身物品。地陪要先下车，照顾游客下车，再向他们告别。随后，地陪还要再检查旅游车，看是否有客人遗忘的东西。若有，应设法及时交给客人。

4. 提醒注意事项

如当天回饭店较早或晚上无集体活动安排，地陪应考虑到游客会外出自由活动，所以在下车前应提醒游客注意：如要外出，最好结伴同行，带上饭店的地址和电话号码，尽量乘出租车前往。

5. 安排叫早服务

如该团需要叫早服务，地陪应在结束当天活动、离开饭店之前安排。

## 六、其他活动服务

除参观游览活动外，丰富多彩的其他活动是导游服务中必不可少的部分，是参观游览活动的继续和补充。地陪要努力为游客安排好各类健康的活动。

（一）社交活动服务

1. 会见

若海外游客（专业旅游团）会见中国方面的同行或负责人，必要时地陪可充当翻译。地陪还要事先了解会见时是否互赠礼品，礼品中是否有应税物品，若有应提醒有关方面办妥必要的手续。

2. 舞会

遇有重大节庆活动，有关单位组织社交性舞会，邀请游客参加，地陪应陪同前往；游客自发组织参加娱乐性舞会，地陪可代为购票；如果游客邀请导游员，是否参加自便；若不愿参加可婉言谢绝；若参加，应注意适度，但无陪舞的义务。

（二）文娱活动服务

旅游团观看文艺演出，有两种情况：计划内和计划外。

旅游团（者）观看计划内的文娱节目时，导游员应陪同前往并简要介绍节目及其特点；按时组织旅游者入场，倡导旅游者文明观看节目；在观看节目过程中，导游员要自始至终坚守岗位，提醒旅游者在大型娱乐场所注意安全，统一集中活动，并随时注意其动向和周围的环境，以防不测；剧终散场时提醒旅游者不要遗留物品并依次退场。

旅游者要求自费观看计划外文娱节目时，导游员宜予以协助，如帮助购买门票、要出租车等，但不必陪同前往。若在旅游者盛情邀请下应邀前往，导游员应注意适度，且无陪舞的义务。

（三）购物服务

购物是旅游过程中的一项重要活动内容。地陪要把握好游客的购物心理，做到恰到好处地宣传、推销本地的旅游商品，既符合游客的购买意愿，也符合导游工作的要求。在带领旅游团购物时，要做到：

（1）严格按照《导游员管理条例》等有关规章执行接待单位制定的游览活动日程，带旅游团到旅游定点商店购物，避免安排次数过多、强迫游客购物等问题出现。

（2）游客购物时，地陪应向全团讲清停留时间及有关购物的注意事项，介绍本地商品特色，承担翻译工作，介绍商品托运手续等。

（3）商店不按质论价、抛售伪劣物品、不提供标准服务时，地陪应向商店负责人反映，维护游客的利益；如遇小贩强拉强卖，地陪有责任提醒游客不要上当受骗，不能放任不管。

**【小技巧】地陪在购物服务时的工作技巧**

（1）熟悉旅游商店的位置；

（2）熟悉旅游商品的知识，了解当地传统工艺产品、土特产的分类情况；

（3）陪同游客参观购物；

（4）站在中立的立场，向游客介绍旅游商品的知识；

（5）引导游客自己观察、判断所要购买的商品；

（6）提醒游客注意人身与财产安全，维护游客的合法权益；

（7）特殊情况下，对游客不理智的购物选择予以劝阻；

（8）讲究对涉及购物活动各方面的统筹安排，顺序合理、节奏适中。

（四）餐饮服务

1. 计划内的团队便餐

地陪要提前按照接待社的安排落实本团当天的用餐，对午、晚餐的用餐地点、时间、人数、标准、特殊要求与供餐单位逐一核实并确认。

用餐时，地陪应引导游客进餐厅入座，并介绍餐厅及其菜肴特色；向游客说明餐标是否含酒水及其酒水的类别。向领队讲清司陪人员的用餐地点及用餐后全团的出发时间。

用餐过程中，地陪要巡视旅游团用餐情况一两次，解答游客在用餐中提出的问题，并监督、检查餐厅是否按标准提供服务并解决出现的问题。

用餐后，地陪应严格按实际用餐人数、标准、饮用酒水数量，填写《餐饮费结算单》与餐厅结账。

2. 自助餐的服务

自助餐是旅游团队用餐常见的一种形式。自助餐方便、灵活，游客可以根据自己的口味，各取所需，因此深受游客欢迎。在用自助餐时，导游员要强调自助餐的用餐要求，告诫游客以吃饱为标准，注意节约、卫生，不可以打包带走。

3. 风味餐的服务

旅游团队的风味餐有计划内和计划外两种。计划内风味餐是指包括在团队计划内的，其费用团款中已包括；计划外风味餐则是指未包含在计划内的，是游客临时决定而又需现收费用的。计划内风味餐按团队计划运作即可；而计划外风味餐应先收费，后向餐厅预订。

风味餐作为当地的一种特色餐食、美食是当地传统文化的组成部分，宣传、介绍风味餐是弘扬民族饮食文化的活动。因此，在旅游团队用风味餐时，地陪应予以必要的介绍，如风味餐（如湖北的鱼宴、北京的烤鸭、四川的火锅等）的历史、特色、人文精神及其吃法等，能使游客既饱口福，又饱耳福。

在用风味餐时，作为地陪，不是游客出面邀请可不参加；受游客邀请一起用餐时，则要处理好主宾关系，不能反客为主。

4. 宴会服务

旅游团队在行程结束时，常会举行告别宴会。告别宴会是在团队行程即将结束时举行的，因此，游客都比较放松自己，宴会的气氛往往比较热烈。作为地陪，越是在这样的时刻越要提醒自己不能放松服务这根“弦”。要正确处理好自己与游客的关系，既要与游客共乐而又不能完全放松自己，举止礼仪不可失常，并且要做好宴会结束后的游客送别工作。

（五）市容游览服务

市容游览，俗称“逛街”，是游客认识和了解一个城市的风貌和民情，进而融入当地生活的一种重要方式，也是游客修身养性的一种休闲方式。市容游览的方式有两种：一种是徒步，另一种是乘交通工具。当地陪带领游客徒步进行市容游览时，要注意：所去的游览地应是最能代表当地特色的、最能吸引游客视线的，如武汉的江滩或江汉路、上海的南京路等；并要提高警惕，注意游客周围的环境变化，当好游客的安全保卫员。如果是乘旅游车做市容游览，则要提醒司机车速适中，地陪的导游讲解内容应与车速基本同步。

## 七、送站服务

旅游团（者）结束本地参观游览活动后，地陪服务应使游客顺利、安全离站，遗留问题得到及时妥善的处理。

送站服务是导游工作的尾声，地陪应善始善终，对接待过程中曾发生的不愉快的事情，应尽量做好弥补工作；要想方设法把自己的服务工作推向高潮，使整个旅游过程在游客心目中留下深刻印象。

### （一）送站前的服务

1. 核实交通票据

旅游团离开本地的前一天，地陪要检查、核实旅游团离开本地所采用的交通方式是否订妥，票证是否齐全。确认无误后，地陪还要弄清楚旅游团离开本地的交通时间，做到计划时间、时刻表时间、票面时间、问询时间四核实，并注意在哪个机场（车站、码头）启程等事项。如果航班（车次、船次）时间有变更，应向内勤或计调问清是否已通知下一站接待社，以免造成漏接。

若系乘飞机离境的旅游团，地陪应提醒或协助领队提前72小时确认机票。

2. 商定出行李时间

如团队有大件行李托运，地陪应在该团离开本地前一天与全陪或领队商量好出行李时间，并通知游客及饭店行李房，同时要向游客讲清托运行李的具体规定和注意事项，如提醒游客不要将护照或身份证及贵重物品放在托运行李内；托运的行李必须包装完善、锁扣完好、捆扎牢固，并能承受一定的压力；禁止托运的物品要取出等。出行李时，地陪应与全陪、领队、行李员一起清点，最后在饭店行李交接单上签字。

3. 商定出发时间

一般由地陪与司机商定出发时间（因司机比较了解行车线路情况），但为了安排得合理和尊重起见，还应及时与领队、全陪商议，确定后应及时通知游客。

如该团乘早班机（火车或轮船），出发的时间很早，地陪应与领队、全陪商定叫早和用早餐的时间，并通知游客；如果该团需要将早餐时间提前（早于餐厅的正常服务时间），地陪应通知餐厅订餐处提前安排。

4. 协助饭店结清与游客有关的账目

（1）地陪应及时提醒、督促游客尽早与饭店结清与其有关的各种账目（如洗衣费、长途电话费、房间酒水饮料费等）；若游客损坏了客房设备，地陪应协助饭店妥善处理赔偿事宜。

（2）及时通知饭店有关部门旅游团的离店时间，提醒其及时与游客结清账目。

5. 及时归还证件

一般情况下，地陪不应保管旅游团的旅行证件，用完后应立即归还游客或领队。在离站前一天，地陪要检查自己的物品，看是否保留有游客的证件、票据等，若有应立即归还，当面点清。如果本地为外宾团在华的最后一站，地陪要提醒领队准备好全部护照和申报单，以便交边防检查和海关检查。

(二) 离店服务

1. 集中交运行李

旅游团离开饭店前，地陪要按事先商定好的时间与饭店行李员办好行李交接手续。具体做法是：先将本团游客要托运的行李收齐、集中，然后地陪与领队、全陪共同清点行李的件数（其中包括全陪托运的行李）；最后与饭店行李员办好行李签字交接手续。

2. 办理退房手续

在团队将离开所下榻的饭店时，地陪要到总服务台办理退房手续。收齐房间的钥匙、交到总服务台，核对用房情况，无误后按规定结账签字。无特殊情况，应在中午12：00以前退房。

3. 集合登车

游客在预定的时间到齐后，地陪引导游客上车，并询问清楚游客是否已带好了随身物品，是否已与饭店结清了账目，是否拿好了证件和交通票据等。上车后，地陪要清点人数，如无遗漏则请司机开车。

(三) 送行服务

送站的讲解是地陪的最后一次“表演”，它应是一场压轴戏。通过这最后的讲解，地陪要让游客对自己所在的地区或城市产生一种留恋之情，加深游客不虚此行的感受。

送站途中的讲解主要由以下几部分内容组成：

1. 回顾行程

在去机场（车站、码头）的途中，地陪应对旅游团在本地的行程包括食、住、行、游、购、娱等各方面做一个概要的回顾，目的是加深游客对这次旅游经历的体验。一般欢送辞有抒情式和总结式等类型。

2. 致欢送辞

欢送辞的内容主要包括以下五个方面：

感谢语：对领队、全陪、游客及司机的合作分别表示谢意；

惜别语：表达友谊和惜别之情；

征求意见语：向游客诚恳地征询意见和建议；

致歉语：对行程中有不尽如人意之处，请求原谅，并向游客赔礼道歉；

祝愿语：期望再次相逢，表达美好的祝愿。

**【小参考】欢送辞示范**

各位朋友，虽然舍不得，但还是不得不说再见了，感谢大家几天来对我工作的配合和给予我的支持和帮助。我自问是一个有责任心的人，但是在这次旅游过程中，还是有很多地方做得不到位……不用一一枚举了。大家不但理解我而且还十分支持我的工作，就是这些点点滴滴的小事情使我感动。也许我不是最好的导游，但是大家却是我所遇见的最好的客人，能和最好的客人一起度过这难忘的几天也是我导游生涯中最大的收获。

我由衷地感谢大家对我的支持和配合。其实能和大家达成这种默契真的是很不容易，大家出来旅游，收获的是开心和快乐；而我做导游带团，收获的则是友情和经历。我想这次我们都可以说是收获颇丰吧。也许大家登上飞机后，我们以后很难会有再见面的机会，不过我希望大家回去以后和自己的亲朋好友回忆自己此次游览感受时，不仅向他们介绍各位在××所游览过的景点，也别忘了告诉他们，有一个导游小刘，是我的朋友！

最后，预祝大家旅途愉快，以后若有机会，再来××会会您的朋友。

如果前往机场（车站、码头）的时间较长，地陪在致欢送辞前可先与游客交流或对沿途景物讲解。

致完欢送辞后，地陪可将旅游服务质量意见反馈表（见表4-4）发给游客，请其填写，如需寄出，应先向游客讲明邮资已付；如需导游员带回，则应在游客填写完毕后如数收回、妥善保留。

3. 提前到达机场（车站、码头）

地陪必须留出充裕的时间带团到达机场（车站、码头）。具体要求是：出境航班提前120分钟；国内航班提前90分钟；乘火车提前60分钟。

旅游车到达机场（车站、码头），地陪应提醒游客带齐随身的行李物品，照顾游客下车。待全团游客下车后，地陪要再检查车内有无客人遗落的物品。

4. 办理离站手续

送乘坐国内航班（火车、轮船）离站的团：

（1）送国内航班

提前90分钟到达机场后，带领游客走进机场大厅；

行李检查、打包；

收取游客身份证集中办理登机牌及行李托运手续；

将机票、登机牌、身份证、行李牌清点后交给全陪（或领队），由其发给每位游客；

表 4-4 国内旅游游客意见表

尊敬的游客：

欢迎您参加旅行社组成的团队出外旅游，希望此次旅程能为您留下难忘的印象。为不断提高我市旅游服务水平和质量，请您协助我们填写此表（在每栏其中一项里打“✓”），留下宝贵的意见。谢谢您！欢迎再来旅游！

组团社： 全陪导游姓名：
团号： 人数：
游览线路： 天数：
游客代表姓名： 联系电话：
单位： 填写时间： 年 月 日

| 项　目 | 满　意 | 较满意 | 一　般 | 不满意 | 游客意见与建议 |
|---|---|---|---|---|---|
| 咨询服务 | | | | | |
| 线路设计 | | | | | |
| 日程安排 | | | | | |
| 活动内容 | | | | | |
| 价格质量相符 | | | | | |
| 安全保障 | | | | | |
| 全陪导游业务技能 | | | | | |
| 全陪导游服务态度 | | | | | |
| 地陪导游服务 | | | | | |
| 住　宿 | | | | | |
| 餐　饮 | | | | | |
| 交　通 | | | | | |
| 娱　乐 | | | | | |
| 履约程度 | | | | | |
| 整体服务质量评价 | | | | | |

带领游客安检，送别；

游客全部进入隔离区后方可离开。

(2) 送火车、轮船

提前抵达车站、码头，使游客有足够的时间上火车、轮船（地陪必须帮助全陪或领队划分舱位），应提前 30 分钟将游客送上车厢或轮船落座；

带领游客找到车厢或客舱；

将交通票据或卧具牌、行李票据交给全陪（或领队）；

送别；

车（游客进站后）、船启动后方可离开。

5. 与司机结账

送走旅游团后，地陪应与旅游车司机结账，在用车单据上签字，并保留好单据。

## 八、善后工作

旅游团结束在本地的游程离开后，地陪还应做好总结、善后工作。

（一）处理遗留问题

下团后，地陪应妥善、认真处理好旅游团的遗留问题。可能发生的遗留问题有：游客遗忘物品、伤病游客滞留、游客委托购买、游客转交物品、游客投诉等。无论哪一种情况，地陪都要以高度的责任心，按有关规定和旅行社领导的指示妥善处理好这些遗留问题。

（二）结账

地陪应按旅行社的具体要求，在规定的时间内填写清楚有关接待和财务结算表，连同保留的各种单据、接待计划、活动日程表等，按规定上交有关人员存档，并到财务部门结清账目。

（三）归还物品

地陪应将出团时借的某些物品，如社旗、扩音器等及时归还，办清手续。

（四）总结工作

及时总结是提高导游服务质量的重要手段。总结方式有书面总结和口头总结两种。总结应当力求准确真实，涉及游客意见的要尽量引用原话，实事求是地汇报本次带团的情况；如果带团过程中发生了重大事故，应写出专题书面总结向旅行社领导汇报。

除了以上的总结外，地陪在下团之后，还应进行一下自我总结：对自己本次带团过程中各方面的表现做一回顾，看自己对哪些问题的处理较为妥当，值得总结经验；哪些方面做得不够好甚至较差，应该吸取教训，及时改进、提高。

**【经典案例】地陪工作不到位触怒游客**

导游员小韩按计划在机场接到了由小李任全陪的广东某旅游团后，便在清点完人数和交接好行李，招呼客人上车后，与全陪谈好当地活动日程，于当日19时到达饭店。小韩主动跑到饭店前台，为游客办理了住店手续，并分发房卡。由于不了解团队的实际情况，在房间安排上有几位客人提出了异议，在全陪的协调下才解决了问题。游客便陆续进入各自房间。稍后，当地陪正准备离开饭店时，团里的两位游客匆匆赶到大堂，告诉小韩他们有亲属在W市工作，想请地陪为其联系和安排与他们见面。小韩思考片刻后说："今天时间晚了，有什么事明天再说吧！"

请根据地陪的工作规范：分析该团导游小韩哪些方面做得不妥？

◎**分析**

地陪在以下方面做得不妥：

(1) 没有致欢迎辞和介绍沿途风光；

(2) 没有宣布当地的活动日程。

(3) 没有具体介绍饭店的服务设施和位置；

(4) 不应为游客办理住店手续，而是应协助全陪办理住店手续；

(5) 不应向游客分发房卡，房卡应由全陪分发；

(6) 没有照顾游客行李进房；

(7) 没有宣布用晚餐时间和地点以及第二天用早餐的时间和地点，没有陪同游客进第一餐；

(8) 没有留下足够的时间处理游客进房后可能出现的问题，而是急着回家；

(9) 没有安排第二天叫早；

(10) 未立即帮助游客联系与其亲属在W市见面的事宜。

**【实训项目1】熟悉接待计划训练**

实训目的：掌握提炼接待计划关键点的基本方法和技巧。

实训内容：不同类型的接待计划交学生熟悉，在5分钟内脱稿述说接待计划的要点。

教师主要观测点：

(1) 观察学生对关键问题的提炼和总结能力。

(2) 考查参与学生的归纳和表述能力。

**【实训项目2】首站沿途导游训练**

实训目的：掌握首站沿途导游的程序和内容，锻炼学生的应变能力。

实训内容：通过多媒体播放学校所在地旅游城市重要交通港至某一酒店的行程影像资料。学生分组扮演游客和导游，扮演游客的学生可随机提问。

教师主要观测点：

(1) 观察学生对首站沿途导游的程序把握情况。

(2) 考查参与学生的应变能力、表述能力以及对所在城市的熟悉情况。

【思考题】

1. 简述地陪导游服务程序。

2. 地陪在带团前要做好哪些准备工作？

3. 地陪应怎样做好首次导游的工作？

4. 地陪如何做好旅游团队的购物工作？

5. 办理离店手续时地陪应注意哪些方面？

6. 案例分析题：

（1）地陪刘小姐接待一个乘晚班机的旅游团。抵达下榻饭店时已很晚，她让游客们先在车上稍等，自己进入饭店大堂迅速办好了入住、叫早和早餐手续，然后拿着房卡返回旅游车上，让领队分配房间。游客们都拿到房卡后，她告知游客次日叫早时间、早餐时间和用餐所在楼层，游客们随后携带自己的行李进入饭店，刘小姐乘坐旅游车离开。根据地陪导游服务流程，刘小姐的工作出现了哪些失误？

（2）请以某条旅游线路，以团队形式出游，阐述地陪的服务规程及过程中应注意事项。

（3）作为地陪，如何防止游客走失？

# 第五章　景区（点）导游服务流程

【学习目标】

❖掌握景区（点）导游的概念

❖熟悉景区（点）导游服务各环节的程序

❖掌握景区（点）概况讲解的主要内容

❖了解景区（点）线路讲解的注意事项

## 第一节　景区（点）导游工作流程图

依据 LB/T014—2011《旅游景区讲解服务规范》的定义，景区讲解员是指受旅游景区委派或安排，为旅游团（者）提供讲解服务的专职人员和兼职人员。

随着我国旅游业的不断发展，景区（点）导游服务已成为大多数景区（点）不可或缺的服务内容，景区（点）导游队伍也不断壮大。景区（点）导游服务是让游客认识景区、了解景区的一个重要手段，旨在为游客提供游览的方便，增进游客对保护环境、生态系统或文物意义的认识。优质的导游服务能增加游客的游览兴趣、有效地提高游客的满意度，是景区产品的核心组成部分，是传播文化的重要渠道。

景区（点）导游工作流程如图 5-1 所示。

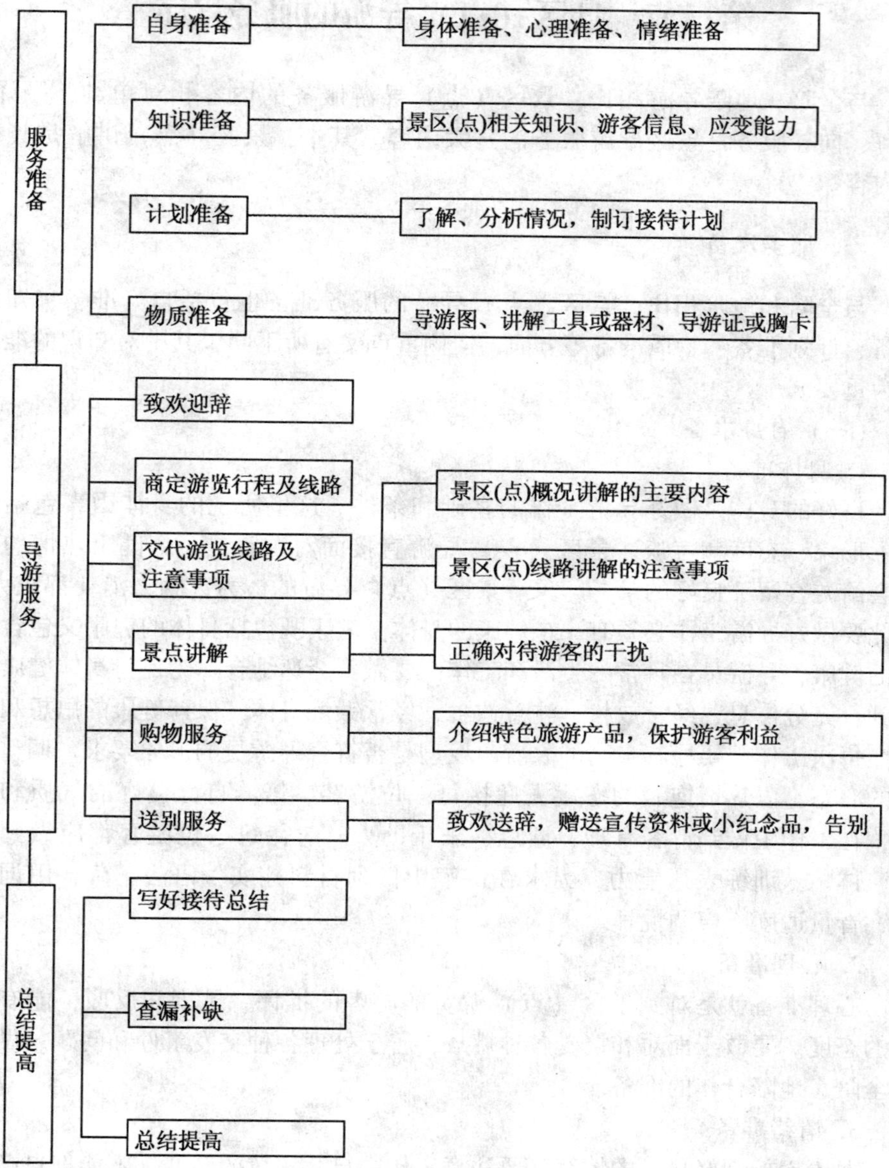


图 5-1　景区（点）导游工作流程

## 第二节 景区（点）导游的服务程序

与全陪、地陪导游相比，景区（点）导游服务的内容相对单纯，翻译、讲解、向导服务是景区导游服务的三大内容。其中，景区（点）讲解是其核心内容。

### 一、服务准备

与全陪和地陪相比，景区（点）导游的服务准备也包括自身准备、知识准备、计划准备、物质准备等方面，但侧重点又有所不同，其中对知识的准备尤为重要。

（一）自身准备

1. 身体准备

良好的身体是做好导游工作的基础和条件。这里所说的身体因素包括健康、形象、态度和言谈。景区（点）导游直接面对游客，一个健康热情的导游会给游客留下良好的第一印象。景区（点）导游的体力、脑力消耗都较大，因此要做好导游工作必须有一个健康的身体。健康既包括身体的健康又包含心理的健康，导游员在日常的生活和工作中要做到劳逸结合。为保持身体健康应做到：充分休息，经常放松，注意饮食，经常锻炼身体，保持健康的思想和头脑。每次工作前要检查自己的衣着、发型是否符合导游员的形象要求。调整自己的心态，以热情饱满的态度去迎接每一位游客。培养自己良好的气质和风度，在工作中做到待客有理、诚恳、乐于助人。对待每一位游客都应做到热情、体贴。训练表达能力，力求在讲解中做到材料翔实、语法正确、用词准确、音量适度、声调悦耳。

2. 心理准备

心理准备就是对到景区（点）游览的游客的批评、挑剔和反驳，能有正确的态度。要敢于面对和接受各种挑战，善于处理各种突发事件和问题。做好和全陪、地陪合作的准备。

3. 情绪准备

要善于控制好自己的情绪，要注意工作中自我角色的转变，不能把自己生活中不愉快的情绪带到工作中。在工作中要积极观察游客的反应，并根据其反应调整自己的导游技巧。

（二）知识准备

景区（点）导游的工作区域相对固定在一个景区或景区的几个景点。这就要求导游员对景区的情况全面掌握，而且要不断地更新、储备新的知识，同时还要不断地扩展知识面。凡是与景区（点）相关的知识都需要不断地积累，以便更好地为游客提供有效的服务。知识是靠不断的积累而得到的，因此作为景区（点）导游，必须不断地学习。靠一两天的突击不可能掌握作为一个优秀景区（点）导游所应具备的知识。

知识准备应包括以下三个方面：

1. 景区知识的准备

（1）熟悉并掌握本景区讲解内容所需的情况和知识。基于景区的差异，可分别包括自然科学知识，历史和文化遗产知识，建筑与园林艺术知识，宗教知识，文学、美术、音乐、戏曲、舞蹈知识等；以及必要时与国内外同类景区内容对比的文化知识。

（2）基于游客对讲解的时间长度、认知深度的不同要求，讲解员应对讲解内容做好两种或两种以上讲解方案的准备，以适应旅游团队或个体的不同需要。

（3）预先了解游客所在地区或国家的宗教信仰、风俗习惯，了解客人的禁忌，实现礼貌待客。

**【小案例】熟记导游辞还不够**

三峡大坝是国家5A级旅游景区，站在坛子岭观景区能鸟瞰三峡工程全貌，体会毛主席诗中“截断巫山云雨，高峡出平湖”的豪迈情怀；登上坝顶能直面雷霆万钧的泄洪景观……小王是景区讲解员，对几个游览点的导游辞背得滚瓜烂熟，对自己的导游工作充满了自信。一天，小王接待了一个南京的中学教师旅游团，在坛子岭模型室，小王讲道：“三峡水利枢纽工程主要建筑物由拦河大坝、水电站、通航建筑物三大部分组成，是治理开发长江的关键工程，也是迄今为止世界上最大的水利枢纽工程。三峡大坝也是世界上最大的混凝土重力坝……”游客听后很感兴趣，纷纷提问道：“什么叫重力坝？它有什么优点？”“三峡大坝调控洪水具体是怎样操作的？”小王一时回答不上来，只得说：“这些问题太专业了，我还不是很清楚。”来到观景区，又有一游客对小王感叹道：“多么宏伟的工程啊，要是有敌对势力利用武器攻击炸毁怎么办？设计时考虑过这方面的因素吗？”小王从没留意过这个问题，更不知从何回答，只尴尬地应付道：“不会出现这种情况的。”另一游客反问道：“怎么不会？××势力都曾叫嚣过。”小王当时真觉得无地自容，后悔自己相关的知识掌握得太少了。

◎**思考**：小王是一名优秀的景区（点）导游吗？

2. 游客相关信息的准备

（1）客源地的相关知识，如地理、历史、人口、经济、城市建设、民俗等。

(2) 若是外国游客，还应了解客源国政体、对外关系、宗教等。

(3) 分析游客心理，根据游客的组合（包括游客的职业、身份、性别、年龄等）了解游客的爱好，做到有针对性地进行知识准备。

要了解所接待游客，要根据具体情况具体分析。如果是旅行社的团队，绝大部分都有全陪和地陪；如果是入境旅游团队，还有领队。景区（点）导游应尽快与地陪联系，了解游客的基本情况，以便做好游览接待计划。如果没有其他陪同人员，景区（点）导游应尽快与游客接触，特别是散客，通过观察和简单的交谈，了解该游客群体的基本情况。

3. 应变能力的准备

应变能力是景区导游应对和处理突发事件的基础。应变灵活有助于减少事故损失，留给游客美好的旅游感受。景区（点）导游应该在带团前对游览中可能发生的各种意外做出处理预案，备好有关联系电话，这样当意外发生时就能从容应对、妥善处理。

(三) 计划准备

景区（点）导游的接待工作具有及时性的特点，不可能像全陪、地陪那样为每一个旅游团队做出详细的书面计划，但仍要尽可能地制定相应的简单的书面或非书面的计划，对事先预定的旅游团队也可提前制定详细的接待计划，这样才能使导游员做到心中有数，增强工作的主动性、计划性和针对性。

(四) 物质准备

景区（点）导游应准备好导游图册或相关资料，同时还要准备好导游讲解的工具或器材，并携带导游证或胸卡。

## 二、导游服务

(一) 致欢迎辞

景区（点）导游致欢迎辞应当在景区（点）的入口处或讲解的开场时，对于重要的客人一般应安排在景区接待室。

欢迎辞的内容应包括代表景区对游客表示欢迎；介绍本人姓名及所属单位；表达景区对提供服务的诚挚意愿；了解游客的旅游需求；表达希望游客对讲解工作给予支持配合的意愿；预祝游客旅游愉快。

(二) 商定游览行程及线路

商定游览行程事宜主要发生在较大的游览景区；而在一般的旅游点如博物馆等，除了旅行社组织的团队和某些特殊团队之外，其他游客一般愿意听从导游推荐的游览行程安排。商定游览行程不仅表明导游员对游客的尊重和欢迎，而且还可以从商议安排过程中了解游客的主要兴趣，以使游览计划安排更符合游客的需要，这是保证景区（点）导游工作顺利进行的重要一环。不同的游客对同一个景区（点）所感兴趣的内容是不同的。因此，了解游客的需求是非常必要的。

景区（点）导游在与游客商议安排游览行程和线路时，应注意以下几个问题：

1. 商议的时间

与游客商议的时间愈早愈好。愈早了解游客的要求，愈能尽早有的放矢地安排好游览的程序、线路与节目，调整导游员的讲解内容。所以，游客一旦到达，景区（点）导游就应安排时间与游客商议。若有可能，在游客到达之前通过电话等通信工具谈妥更好。

2. 商议的对象

（1）接待散客时，原则上应与所有游客商议。

（2）对一般的参观团，与领队商谈就可以了；若领队希望团内某些人士参加，也可以考虑并表示欢迎。

（3）对较正式的代表团，若负责人说话有权威性，那么主要与代表团选定的负责人商议即可。

（4）对于学术团、专业团，由于这样的团队学者较多，个人意见很重要，因此，若可能，应与全体团员共同商议。

（5）对于旅行社组织的旅游团，由于有地陪引领，因此主要与地陪、全陪商议，必要时可以邀请海外领队参与。

（6）对于贵宾团，特别是有一定级别领导（如省级及以上领导）人员参加时，他们的行程应早早定好。在商定行程时，导游员往往不参加。只需听从本景区（点）领导的安排、指示即可。

3. 商议行程、线路

（1）尽量使景区（点）已有的安排不作太大的变动。

（2）尽力满足游客的合理而可能的要求，特别是重点游客的个别要求，尽量照顾一般游客的特殊要求。

（3）当出现异议时，本着少数服从多数的原则进行。导游员不要介入旅游团的内部矛盾，不能将团队分裂或分组。

（4）对变动内容确有困难、游客要求不能满足时，导游员要耐心解释。婉言拒绝，留有余地，要让游客感到自己的要求虽然没有得到满足，但导游员确已尽最大努力了。

（5）对记者、作家的要求应尽可能满足，“满足一位记者的要求，便会满足成千上万读者的要求”。

（6）对旅行代理商和旅游界知名人士，要努力满足他们的要求，因为接待好他们，可能会带来更多的客源。

4. 商议的方法

在一般情况下，应尽力引导游客按景区（点）原有的方案进行游览。在商谈的时候，可以先请游客提要求：导游员发现和已有的安排差不多时，便可顺水推舟，表示按大家的要求安排；若意见有一定差距时，景区（点）导游要学会引导，通过讲解的艺术技巧，把游客的思路引到既定的安排上来。

（三）交代景区（点）游览路线和注意事项

在开始游览前景区导游应向团队交代景区（点）游览路线和注意事项，地点可选在景区（点）大门导游图前，个别景区（点）门票上印有游览线路的，也可请游客边看线路图边讲解。景区（点）导游应明确告诉游客景区的构成部分，游客在本景区（点）游览的主要路线和所需时间，景区（点）游览注意事项，等等。讲解线路和注意事项的介绍应简明扼要，尽可能让每一位游客听清楚，以免游客在景区（点）走失。

**【小资料】参观宗教类型景区（点）的注意事项**

景区（点）导游带游客进入寺庙或观瞻具有宗教特色的建筑物时，应要求客人衣着得体，不能过于随意或暴露；若遇寺庙举办法事或其他宗教活动，应率领团队静立或悄然离开，不得在旁随意走动或旁若无人地大声喧哗；提醒游客切勿随意触摸宗教标志、佛像、祭祀器物（当地风俗允许的除外）；很多宗教场所不允许拍照，景区（点）导游应在游客照相留念时给予提醒，以免引起不快甚至冲突；景区（点）导游还应提醒游客尊重当地宗教信仰，不得在宗教场所随意就餐，更不能违反其饮食禁忌。

（四）景区（点）讲解

景区（点）导游讲解是景区（点）导游工作的核心内容。讲解要做到知识性、趣味性和科学性三者的有机统一。

1. 讲解内容的选取原则

（1）有关景区内容的讲解，应按照景区的总体要求进行。

（2）内容的取舍应以科学性和真实性为原则。

（3）民间传说应有故事来源的历史传承。

（4）应避免同音异义词语造成歧义。

（5）使用文言文时需注意游客对象，需要使用时，宜以大众化语言给予补充解释。

（6）对历史人物或事件，应充分尊重历史的原貌，如遇尚存争议的科学原理或人物、事件，则宜选用中性词语给予表达。

2. 讲解中的方法与技巧

（1）对景区的讲解要繁简适度；讲解语言应准确易懂；吐字应清晰，并富有感染力。

（2）要努力做到讲解安排的活跃生动，做好讲解与引导游览的有机结合。

（3）要针对不同游客的需要，因人施讲，并对游客中的老幼病孕和其他弱势群体给予合理关照。

（4）在讲解过程中，应自始至终与游客在一起活动；注意随时清点人数，以防游客走失；注意游客的安全，随时做好安全提示，以防意外事故发生。

（5）要安排并控制好讲解时间，以免影响游客的原有行程。

（6）讲解活动要自始至终使用文明语言；回答问题要耐心、和气、诚恳；不冷落、顶撞或轰赶游客；不与游客发生争执或矛盾。

（7）如在讲解过程中发生意外情况，则应及时联络景区有关部门，以期尽快得到妥善处理或解决。

3. 讲解中与游客的沟通

（1）旅游讲解也是沟通，讲解员在讲解中应注意平等沟通的原则，注意客人与自己在对事物认知上的平等地位。

（2）在时间允许和个人能力所及的情况下，宜与游客有适度的问答互动。

（3）要意识到自己知识的盲点，虚心听取游客的不同意见和表达。

（4）对游客的批评和建议，应该礼貌地感谢，并视其必要性及时或在事后如实向景区有关部门反映。

**【小技巧】如何对待游客干扰**

导游在讲解时，往往有个别游客打扰讲解的现象，原因一般有：一是有个别游客喜欢在众人面前炫耀自己的学问。二是游客对导游所讲的内容持有不同意见和观点。

遇到此种情况，导游员首先应认真分析情况，若来不及仔细思考和分析，不妨采用“先人后己”的方法，即可以先让那位游客暂时作为一名“讲解员”。游客讲解得不好也没关系，在他讲完后，由导游给予补充，当然要尽量肯定和赞赏游客讲得好、讲得合理和有特色的部分。如果游客讲解的确实精彩和有水平，那么导游就得放下架子好好地向人家学习。必须注意的是：导游切忌不能让游客反客为主，自己要牢牢把握住整个旅游团队的主动权，让游客临时讲解一下景区（点）内容目的是在于缓和一下尴尬的局面，而不是让极个别游客牵着鼻子走，更不能让他来控制整个团队。

若是游客对导游所讲的内容持有不同意见和观点，导游也用不着和游客争论，更不要“翻脸”，而是在求同存异的基础上，个别地、友好地与其探讨、交流，相互取长补短。

（五）购物服务

大多数游客有购买旅游纪念品的要求，许多景区（点）也都设有为数不少的购物商店，既出售旅游纪念品，也推销各地土特产品。这些商店按所有制关系可分为两大类：一类是景区（点）管理部门所有，经营比较规范，货真价实，明码实价；一类是小型个体工商户甚至是地摊式经营，货品良莠不齐，价格随意性大，游客在这类商店购物有一定风险。

景区（点）导游应介绍游客到正规商店购物，并提醒游客保留购物发票作为退换货凭证。对于个别游客喜欢购买地摊商品的行为，如果商品价格不太高的话，景区（点）导游不必插手，可任凭游客自行选购；但当游客购买的物品售价很高时，景区（点）导游应适时提醒游客慎重选择，防止上当受骗。有些地摊出售古玩或仿古艺术品，由于是非法经营，无文物管理部门的鉴定书，无火漆印，海外游客购买后将无法带出海关，因此景区（点）导游要劝阻海外游客购买。个别游客在购买地摊上贩卖的古玩或仿古艺术品时，往往恳请导游帮忙鉴定，这时景区（点）导游千万不要不懂装懂，而应坦诚表示不了解情况，并建议游客到正规商店购买。

景区（点）导游应主动向游客实事求是地介绍有特色的纪念品，做好游客的购物顾问。制止尾随兜售或强买强卖的现象。不得与景区内或景区周边的购物点暗中勾结，坑蒙游客。

（六）送别服务

1. 致欢送辞

参观游览活动结束后，景区（点）导游要向游客作简短的欢送辞，在欢送辞中先要对游客参观中的合作表示感谢，征询游客对导游讲解以及旅游景区（点）的建设和保护的意见和建议，欢迎游客再度光临等。导游应表示出一种对游客的惜别之情。

2. 向游客赠送有关的宣传资料或小纪念品

3. 与游客告别

景区（点）导游可与游客握手告别，应将游客送上交通工具，待交通工具启动离开后方可返回。

## 三、总结提高

景区（点）导游送走游客后，还要做好总结工作。这是提高导游服务效率和导游服务质量的必要手段，还可以帮助导游提高自己的写作水平，填补导游只动口、不动手的缺憾。

（一）写好接待总结

景区（点）导游完成接待服务后，要认真、按时写好接待总结，实事求是地汇报接待情况。接待总结的内容包括：

（1）接待游客的人数、抵离时间。若是旅游团队，还需记录团队的名称及旅行社的名称。

（2）游客成员的基本情况、背景及特点。

（3）重点游客的反映，尽量引用原文，并注明游客的姓名和身份。

（4）游客对景区（点）景观及建设情况的感受和建议。

（5）对接待工作的反映。

（6）尚需办理的事情。

（7）自己的体会及对今后工作的建议。

（8）若发生重大问题，需另附专题报告。

（二）查漏补缺

景区（点）导游员在总结工作中，应及时找出工作中的不足或存在的问题，如导游员不清楚的知识、回答不准确的地方甚至有些回答不出的问题。根据这些问题进行有针对性的补课，请教有经验的同行，以提高今后的导游讲解水平。

（三）总结提高

在导游服务中，游客提出的意见和建议涉及景区（点）导游的，景区（点）导游应认真检查，汲取教训，不断改进，以提高自己的导游水平和服务质量；涉及其他接待部门的应及时反馈到所在单位，以便改进工作。

**【实训项目】模拟讲解：景区（点）导游讲解**

实训目的：熟悉景区导游服务各环节的程序

实训内容：设定湖北省的一些景区（点），如黄鹤楼、三峡大坝、武当山等，要求学生模拟这些景区（点）的导游进行讲解并交代游览注意事项。

教师主要观测点：

（1）是否熟悉景区导游服务各环节的程序。

（2）观测参与学生讲解过程中是否把握了一些服务要领。

**【思考题】**

1. 景区（点）导游的概念及作用？
2. 景区（点）导游员应从哪些方面做好导游服务的准备工作？
3. 在与游客商定游览行程及线路时应注意哪些问题？
4. 景区（点）线路讲解要注意的事项有哪些？

# 第六章　海外领队服务流程

【学习目标】

❖掌握海外领队的概念

❖熟悉海外领队的工作程序与标准

❖掌握海外领队各工作环节的要领和技巧

❖了解海外领队在境外带团的主要工作内容

❖熟悉出境手续、入境手续的办理流程

## 第一节　海外领队工作流程图

出境旅游领队，又称海外领队。依据 LB/T005—2011《旅行社出境旅游服务规范》中的规定是指依法取得从业资格，受组团社委派，全权代表组团社带领旅游团出境旅游，监督境外接待旅行社和导游员等执行旅游计划，并为旅游者提供出入境等相关服务的工作人员。

领队业务是指为出境旅游团提供旅途全程陪同和有关服务，作为组团社的代表协同境外接待旅行社完成旅游计划安排，以及协调处理旅游过程中相关事务等活动。海外领队工作流程如图 6-1 所示。

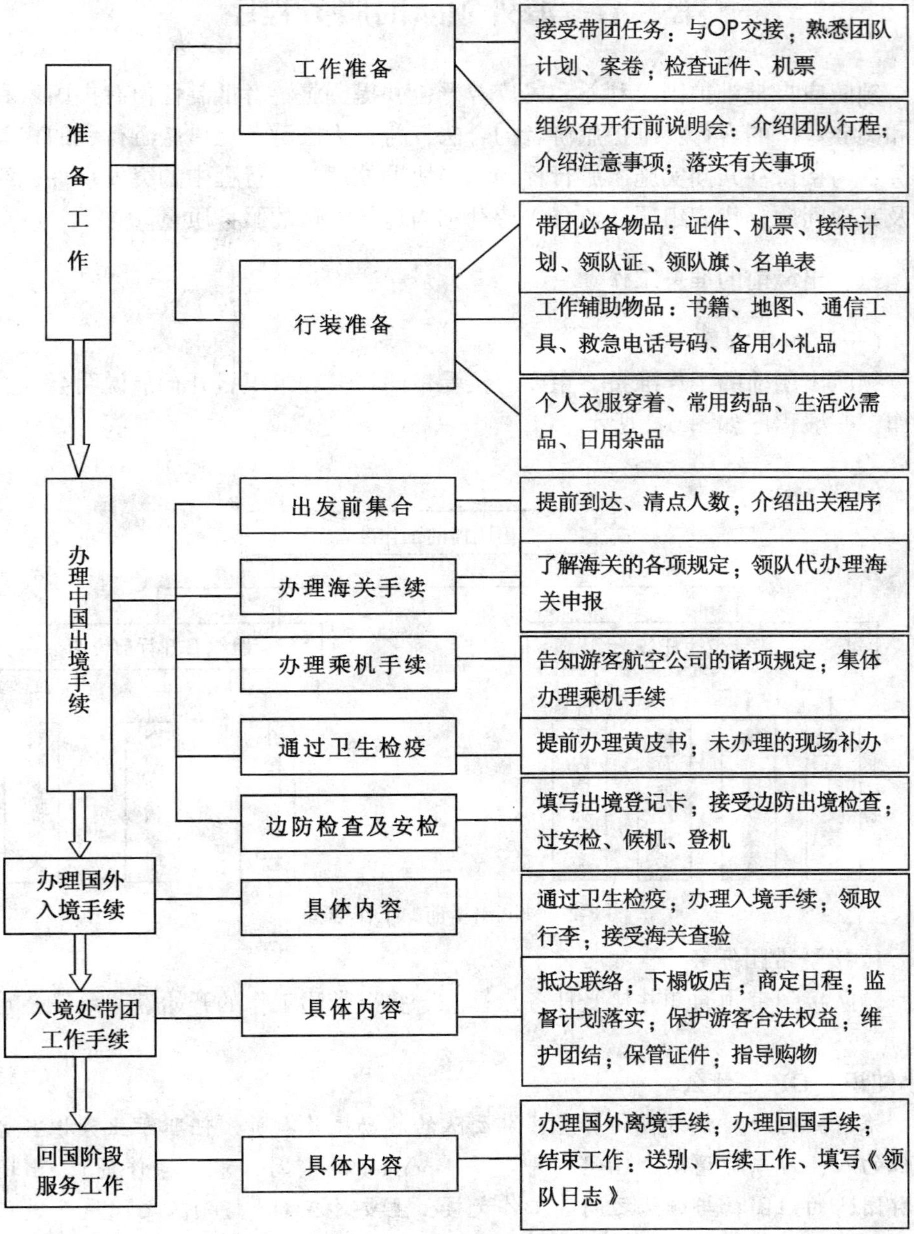


图 6-1　海外领队工作流程图

## 第二节　海外领队的服务程序

领队应自觉维护国家利益和民族尊严，并提醒旅游者抵制任何有损国家利益和民族尊严的言行；维护旅游者的合法权益；为旅游者提供旅游行程的相关服务；与接待社共同实施旅游行程计划，协助处理旅游行程中的突发事件、纠纷及其他问题；代表组团社监督接待社和当地导游员的服务质量。

### 一、出境前的准备工作

（一）工作准备

领队出团前的工作准备，主要有接受带团任务和组织召开行前说明会两大工作，一般程序如图 6-2 所示。

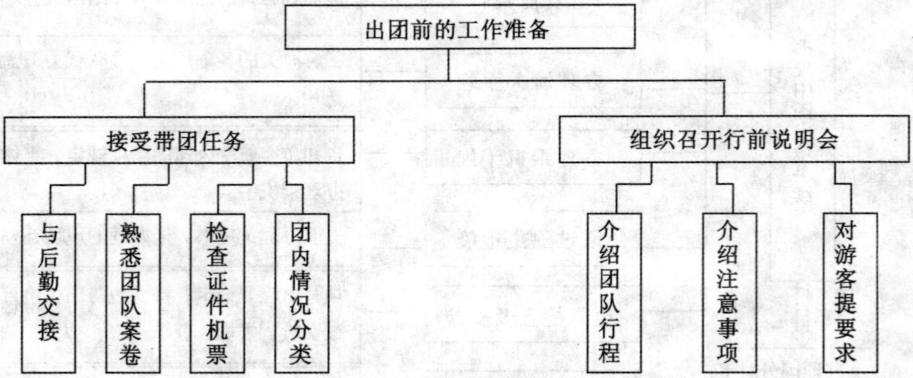


图 6-2　领队出境前的工作准备

1. 接受带团任务

领队接到带团通知并接受任务，标志着整个带团工作的开始。

**【小知识】OP 是什么？**

旅行社行业对旅行社的负责旅游团队的后勤操作人员、任职于业务担当者岗位的人，习惯称谓是“OP”（即英文 Operater 的缩写，意为操作员）。出境旅游团队的组团社与领队之间的工作交接，主要是在 OP 与领队之间展开进行的。一般来说，OP 与领队之间的交接要清楚明了，团队在整个运行过程中，OP 与领队之间要保持 24 小时的通畅联络。

（1）听取 OP 介绍团队情况并接受移交出团资料。领队在接到带团工作任务后，首先就要与旅行社的OP取得联系，约定时间，听取OP对此团队进行的详尽介绍。OP对领队的工作介绍一般包括：团队构成的大致情况；团内重点团员的情况；团队的完整行程；团队的特殊安排和特别要求；行前说明会的时间。

OP移交的旅游团的各种资料包括：团队名单表、出入境登记卡、海关申报单、旅游证件、旅游签证/签注、交通票据、接待计划书、联络通讯录等。出入境登记卡、海关申报单等不一定需要在资料交接时事先由OP交给领队，出境的当天，直接到边检、海关柜台前索要即可。

此外，还应接受OP转交的《出境旅游行程表》和《中国公民出国旅游团队名单表》(后面简称《名单表》，样表见表6-1)。《出境旅游行程表》由领队在行前说明会上发给游客。

(2) 熟悉旅游团案卷。领队对所要带领的团队的档案卷宗需要认真熟悉和查看。查看卷宗有利于领队快速地熟悉团队构成情况，以便对游客提供针对性的服务。

查阅卷宗一般要注意的问题有：旅游团的名称（或团号）和人数；了解旅游团成员的姓名、性别、年龄、职业、宗教信仰、饮食禁忌、生活习惯等；了解团内较有影响的成员、需要特殊照顾的对象和知名人士的情况。

(3) 熟悉旅游行程接待计划。领队对组团旅行社拟发给游客的旅行行程以及与境外接待旅行社确认的接待计划书要精心准备，对每天的行程要熟悉到能够复述。对旅游行程接待计划应掌握的要点有：旅游团抵离各地的时间及所乘用的交通工具；旅游行程计划当中所开列的全部参观游览项目；行程中应下榻的各地饭店的名称；全部行程中的文娱节目安排、用餐安排等事项。

(4) 查验全团成员的证件、签证及机票。领队要查验全体团员的旅游证件、签证、机票等，防止这些与旅行息息相关的证件、机票出现错误。对护照，重点检查姓名、护照号码、签发地、签发日期、有效期等内容；对签证，重点检查签发日期、截止日期、签证号码等内容；对机票，重点检查乘机人姓名、乘机日期、航班号等内容。在所有的项目检查中，姓名是最重要的检查项目，游客护照上的姓名应当与签证、机票上面的姓名完全一致，包括用英文(或汉语拼音) 填写的名字。

为方便出团时护照清点、发放以及游客点名时的便利，领队可以对团队游客的护照进行排序，然后在每本护照的封面页上贴不干胶贴签，上面写上编号和姓名，编号应与团队名单表上的顺序一致，以方便工作，并要求游客熟悉自己的团队编号顺序，在通关、办理登机等手续需要排队时有条不紊。

2. 开好行前说明会

行前说明会通常在团队正式出发前的一周左右召开。行前说明会主要是介

表 6-1　　内地居民赴香港、澳门特别行政区旅游团队名单表

组团社序号/团队编号/年份　　NO：××××××

领队姓名：　　领队证号：

| 2008 年 1 月 1 日由深圳经罗湖至香港 | | | | 2008 年 1 月 4 日由香港经中港城至澳门 | | | |
|---|---|---|---|---|---|---|---|
| 2008 年 1 月 5 日由澳门关闸至拱北 | | | | | | | |
| 编号 | 中文姓名 | 汉语拼音 | 性别 | 出生日期 | 出生地 | 证件号码 | 签发地 |
| 1 | | | | | | | |
| 2 | | | | | | | |
| 3 | | | | | | | |
| 4 | | | | | | | |
| 5 | | | | | | | |
| 6 | | | | | | | |
| 7 | | | | | | | |
| 8 | | | | | | | |
| 9 | | | | | | | |
| 10 | | | | | | | |
| 11 | | | | | | | |
| 12 | | | | | | | |
| 13 | | | | | | | |
| 14 | | | | | | | |
| 15 | | | | | | | |
| 16 | | | | | | | |
| 17 | | | | | | | |
| 香港入境事务处<br>加注（实际入境　人）　入境验讫章 | | | | 香港出境事务处<br>加注（实际出境　　人）　出境验讫章 | | | |

第三 香港入境事务处出入境验收

1 月 1 日 7：30 时　　抵港　　1 月 4 日 11：00 时　抵澳　　单男　　人

交通：罗九车　　交通：澳门船　　单女　　人

1 月 4 日 10：00 时　　离港　　1 月 5 日 14：00 时　离澳　　小童　　人

交通：澳门船　　交通：澳门车　　合计　　人

内地组团社名称：　　联络人员姓名及电话：

香港接待社名称：　　联络人员姓名及电话：

澳门接待社名称：　　联络人员姓名及电话：

绍团队的行程、注意事项等与出团相关的重要事项。

(1) 行前说明会的内容。代表旅行社致欢迎辞（内容包括：表示欢迎；自我介绍；表明愿意为大家服务；感谢大家对本旅行社的信任，选择参加我们的团队，并请大家对领队的工作予以配合和监督）。

旅游行程说明：按行程表逐一介绍，但必须强调行程表上的游览顺序有可能因交通等原因发生变化。同时说明哪些活动属于自费项目，客人可以选择参加，也可以选择不参加。

介绍旅游目的地国家的情况及风俗习惯等，提出“入乡随俗”要求，讲清注意事项。

通知集合时间及地点：通常要比航班离港时间提前2小时，在机场或港口指定位置集合；如乘火车或汽车，也要在发车时间1小时前到达指定位置集合。对每位客人提出要求：注意统一活动，强化时间观念及相互之间团结友爱。

提醒游客带好有关物品：如洗漱用品和拖鞋、衣物、常用药品等。

货币的携带：中国海关规定每位出国旅客携带人民币现钞以20000元为限，携带外币现钞不超过折合5000美元。

人身安全：告诫游客在境外要注意安全，特别是在海滨或自由活动时。

财物保管：告诫游客不要把财物放在旅游车上，并向游客说明在酒店客房如何保管贵重物品、如何使用酒店提供的保险箱，以及在旅途中托运行李时如何保管贵重和易损物品等基本旅游知识。

出入国境时注意事项：告知有关国家的法律和海关规定，说明过关程序及有关手续。

对首次出境的游客，还应将旅游中有关衣、食、住、行、游、娱、购等事项逐一介绍。

说明自费项目及其费用和相关的小费问题。

(2) 落实有关事项。行前会上还要向游客宣布旅游团的住房分配名单，对住房名单有异议的游客要当场落实。此外还要落实国内段返程票是否交款、是否有单项服务等特殊要求、是否有宗教饮食禁忌等。

（二）行装准备

领队的行装，主要由带团必备物品、工作辅助用品以及个人生活用品三项组成。

1. 出团所需的证件机票及业务资料

行装当中，领队一定要携带全团游客及自己的旅行证件。领队在出发前，务必把全团成员的护照、机票进行复印，并在出团时与正本分开，随身携带。旅游行程中，领队应对护照精心保管，不能出任何差错。仅在机场临近办理登机手续或出入境手续时才能发给游客。

旅游团持团队旅游签证或去免签证的国家或地区时，领队须携带《名单表》。

此外，领队还应该携带《出境旅游行程表》、《分房名单》、境外旅行社联系方式及联系人、领队证、领队名片、领队旗等。

2. 开展工作的辅助物品

一般包括所要抵达的国家的各项状况，如旅游书籍、旅游地图等；通讯联络工具及紧急救助电话；一些小的礼品，以融洽与境外工作人员的人际关系或摆脱各种纠缠。

3. 个人的生活必需品

领队的穿着是领队精神面貌的体现，应该比照白领职业人士的要求，既要有一套正式服装或职业服装，也要多准备一些休闲类服装。

准备自己需要的常用药品，如感冒药、肠胃药、消炎药。同时也要为游客准备一点常用药，如风油精、乘晕宁、创可贴等。

其他生活必需品及杂品，如牙具、拖鞋、手电筒、太阳镜、笔记本、笔、计算器、小面额外币现金等。

## 二、办理中国出境手续

领队办理中国出境的工作流程一般如图 6-3 所示。

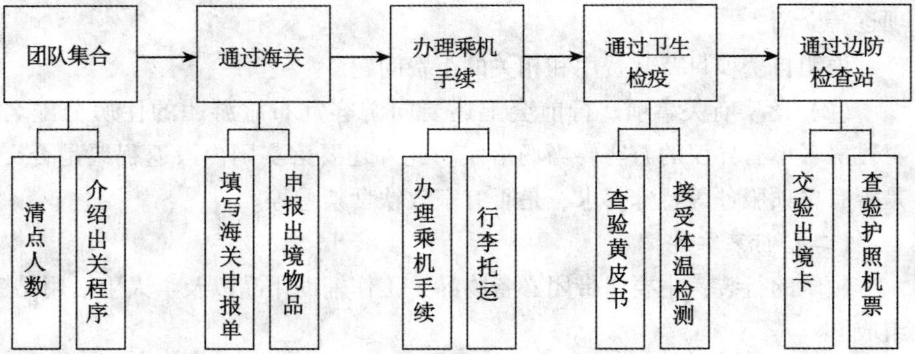


图 6-3　领队出境工作流程图

（一）出发前集合

1. 提前到达、清点人数

领队应当至少比规定时间早 10 分钟到达集合地点，并直立竖起组团旅行社的领队旗，以便游客容易发现，将手机始终开启，随时准备接听游客打来的电话。

领队与游客汇合后，应拿出全团的《名单表》，为已经抵达的游客打“✓”签到。

2. 介绍出关程序

在全体游客到齐后，告知游客办理海关申报手续、登机手续、边防检查手续的步骤，并希望全体游客配合。

（二）办理海关手续

1. 了解中国海关的各项规定

海关验放出入境旅客行李物品，以自用合理数量为原则，对不同类型的旅客行李物品，规定了不同的范围和征免税限量或限值。游客出境，携带须向海关申报的物品，应在申报台前，向海关递交《中华人民共和国海关进/出境旅客行李物品申报单》（2005 年 7 月 1 日起开始使用），按规定如实申报其行李物品，报海关办理物品出境手续。其中，携带我国法律规定管制的物品，还须向海关交验国家行政主管部门出具的批准文件或证明。旅客行李物品经海关查验征免税放行后，才能携离海关监管现场。

在实施双通道制的海关现场，游客携带有须向海关申报的物品时，应选择“申报”通道（亦称“红色通道”）通关；携带无需向海关申报物品的旅客，则可选择“无申报”通道（亦称“绿色通道”）通关。

经海关验核签章的申报单证，应妥善保管，以便回程时凭证办理有关手续。海关加封的行李物品，不得擅自开拆或者损毁海关施加的封志。

**【小常识】中国海关进出境旅客申报的相关制度**

一、进出境旅客没有携带应向海关申报物品的，无需填写《中华人民共和国海关进出境旅客行李物品申报单》（以下称《申报单》），选择“无申报通道”（又称“绿色通道”）通关。

二、除海关免于监管的人员以及随同成人旅行的 16 周岁以下旅客以外，进出境旅客携带有应向海关申报物品的，须填写《申报单》，向海关书面申报，并选择“申报通道”（又称“红色通道”）通关。

**中华人民共和国海关**

**进境旅客行李物品申报单**

请先阅读背面的填表须知，然后在空格内填写文字信息或划✓

1. 姓名　拼音 ☐☐☐☐☐☐☐☐☐☐☐☐☐☐☐☐☐☐☐☐
　　　　中文正楷 ☐☐☐☐☐☐☐☐☐☐

2. 出生日期　☐☐☐☐年☐☐月☐☐日

3. 性别　男 ☐　女 ☐

4. 进出境证件号码　☐☐☐☐☐☐☐☐☐☐☐☐☐☐☐☐☐☐☐☐

5. 国籍（地区）　中国 ☐（香港 ☐　澳门 ☐　台湾 ☐）
　　　　外国 ☐☐☐☐☐☐☐☐☐☐☐☐☐☐☐☐☐☐☐☐

6. 进境事由　公务 ☐　商务 ☐　旅游 ☐　学习 ☐
　　　　定居 ☐　探亲访友 ☐　返回居住地 ☐　其他 ☐

7. 航班号/车次/船名 ☐☐☐☐☐☐　8. 同行未满16周岁人数 ☐

8. 我（我们）携带（有）：　是☐否☐

9.（居民旅客）在境外获取的总值超过人民币5,000元的物品　是☐否☐

10.（非居民旅客）拟留在中国境内的总值超过人民币2,000元的物品　是☐否☐

11. 超过1,500毫升酒精饮料（酒精含量12度以上），或超过400支香烟，或超过100支雪茄，或超过500克烟丝　是☐否☐

12. 超过20,000元人民币现钞，或超过折合5,000美元外币现钞　是☐否☐

13. 动植物及其产品、微生物、生物制品、人体组织、血液及其制品　是☐否☐

14. 无线电收发信机、通信保密机　是☐否☐

15. 中华人民共和国禁止和其它限制进境的物品　是☐否☐

16. 分离运输行李　是☐否☐

17. 货物、货样、广告品

我已阅知本申报单背面所列事项，并保证所有申报属实。

携带有9~15项下物品的，请详细填写如下清单：

| 品名/币种 | 数量 | 金额 | 型号 | 海关批注 |
|---|---|---|---|---|
| | | | | |
| | | | | |
| | | | | |
| | | | | |

旅客签名　　　　　　　　年　月　日

| 中华人民共和国海关 |
| --- |
| 填表须知<br>**一、重要提示：**<br>1. 进境旅客应使用海关所提供申报单的语种如实填写申报单，并将填写完毕的申报单在海关申报台前向海关递交（按照规定享受免验礼遇和海关免予监管的人员以及随同成人旅行的16周岁以下旅客除外）。<br>2. 在设置“双通道”的海关旅检现场，携带有本申报单9至17项下物品的旅客，应选择“申报通道”（又称“红色通道”，标识为“■”）通关，其他旅客可选择“无申报通道”（又称“绿色通道”，标识为“●”）通关。<br>3. 本申报单第9项下所称“居民旅客”系指其通常定居地在中国关境内的旅客，第10项下所称“非居民旅客”系指其通常定居地在中国关境外的旅客。<br>4. 本申报单第9、10项所列物品价值以海关审定的完税价格为准。<br>5. 携带需复带出境超过折合5,000美元的外币现钞或有分离运输行李时，旅客应填写两份申报单，海关验核签章后将其中一份申报单退还旅客凭以办理有关外币复带出境或分离运输行李进境手续。<br>6. 不如实申报，海关将依法处理。<br>**二、中华人民共和国禁止进境物品：**<br>1. 各种武器、仿真武器、弹药及爆炸物品；<br>2. 伪造的货币及伪造的有价证券；<br>3. 对中国政治、经济、文化、道德有害的印刷品、胶卷、照片、唱片、影片、录音带、录像带、激光唱盘、激光视盘、计算机存储介质及其它物品；<br>4. 各种烈性毒药；<br>5. 鸦片、吗啡、海洛因、大麻以及其它能使人成瘾的麻醉品、精神药物；<br>6. 新鲜水果、茄科蔬菜、活动物（犬、猫除外）、动物产品、动植物病原体和害虫及其它有害生物、动物尸体、土壤、转基因生物材料、动植物疫情流行的国家和地区的有关动植物及其产品和其它应检物；<br>7. 有碍人畜健康的、来自疫区的以及其它能传播疾病的食品、药品或其它物品。 |

三、进境旅客携带有下列物品的，应在《申报单》相应栏目内如实填报，并将有关物品交海关验核，办理有关手续：

（一）动、植物及其产品，微生物、生物制品、人体组织、血液制品；

（二）居民旅客在境外获取的总值超过人民币 5000 元（含 5000 元，下同）的自用物品；

（三）非居民旅客拟留在中国境内的总值超过 2000 元的物品；

（四）酒精饮料超过 1500 毫升（酒精含量 12 度以上），或香烟超过 400 支，或雪茄超过 100 支，或烟丝超过 500 克；

（五）人民币现钞超过 20000 元，或外币现钞折合超过 5000 美元；

（六）分离运输行李，货物、货样、广告品；

（七）其它需要向海关申报的物品。

四、出境旅客携带有下列物品的，应在《申报单》相应栏目内如实填报，并将有关物品交海关验核，办理有关手续：

（一）文物、濒危动植物及其制品、生物物种资源、金银等贵重金属；

（二）居民旅客需复带进境的单价超过 5000 元的照相机、摄像机、手提电脑等旅行自用物品；

（三）人民币现钞超过 20000 元，或外币现钞折合超过 5000 美元；

（四）货物、货样、广告品；

（五）其它需要向海关申报的物品。

五、非居民旅客返程出境时，如需要选择“申报通道”通关，可在其原进境时填写并经海关批注和签章的《申报单》上出境栏目内填写相关内容，或者另填写一份《申报单》，向海关办理出境申报手续。

居民旅客回程进境时，如需要选择“申报通道”通关，可在其原出境时填写并经海关批注和签章的《申报单》上进境栏目内填写相关内容，或者另填写一份《申报单》，向海关办理进境申报手续。

六、持有中华人民共和国政府主管部门给予外交、礼遇签证的进出境旅客，通关时应主动向海关出示本人有效证件，海关予以免验礼遇。

七、违反海关规定，逃避海关监管，携带国家禁止、限制进出境或者依法应当缴纳税款的货物、物品进出境的，海关将依据《中华人民共和国海关法》和《中华人民共和国海关行政处罚实施条例》予以处罚。

2. 领队带游客办理海关申报

领队事先收齐全团游客的物品申报单，持全团集体签证（无集体签证时先收齐全团的护照）、领队的护照、国际机票（车票、船票），到海关处交付检查。海关检查后，须在申报单上盖章，机票上盖上检查标记。

### （三）办理乘机手续

1. 告知游客航空公司的诸项规定

领队应清楚航空公司对乘机旅客行李的规定，并告知游客。在办理乘机手续之前，对一些可能出现的问题再次提醒游客，如水果刀等不能放在手提行李中，贵重物品不要放在托运行李中等。

2. 集体办理乘机手续

领队持有海关检查标记的国际机票，到行李托运处办理行李过秤托运手续，领取行李牌、登机牌，交纳机场费等。

协助游客填写出境登记卡片，填好后，将卡片夹在各自的护照里。领队办好托运行李手续后，将登机牌发到游客手中，全团游客便可到出境口准备办理后面的手续。

### （四）通过卫生检疫

出境旅游团如果前往或途经的国家为传染病流行疫区，或者欲前往的国家对国际旅行预防接种有明确要求的，都需要提前办理黄皮书。

领队带领游客在关口的卫生检疫柜台前，应接受卫生检疫工作人员的黄皮书查验。如游客未及办理黄皮书，应按照卫生检疫的要求，现场补办手续。

### （五）通过边防检查及登机安检

1. 填写《边防检查出境登记卡》

所有出境者要填写公安部出入境管理局印制的《边防检查出境登记卡》。卡片上的主要内容有：姓名、性别、证件号码、出生日期、国籍、前往何地、出境事由、国内地址、签名、出境日期等。但自2008年10月1日起，中国公民出境将免填出境登记卡。

2. 接受边防出境检查

按照边防检查柜台前现场指挥的要求，领队可以依照名单表的顺序组织游客排好队，依次通过；游客需出示本人护照、有效签证、国际机票、登机卡、《边防检查出境登记卡》。

旅游团队在过边防检查时，领队应始终走在前面，第一个办妥手续，然后在里面游客可以看到的地方站立等候游客。对完成边防检查的游客，可先指引他们继续前去进行登机前的安全检查。

3. 过安检、候机、登机

游客通过安全门，经过磁性探测器近身检查或搜身，随身物品通过红外线透视仪器检查或全部物品打开检查。然后等候登机。

### 三、办理国外入境手续

各个国家（地区）的入境，不仅程序前后不同，入境检查的项目和需要递交的资料也不一样。国外入境手续一般流程如图 6-4 所示。

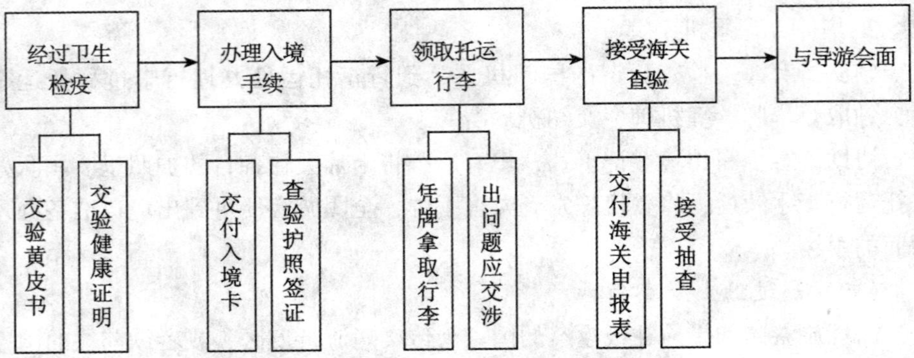

图 6-4　国外入境手续流程图

(1) 到达旅游目的地国家（或地区）后，领队应带领旅游团办理好卫生检疫、证件查验和海关检查等入境手续。

(2) 入境卡及申报单的表卡应事先填妥，不论在飞机上或是在机场内，都先将规定卡片备妥，证件收齐。

(3) 带团出机场时，从入境边检开始，再接着取行李至海关检查，按顺序办理。

(4) 领队应先于团员通过关卡，并回头照顾团员，并请已过关的团员协助提取行李。

(5) 待全团入境后，经检查行李件数无误，到海关报告团体性质、人数、国籍、行李件数。海关要求检查时，可请求抽验数件，并请游客立即开箱受检，同时告诫团员切勿离队，因国外机场庞大复杂，离散后寻找不易。

(6) 当海关检查完毕，即出关与当地接待人员联络，并将行李交其负责，然后带领全团登车并清点人数，至此，办理国外的入境手续才算完成。

### 四、领队境外带团的主要工作

在境外旅游期间，领队对游客服务，许多要通过与当地导游的配合一道完成。旅行计划中所涉及的食、宿、行、游、购、娱各项要素的实现，都需要在以当地导游为主、领队为辅的合作过程中进行。

（一）抵达联络

（1）抵达目的地后，领队应立即与当地接待社的导游员接洽。

（2）清点行李与团员人数。

（二）下榻饭店

（1）在当地导游员的引领下负责办理入住手续并分配房间。

（2）宣布叫早、早餐、出发时间及告知游客领队的房间号和电话号码等。

（3）检查行李是否送到客人的房间。

（4）协助游客解决入住后的有关问题。

（三）商定日程

（1）遇有当地导游员修改日程时，应坚持“调整顺序可以，减少项目不行”的原则，必要时报告国内组团社。

（2）当地导游员推荐自费项目时，要征求全体旅游团成员的意见。

（四）监督实施旅游接待计划

在旅游目的地国（或地区）旅游期间，领队应认真监督接待社实施旅游计划，也要积极协助全陪、地陪组织、安排好旅游计划和活动日程，共同搞好旅游接待工作。

（五）保护游客的合法权益

游览中，要留意游客的动向，防止各种事故的发生。当接待社或某一接待部门不履行合同，游客的利益受到损害时，领队应与接待方交涉，保护游客的合法权益，必要时向组团社报告。

（六）维护团结工作

领队应维护旅游团内部的团结，协调好游客之间、游客与当地导游员之间、游客与司机之间的关系，维护团结；领队要关心游客，善于观察游客的情绪变化，努力帮助他们保持游兴。

当游客与接待方导游员发生矛盾时，领队要出面调解，力求消除矛盾；当接待方的全陪和地陪发生矛盾时，领队应本着友好协作的精神妥善处理。

（七）保管证件和机票

（1）在旅途中，最好将客人的护照、签证集中保管，便于工作；努力避免游客在国外滞留不归。

（2）保管好全团机票和各国入境卡。

（3）提醒游客保管好自己的海关申报单等。

（八）指导购物

（1）告诉游客购物退税的规定。提前向游客介绍一些国家退税的规定，提醒游客别忘要发票。

（2）购物时，领队要提醒游客注意商品的质量和价格，谨防假货或以次充好。

(3) 出现当地导游员过多地安排购物次数或延长购物时间的情况，领队要及时交涉。

## 五、回国阶段服务工作

(一) 办理国外离境手续

(1) 办理国外离境手续与在中国出境时基本相同，通常都是先办登机手续，再过边检海关。在即将结束旅游目的地活动时，领队应与全陪、地陪一起落实出境的票证，如机票、车票、船票等。

(2) 向地接社的导游员告别。临别前，领队要代表旅行社和全体团员向接待方旅行社的导游员（包括全陪、地陪）致谢。

(3) 过关前，领队应告诉游客航班号、登机门、登机时间，叮嘱游客一定要在约定时间前赶到登机门。

(4) 过关时,游客手中应持有护照、该国移民局所要求的出境卡和登机牌。

(5) 持团体签证或落地签证的游客，领队应要求游客按名单顺序排队，一次审核出关。

(二) 办理回国手续

(1) 领队应告诉游客遵守中国边检及海关规定，不得携带违禁品、管制品入境，也不得携带未经检疫的水果入境。

(2) 凡在《名单表》上的游客，须按《名单表》上的顺序排队，依次到边检审检护照，领队将《名单表》交边检官审验盖章。

(3) 健康声明书通常不必每人都填写，只要领队在统一名单上说明全团人员均健康即可（有规定检疫疾病的除外），但人数较多的团队入境时尽量每人填写一份，以避免麻烦。

**【小常识】如何办理境外购物退税**

境外购物退税是指游客在他国购买一定金额的商品后，原封不动地带回国内，游客就有权在国外申请退税（一般在6%~25%之间）。因为游客在购物时支付的金额包含了当地的增值税或消费税，而这些税种只是针对本国（地区）居民征收的。当然，游客需要支付3%~5%不等的手续费（标准由各国制定）。

目前支持境外购物退税的国家有：奥地利、比利时、丹麦、芬兰、法国、德国、英国、希腊、荷兰、爱尔兰、意大利、卢森堡、葡萄牙、西班牙、瑞典、阿根廷、克罗地亚、捷克、塞浦路斯、爱沙尼亚、匈牙利、冰岛、韩国、拉脱维亚、立陶宛、挪威、波兰、新加坡、斯洛伐克、斯洛文尼亚、瑞士和土耳其等32个国家。

游客办理退税时，首先要选择有Tax Free Shopping标志的商店购物，全球有23万家这种授权标志的商店。购物后应要求店员开具全球退税支票（Global Refund Cheque），游客需要在顾客栏正确填写姓名、地址、护照号码等信息。然后，在游客离开旅游目的地国时（如果是欧盟，可以在最后一个欧盟国家办理），必须向该国海关官员出示游客未经使用的商品（千万别托运走噢）、发票和游客的护照。如合格，海关官员将在游客的全球退税支票上加盖验放章。

退回税款有几种途径，游客可以选择就近（一般在海关边上就有）的全球回报集团现金退税点（Cash Refund Office）马上领取现金退税款，或要求直接划入指定的银行卡（需要双币种），或要求将银行支票寄到游客指定的地址，甚至可以回国后在上海或北京指定的银行完成现金退税（不再加收手续费）。

资料来源：携程旅行网，http：//pages. ctrip. com，2012-04-25。

（三）结束工作

1. 送别

（1）带领旅游团安全回国（家乡）。根据事先确定的行程计划，团队回国后，领队在散团前应提请游客注意有关事项，包括清点行李物品、注意安全等，了解游客离团后的去向，有的团队在深圳、珠海、广州等口岸入境后即散团，对返家交通有困难或不清楚的游客，领队应尽可能予以帮助。

（2）致欢送辞，诚恳征求游客的意见。在散团前，领队应充分利用时间让游客填写《出境旅游团游客问卷表》，回国后及时交还组团社。

2. 后续工作

（1）将游客有价值的建议、重大事情处理经过、尚待解决的问题，整理后交旅行社。

（2）妥善处理游客的委托事务。

（3）协助旅行社领导处理可能出现的投诉问题。

（4）与旅行社结清账目，归还物品。

3. 填写《领队日志》

领队写好《领队日志》具有十分重要的意义。组团旅行社的领导往往是通过《领队日志》了解接待国（地）旅游业的发展状况、旅游服务水准、导游员的业务水平、旅游设施水准以及演变状况等，从而采取必要对策。因此，领队应重视《领队日志》的填写工作。

《领队日志》的主要内容包括以下几个方面：

（1）旅游团名称与编号、人数、出入境时间、全陪路线、各接待社名称、全陪及地陪姓名。

(2) 游客的表现、状况、意见、建议以及对旅游活动的反馈。

(3) 接待方导游员的知识水平、服务水平、服务态度、处理问题的能力与表现。

(4) 接待方落实旅游接待计划的状况以及存在的主要问题，包括饭店(如等级、实际用房数)、交通（如车、船状况)、餐饮、景点、娱乐场所等旅游设施状况及接待水准。

(5) 与接待方导游员之间的合作状况以及存在的主要问题。

(6) 旅游过程中出现的问题或事故的原因、处理经过和结果以及游客反馈等。

(7) 带团中的成功经验和体会、工作中的不足及自己的意见和改进建议等。

**【课外阅读】中国公民出国（境）旅游常见不文明行为**

(1) 随处抛丢垃圾、废弃物，随地吐痰、擤鼻涕、吐口香糖，上厕所不冲水，不讲卫生留脏迹。

(2) 无视禁烟标志想吸就吸，污染公共空间，危害他人健康。

(3) 乘坐公共交通工具时争抢拥挤，购物、参观时插队加塞，排队等候时跨越黄线。

(4) 在车船、飞机、餐厅、宾馆、景点等公共场所高声接打电话、呼朋唤友、猜拳行令、扎堆吵闹。

(5) 在教堂、寺庙等宗教场所嬉戏、玩笑，不尊重当地居民风俗。

(6) 大庭广众之下脱去鞋袜、赤膊袒胸，把裤腿卷到膝盖以上、跷“二郎腿”，酒足饭饱后毫不掩饰地剔牙，卧室以外穿睡衣或衣冠不整，有碍观瞻。

(7) 说话脏字连篇，举止粗鲁专横，遇到纠纷或不顺心的事大发脾气，恶语相向，缺乏基本社交修养。

(8) 在不打折扣的店铺讨价还价，强行拉外国人拍照、合影。

(9) 涉足色情场所、参加赌博活动。

(10) 不消费却长时间占据消费区域，吃自助餐时多拿浪费，离开宾馆饭店时带走非赠品，享受服务后不付小费，贪占小便宜。

**【实训项目 1】熟悉领队出境工作流程**

实训目的：掌握领队出境工作流程的各个环节。

实训内容：由学生扮演领队、游客、海关工作人员、机场工作人员、边防检查工作人员等不同角色，现在模拟旅游团出境的全部流程。

教师主要观测点：

（1）观察学生对出境工作各规范流程的把握。

（2）考查参与学生在处理各业务环节的应变能力。

**【实训项目 2】入出境知识抢答赛**

实训目的：熟悉入出境中海关、边检等方面的常识。

实训内容：将我国入出境中海关、边检等方面的各项规定，分解为一个个知识点，通过分组抢答或课堂自由抢答。

教师主要观测点：

（1）观察学生对中国海关限制出境物品和禁止入境物品的把握情况。

（2）考查抢答学生对各类知识的熟习状况。

**【思考题】**

1. 简述海外领队的服务程序。
2. 什么叫做海外领队，旅行社的 OP 是什么意思？
3. 海外领队出境前的准备工作有哪些？
4. 海外领队带团出境要经过哪些环节或程序？
5. 海外领队入境手续的程序是什么？
6. 海外领队境外带团的主要工作内容有哪些？

# 第七章　散客导游服务流程

【学习目标】

❖ 掌握散客旅游的概念
❖ 了解散客旅游与团体旅游的区别
❖ 掌握散客服务类型
❖ 了解散客旅游服务的特点
❖ 熟悉散客旅游服务程序
❖ 掌握散客旅游服务技巧

## 第一节　散客旅游概述

随着社会经济的发展，人们的旅游需求趋向个性化。自 20 世纪 80 年代起，世界旅游市场出现了“散客化”的旅游发展趋势，欧美各主要旅游接待国的散客市场份额一般达到 70%~80%，有的甚至高达 90%，经营接待散客旅游的能力已成为衡量一个国家或地区旅游业成熟度的重要标志。我国散客旅游的比例低于旅游发达国家，仅为 50%左右，但近年来发展十分迅速，特别是在一些大中城市和沿海地区。面对这种状况，很多旅行社组建了散客部，以应对旅游市场变化；也有不少旅行社在各大饭店设立营业点，为散客服务。

### 一、散客旅游的概念及分类

(一) 散客旅游的概念

散客旅游又称自助或半自助旅游，它是由游客自行安排旅游行程，零星现付各项旅游费用的旅游形式。

散客旅游在形式上比团队旅游灵活，其伸缩性强、自由度大，可由游客自由选择，因此越来越受到游客的青睐。与团队旅游相比较，散客旅游具有规模小、批次多、要求多、变化大、预定期短等特点。

(二) 散客旅游的分类

根据散客旅游的构成来源，散客旅游可分为个体旅游和散客团队旅游。

个体旅游，即个人、单个或多个家庭、几个朋友按照特别拟订的旅游计划单独进行或由一家旅行社承办，根据和旅游批发商共同制订的旅游计划进行的旅游，人数一般在9人以下。

散客团队，即全部由散客组成的团队。具体又包括：

（1）由外地组团旅行社发过来的9人以下散客团体。

（2）地方接待旅行社将本社驻外地各联络点或总社所属各分社发送来的零星散客和本地门市接收的零散游客在当地组成的散客团体。其人数可以是9人以下，也可以是10人以上。

（3）其他旅行社转团的游客组成的散客团体。

根据散客旅游的服务内容，可分为自助型旅游或半自助型旅游。

自助型旅游中，游客完全自主选择和安排旅游活动，没有导游陪同。其旅游日程、线路、交通方式、食宿标准等由游客自己选择，在旅途中游客自己打理一切旅游活动，完全独立地完成旅游活动。

半自助型旅游中，游客可以委托旅行社作部分的安排，如代订交通票据、代订客房、代订门票等。

## 二、散客旅游迅速发展的原因

### （一）居民可支配收入增加，消费模式改变

市场经济的发展和完善始终是旅游市场不断成熟的保障。国民经济的持续增长提高了人民的生活水平，增强了人们的购买能力，人们在满足了衣食住行之后，逐渐把消费的重点放在了旅游休闲上，更加重视生活质量的提升，在旅游中享受生活乐趣、释放个性、丰富人生价值。虽然团队旅游价格低廉，但旅游线路、旅游服务太程序化有诸多限制，无法满足游客的个性需求。越来越多的游客愿意多花旅游费用，以满足自己个性化的旅游需求，实现自己的旅行预期，提高自己的旅游质量。

### （二）旅游经验的不断丰富和旅游意识的成熟

旅游业在快速成长中，游客也随着旅游市场需求变化而变化，越来越多的人喜欢旅游休闲方式。随着信息产业的发展，人们更容易获得最新的旅游知识和信息，为出游提供了帮助。他们的旅游经验日渐丰富，对于单独进行远距离旅游的能力越来越自信。同时，传统的观光旅游产品已不能满足他们不断变化的旅游需要，而灵活的散客旅游形式能让游客获取一种实现自我的旅游意识和内心满足。

### （三）信息技术和通信技术的不断提高

信息技术的不断发展和通信技术的不断提高，为散客旅游发展提供了技术支持。原来游客了解旅游常识、咨询旅游线路都依赖于旅行社，现在人们能够获取旅游信息的渠道越来越多，包括电视、书刊、杂志、互联网等，尤其是互

联网为游客提供了交流旅游经验的平台，旅行社、景区、饭店等越来越多的旅游企业都提供网上预订，使游客的出游变得简单、快捷。

（四）现代交通便捷和旅游接待设施逐步完备

交通工具新的变革和现代交通管理的完善，使人们出游更加便捷。在北美和欧洲地区，人们驾驶自己的汽车或租车到周边城市、邻近国家旅游十分盛行。在我国，随着私人拥有汽车的家庭增加，自驾游逐渐成为旅游新时尚。政府和旅游目的地为了发展散客旅游，实现旅游经济的良性运转，都在努力调整其接待机制，增加或改善散客接待设施，为散客旅游提供了物质保障；旅游目的地接待服务的规范化，增强了散客游客的信心和安全感。

### 三、散客旅游与团队旅游的区别（见表 7-1）

旅行社经营的旅游产品主要是针对于两大市场，团队旅游和散客旅游，了解它们的区别有利于旅游产品的设计、营销策划、旅游接待服务的完善。

表 7-1　**散客旅游与团队旅游的区别**

| 内　容 | 散客旅游 | 团队旅游 |
|---|---|---|
| 旅游人数 | 现行规定 9 人以下 | 必须在 10 人以上（含 10 人） |
| 旅游行程及安排 | 散客自行安排和计划，自由度大，形式灵活，选择性强 | 由旅行社或旅游服务中介机构安排，活动受到限制 |
| 付费方式 | 零星现付，即购买什么，购买多少，都按零售价格当场支付 | 包价形式，即全部或部分基本旅游费用由游客在出游前一次性支付 |
| 价　格 | 单项服务付费，零售价格支付，很难享受最优折扣，价格较贵 | 批量，可享受最优折扣优惠，价格相对便宜 |
| 服务难度 | 难度大、复杂 | 难度相对较小 |

## 第二节　散客导游服务的类型与特点

### 一、散客导游服务的类型

（一）旅游咨询服务

旅游咨询服务是旅行社散客部人员向游客提供各种与旅游有关的信息和建

议的服务。这些信息包括的范围很广，主要有旅游交通、饭店住宿、旅游景点风光介绍及展示、旅行社产品种类以及各种旅游产品的价格等。

旅游咨询服务分为电话咨询服务、信函咨询服务、接待咨询服务和网络咨询服务。

1. 电话咨询服务

电话咨询服务是旅行社散客部人员通过电话回答游客关于旅行社散客旅游及其他旅游服务方面的问题，并向其推荐本旅行社有关旅游产品。

2. 信函咨询服务

信函咨询服务是旅行社散客部人员以书信或 E-mail 形式,答复游客提出的有关散客旅游和旅行社旅游产品的各种问题,并提供各种旅游建议的服务方式。

3. 接待咨询服务

接待咨询服务是指旅行社散客部所设立的门市柜台人员接待前来进行旅游咨询的游客，回答游客提出的有关散客旅游方面的问题，并向其介绍、建议和推荐本旅行社销售的散客旅游产品。在向游客面对面提供旅游咨询服务时，门市柜台接待人员应做到：

（1）礼貌热情。游客来咨询时，接待人员应使用规范的礼貌用语主动向游客问好，面带微笑，热情友好。在咨询过程中，要仔细认真地倾听游客的询问，并将问题和要求详细记录下来，然后耐心地进行解答。

（2）详细介绍。由于散客需求比较多，选择旅游线路灵活，门市接待人员应向游客提供各种可行的建议供游客选择，详细介绍各项服务的标准和内容，并向游客提供本旅行社散客旅游产品的宣传资料，加深游客直观印象，为旅行社争取客源。

（3）促其成交。当接待人员在向游客提出建议时，游客的消费需求同时也会发生变化，应通过面对面的沟通、介绍解答游客的疑问，落实游客提出的特殊要求，让游客满意，尽力促成买卖成交。

4. 网络咨询服务

网络咨询服务，是指充分利用网络的高速、互联功能，为游客提供旅游网络咨询平台，实现旅游信息资源的共享。游客可以通过网络看到各旅游企业推出的产品，详细了解到旅游景点吃、住、行、游、购、娱的情况和相关旅游知识。通过建立门票、机票、宾馆饭店查询预订系统，使游客出游越来越便捷。网络平台还提供在线咨询、答疑服务。

（二）单项委托服务

单项委托服务是指旅行社为散客提供的各种按单项计价的可供选择的服务。

旅行社为散客提供的单项委托服务主要有：抵离接送；行李提取和托运；

代订饭店；代租汽车；代订、代购、代确认交通票据；代办入境、出境、过境临时居住和旅游签证；代办国内旅游委托；提供导游服务；代向海关办理申报检验手续等。

单项委托服务分为受理散客来本地旅游的委托、办理散客赴外地旅游的委托和受理散客在本地的各种单项服务委托。旅行社向散客提供的单项委托服务是通过在各大饭店、机场、车站、码头设立的门市柜台和社内散客部进行的。

1. 受理散客来本地旅游的委托

接待人员在接到外地旅行社代办的散客来本地旅游的委托通知时，应认真做好以下三个方面的工作：

(1) 认真记录委托内容。要记录散客的姓名、国籍、人数、性别；抵离日期、所乘航班、车（船）次；房间的标准和间数；导游语种；要求提供的服务项目和付费方式等。

(2) 填写任务通知书。记录完委托内容后，接待人员要按记录的内容认真填写任务通知书，一式两份，一份留存，另一份交由经办人办理。

(3) 安排落实相关事宜。经办人接到任务通知书后，应立即按照内容进行预订，并在通知书上注明预订情况；及时落实符合要求语种的导游。若无法提供所需的委托项目，应在24小时内通知外地旅行社。

2. 代办散客赴外地旅游的委托

代办散客赴外地旅游的委托是旅行社把代办项目委托给外地旅行社办理。承诺游客的服务项目能否完成取决于外地旅行社，因此代办赴外地的旅游委托时要严谨、仔细。

(1) 提前办理。游客应在离开本地的三天前到旅行社办理赴外地旅游委托手续，若代办当天或第二天赴外地旅游的委托，则要根据当时外地旅行社接待情况而定。如果时间太紧，不能办理委托，应向游客表示歉意并说明情况。

(2) 程序规范。接待人员在给游客办理散客赴外地旅游委托时，要耐心询问游客的要求，认真检查、核对办手续必需的有效证件。

(3) 收取费用。接待人员要根据游客委托代办项目的收费标准，逐一计价并向游客说明、收取现金并开具发票。

3. 受理散客在本地旅游的委托

当游客决定委托旅行社为其提供一项或多项旅游服务时，散客部人员应让游客填写《业务委托书》，办理委托手续，缴纳费用。

（三）选择性旅游服务

选择性旅游是通过招徕，将赴同一旅行线路或地区或相同旅游景点的不同地方的游客组织起来，分别按单项价格计算的旅游形式。

选择性旅游的具体形式多种多样，主要有小包价旅游中的可选择部分（如导游服务，午、晚餐，参观游览，风味品尝等）；到近郊或邻近城市旅游景点的短期游览参观活动，如“一日游”、“多日游”以及“购物游”等。

选择性旅游服务具有品种多、范围广、订购时间短等特点，比接待团体包价旅游更复杂、琐碎。所以，旅行社应做好旅游产品的销售、旅游服务的采购和旅游接待服务。

### 二、散客导游服务的特点

#### （一）服务项目少

由于散客导游服务的服务项目完全由散客个人自主选择而定，所以除散客包价旅游之外，其他形式的散客导游服务在服务项目上相对较少，有的只提供单项服务，如接站服务、送站服务。

#### （二）服务周期短

散客导游服务由于服务项目少，有的比较单一，因而同团队包价旅游相比，所需服务的时间较短，人员周转较快，同一导游在同一时期内接待的游客数量也较多。

#### （三）服务相对复杂

由于散客导游服务的服务周期短,周转时间快,导游员每天、每时都将面对不同面孔、不同类型、不同性格的游客,与游客的沟通、对游客的适应时间都非常短,从而使得导游员在进行导游服务时会比团队导游服务相对复杂。

#### （四）游客自由度高

散客由于自主意识强，兴趣爱好各异，在接受导游服务时，一方面不愿导游员过多地干扰其自由，另一方面又经常向导游员提出一些要求。并且往往根据各自的喜好向导游员提出一些变动的要求，如提前结束旅游活动或推迟结束游览时间等。

## 第三节 散客导游服务程序

受旅行社委托的散客旅游服务以散客团队形式出现的较多。散客旅游服务的程序与团队旅游服务程序上有相似之处。但由于散客团队成员复杂，接待标准不一，服务内容庞杂，而且没有领队、全陪陪同，导游身兼领队、全陪、地陪职责，所以服务程序与一般全包价旅游团队又有所差别。散客导游服务流程如图 7-1 所示。

## 一、散客导游服务流程图

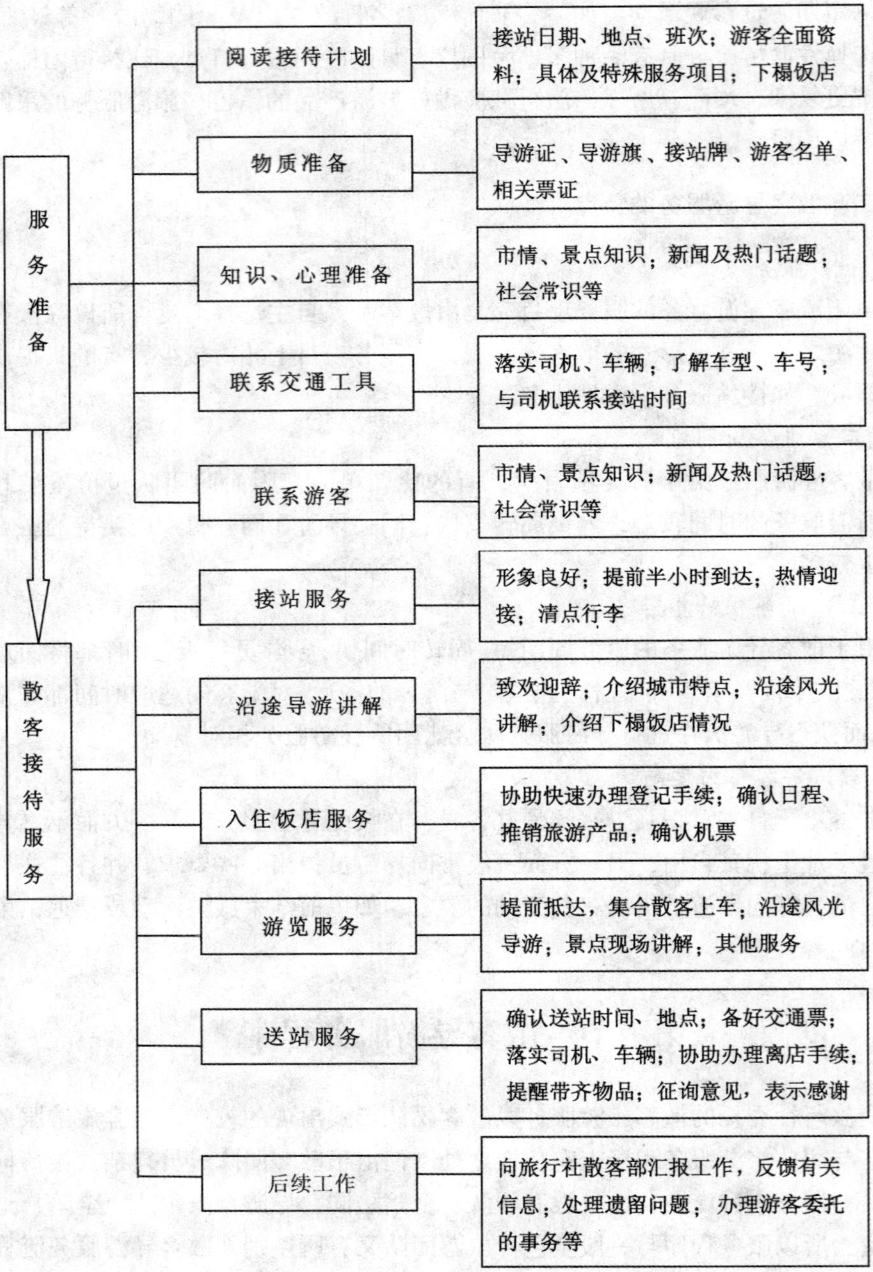


图 7-1　散客导游服务流程图

## 二、散客导游服务流程

### （一）服务准备

1. 认真阅读接待计划

导游员应明确接站的日期、航班或车次的抵达时间；游客姓名、人数和下榻的饭店；游客的阶层、职业、年龄、性别构成、宗教信仰、特殊要求和需要特殊照顾的对象；了解是否有2周岁以下的婴儿和12周岁以下儿童；有无航班或车次及人数的变更；提供哪些服务项目；是否与其他游客合乘一辆车到饭店等。

2. 做好出发前的准备

导游员要准备好写有迎接游客的姓名或小包价旅游团的欢迎标志，随身携带导游IC卡、导游旗或接站牌；检查所需票证，如离港机（车、船）票、餐单、游览券等。

3. 联系交通工具

导游员要与计调部或散客部确认司机姓名并与司机联系，约定出发的时间、地点，了解车型、车号。

4. 与游客联系

导游员应在接站前根据掌握的游客的联系方式与游客联系，确认接站地点，以免造成错接或漏接事故。

### （二）接站服务

导游员要精心准备自己的形象，着装整洁大方，精神饱满，热情友好，使游客一见到导游就有一种宾至如归的感觉。迎接工作主要有以下几个步骤：

1. 提前到达接站地点

导游员若迎接的是乘飞机而来的游客或小包价旅游团，应提前20分钟到达机场，在国际或国内进港隔离区门外等候；若是迎接乘火车而来的游客或小包价旅游团，应提前30分钟进车站站台等候。

2. 迎接游客

（1）在航班（或列车）抵达时，导游员应与司机站在不同的出口，易于被游客发现的位置举牌等候，也可根据游客的特征上前询问。

（2）确认接到应接的游客后，应主动问候，并介绍所代表的旅行社和自己的姓名，向他们表示热忱欢迎。

（3）询问游客在交通港还需办理的事情，并给予必要的协助；询问游客行李件数并进行清点，帮助游客提取行李和引导游客上车。如果是小包价旅游团，将行李清点后交行李员运送。

如果没有接到应接的游客或散客旅游团，导游员应该：

（1）询问机场或车站工作人员，确认本次航班（火车、轮船）的乘客确已全部下车或在隔离区内确已没有出港旅客。

（2）导游员在尽可能广的范围内寻找至少20分钟。

（3）与散客下榻饭店联系，查询是否已自行到饭店。

（4）若确实找不到应接的散客，导游员应与计调人员电话联系并告知情况，进一步核实其抵达的日期和航班（火车、轮船）及是否有变更的情况。

（5）当确定迎接无望时，须经计调部或散客部同意方可离开机场（车站、码头）。

3. 沿途导游服务

在从机场（车站、码头）至下榻的饭店途中，导游员对散客应像对团队一样进行沿途导游，介绍所在城市的概况、下榻饭店的地理位置和设施、沿途景物和有关注意事项等。对个体散客，沿途导游服务应采取对话的形式进行。

4. 入住饭店服务

由于游客在旅途中很疲劳，当旅游车到达饭店后，希望马上可以入住休息，所以在这个环节导游员应尽快完成住宿登记手续，介绍饭店的服务项目及住店的有关注意事项，与游客确认日程安排与离店的有关事宜。

（1）协助办理住店手续。游客抵达饭店后，导游员应帮助游客办理饭店入住手续。按接待计划向游客明确说明饭店将为其提供的服务项目，并告知游客离店时要现付的费用和项目。记下游客的房间号码。散客旅游团行李抵达饭店后，导游员负责核对行李，并督促行李员将行李运送到游客的房间。

（2）确认日程安排、推销旅游产品。等游客入住后，导游员要与之核对旅游日程安排，在游客核对无误后，把行程表、门票及赴下站的客票交给游客并请其签字确认。接着，导游员应择机给游客介绍本社服务项目及本社比较有特色的旅游产品，并征求他们还需要旅行社为其代办何种服务和参加哪些游览活动，表示进一步服务的意愿。

（3）确认机票。若游客是乘飞机离开本地，无论游客是否提出要求导游员帮其确认机票，导游员都应主动提醒游客确认机票并提供协助。如果游客希望导游员帮其确认机票，导游员不得推辞而应积极办理，但可以向游客收取确认费用并向其出具发票。导游员确认机票后，要与有关部门核实确认航班号和起飞时间。

5. 后续工作

迎接游客完毕后，导游员应及时将同接待计划有出入的信息及游客的特殊要求反馈给散客部或计调部。

（三）游览服务

为散客提供服务的导游员综合素质应该比较高，具备高度的责任感。一般散客的组织观念淡薄，需导游员组织能力强，协调好关系，多做提醒工作，尽量满足游客的合理要求，保证参观游览活动的顺利进行。

1. 出发前的准备

出发前导游员要做好有关的物质准备、知识准备、心理准备等，并与司机联系集合的时间、地点，督促司机做好有关的准备工作。

导游员应提前15分钟抵达集合地点，引导散客上车。如是散客小包价旅游团，散客分住不同的饭店，导游员应偕同司机驱车按时到各饭店接散客。散客到齐后，再驱车前往游览地点。根据接待计划的安排，导游员必须按照规定的路线和景点进行游览。

2. 沿途导游服务

散客的沿途导游服务与团队旅游大同小异，但在方法上要多考虑游客的反应。如果导游员接待的是临时组合起来的小包价旅游团，初次与散客见面时，应代表旅行社、司机向散客致以热烈的欢迎，表示愿竭诚为大家服务，希望大家予以合作，多提宝贵意见和建议，并祝大家游览愉快、顺利。

导游员除做好沿途导游之外，还应该向散客强调在游览景点中注意人身和财物的安全。

3. 现场导游讲解

散客旅游的现场导游讲解与团队旅游讲解在方式和细节上有着明显的不同。

（1）讲解方式多对话。导游员应向其提出游览线路的合理建议，由游客自行选择。导游讲解要生动，幽默风趣，可采用对话或问答形式进行，更觉亲切自然。针对散客旅游团，导游员应陪同旅游团，边游览边讲解，随时回答游客的提问。并注意观察游客的动向和周围的情况，以防游客走失或发生意外事故。

（2）讲解服务重细节。如果游客数不多，应注重与游客的互动。音量不用太大，但要有抑扬顿挫的语调、热情丰富的表情和适当的动作，并随时观察游客的反应。散客与团队游客相比有更多的机会与导游现场沟通，所以当游客有疑问时，应及时解答。如果是散客拼团，游客来自不同国家或地区，互不熟悉，语言不通，导游员在讲解时应注意语言的交替讲解。在话题的选择上，要讲究求同存异，注意文化差异带来的障碍。

**【小案例】如何接待老年散客**

地陪王小姐在接待一对老年夫妇游览湖北省博物馆和黄鹤楼时工作认真负责，在4个小时内一直陪着客人，向客人详细介绍了湖北省博物馆的展出文物和黄鹤楼的历史、传说和建筑等情况。他们在参观时经常提出一些有关展出文物和黄鹤楼的问题，王小姐说："由于时间很紧，现在先游览，回饭店后我再回答你们的问题。"在游览途中，他们几次建议她休息一下，她也都谢绝了。虽然很累，但她很高兴，认为自己出色地完成了导游讲解任务。然而，出乎她意料的是那对老年夫妇不仅没有表扬她，反而写信给旅行社领导批评了她。她很委屈，但领导了解情况后说老年夫妇批评得对。

1. 为什么说老年夫妇批评得很对？

2. 应该怎样接待老年散客？

◎**分析：**

1. 老年夫妇的批评很有道理

(1) 由于王小姐不了解老年游客的兴趣爱好，导游讲解没有针对性，以至于游客经常提问。

(2) 没有针对老年游客的身体特点，劳逸结合地安排游览活动，让他们作了一次疲劳的游览。

(3) 要注意观察游客，要善于发现问题，理解游客某些话的真正含义，既然王小姐自己都觉得很累，那老年人就更会觉得累了。老年夫妇表面上劝王小姐休息，实际上是他们也累了，很想休息一会儿，可惜王小姐不理解。

(4) 王小姐不应该不在现场回答他们的关于黄鹤楼的问题，也不应让老人在短时间内看那么多东西。

2. 接待老年散客的正确做法是：

(1) 对游览线路，导游员要提出建议或方案、当好顾问，但由游客选择，不能勉强游客接受你的安排。

(2) 对老年散客，一定要注意劳逸结合，他们提出要休息，就应找地方休息，有时还要建议他们休息，绝不能强拉他们去游览。

(3) 对景点作必要的介绍后，导游讲解应不同于团队导游，以对话、讨论形式为主。

(4) 一般情况下，尤其是在为散客提供导游服务时，要在现场回答游客提出的与景点相关的问题。如果自己有些问题回答不出，要尽可能在弄清楚后再向游客解答。

资料来源：熊剑平：《导游学理论·方法·实践》，科学出版社 2008 年版。

4. 其他服务

由于散客游客自由活动时间较多，导游员应当好他们的参谋和顾问：可介绍或协助安排晚间娱乐活动，把当地可观赏的文艺演出、体育比赛、宾馆饭店的活动告诉游客，请其自由选择。但应引导他们去健康的娱乐场所。

5. 后续工作

散客游客多采用现款支付的方式参加游览，因此，如果任务书或委托书中注明需收现金的，应该向游客收取并在收款后立即上交旅行社财务部门。

接待任务完成后，导游员应及时将接待中的有关情况反馈给散客部或计调部，并填写《零散游客登记表》。

（四）送站服务

游客在结束当地的游览活动后，导游员应使他们顺利、安全地离站，愉快地前往另一地或返回家乡。

1. 服务准备

（1）详细阅读送站计划。导游员接受送站计划后，应详细阅读送站计划，明确所送散客的姓名或散客小包价旅游团人数、离开本地的日期、所乘航班（火车、轮船）以及下榻的饭店；有无航班（火车、轮船）与人数的变更；是否与其他游客或散客小包价旅游团合乘一辆车去机场（车站、码头）。

（2）做好送站准备。导游员必须在送站前24小时与游客或散客小包价旅游团确认送站时间和地点。若游客不在房间，应留言并告知再次联络的时间，然后再联系、确认。要备好散客的机（车、船）票。

导游员要同散客部或计调部确认与司机会合的时间、地点及车型、车号。如游客乘国内航班离站，导游员应掌握好时间，使游客提前90分钟到达机场；如游客乘国际航班离站，必须使游客提前2小时到达机场；如游客乘火车离站，应使游客提前40分钟到达车站。

2. 接送游客

按照与游客约定的时间，导游员必须提前20分钟到达游客下榻的饭店，协助游客办理离店手续，交还房间钥匙，付清账款，清点行李，提醒游客带齐随身物品，然后照顾游客上车离店。

若导游员到达散客下榻的饭店后，未找到要送站的游客，导游员应到饭店前台了解游客是否已离店，并与司机共同寻找，若超过约定的时间20分钟仍未找到，应向散客部或计调部报告，请计调人员协助查询，并随时保持联系，当确认实在无法找到游客，经计调人员或有关负责人同意后，方可停止寻找，离开饭店。

若导游员要送站的游客与住在其他饭店的游客合乘一辆车去机场（车站、码头），要严格按照约定的时间顺序抵达各饭店。

若合车运送游客途中遇到严重交通堵塞或其他极特殊情况，需调整原约定的时间顺序和行车路线时，导游员应及时打电话向散客部或计调部报告，请计调人员将时间上的变化通知下面饭店的游客，或请其采取其他措施。

3. 到站送客

在前往机场、车站途中，导游员要征询游客在本地停留期间或旅游中的感受、意见和建议，并代表旅行社向他们表示感谢。

游客若乘飞机离站，导游员应提醒和帮助游客带好行李和物品，协助游客办理登机手续、托运行李，然后送他们到安全检查入口处，向其道别，欢迎他们下次再来；若乘火车离站时，导游员应将车票交给游客，协助游客安顿好行李，然后向其道别，欢迎他们再来。

4. 后续工作

导游员在完成送站服务后，应向旅行社散客部汇报工作，反馈有关情况。处理可能遗留的问题，认真办理游客委托的事务，归还所借物品。

### 三、散客导游服务要领

(一) 全面掌握游客资料

只有对服务的对象非常了解，才能提供有针对性的服务。在散客旅游过程中，从旅游咨询、旅游委托到旅游计划实施落实是完整的服务链，每一个环节的导游员都要注意全面收集、掌握游客的资料，才能在服务中有的放矢、游刃有余，提供贴心服务。

依据散客旅游的特点，导游员应全面掌握的游客资料有：游客的国籍、姓名、年龄、职业、社会地位、兴趣爱好、旅游期望、宗教信仰等，还应了解各旅行社客源结构、收费标准、行程安排。

(二) 了解散客旅游心理

由于散客服务对象的不同、旅游期望值的不同、立场不同、旅游活动各阶段需求不同。散客游客在旅游准备阶段和初次抵达旅游地时，因为环境陌生、语言隔阂、风俗习惯不同等原因，会产生不安、激动和兴奋的心理，因此导游员要随时察言观色，分析他们的心理需求，提供有针对性的服务，使游客满意。

**【小资料】散客旅游的心理特点**

(1) 游客自主意识的增强。

(2) 游客心理成熟度的增强。心理成熟表现为有较大的选择性和独立性。

(3) 游客需求层次的提高，游客消费中个性成分增加。

(4) 以自我为中心，缺乏团队意识。

(三) 在规范服务基础上突显个性服务

与团队导游服务相比，散客导游服务面对的不是一个组织性强的团队，往往是面对几个甚至是一个游客，其导游服务更侧重于翻译、向导和沟通。由于接待散客旅游比团队旅游难度上要大，所以要求导游员在接待过程中必须做到规范化服务，如语言规范化、服务程序规范化、服务质量标准化。同时，要尊重散客游客的自主意识和个性特征，尽力提供更加专业化、个性化的服务。散客导游个性化服务体现在诸多方面，如个性化线路设计、特色旅游项目、餐饮服务个性化等。

（四）注重细微服务

优质的服务体现在细微上，而细微服务是散客旅游服务取胜的法宝。随着游客越来越个性化的需求，只有从小处着手，从细微入手，在服务中真正做到“无微不至”，才能及时地、准确地为游客提供更加优质、高效的服务。如果游客一个“小”的需求没有得到满足，一个细节有所疏忽，都可能使服务质量大打折扣，引起游客的不满，影响企业的声誉。

**【小案例】奇怪的客人**

有一次，武汉某旅行社的导游员小张在接待一个老年散客旅游团时，因为人数多，小张几乎天天匆匆忙忙难得吃上一口安心饭，几天下来服务上松懈了。而团队里一位细心的游客喜欢留心身边的事情，发现有一位游客不和他们一起吃饭，而在吃饼干喝白开水，便去询问，方知游客有民族信仰，几天来不想麻烦导游所以没说。这位细心的游客把事情告诉小张后，小张顿生愧意，自觉失职，马上和餐厅联系净锅，用素油炒了几样素菜为游客奉上。以后的几天他都亲自到厨房监督出菜，保证让游客吃得放心、安心。临别时，那位游客热泪盈眶，感谢小张细心关照。

**【经典案例】**

2007年7月中旬，华东地区非常酷热，游客的旅游热情也和天气一样不断升温。南京地接社安排小刘接待一个散客团。团内不同省市、各年龄层次的游客都有。此散客团的旅游行程是南京、杭州、苏州、同里、上海五日游。小刘在南京接团。南京的一天很顺利，第二天游览杭州著名的西湖、寒山寺后，大家回到旅游车上，小刘给大家介绍接下来的行程安排：“刚才大家听了动人的传说、游览了美丽的西湖、欣赏了杭州的美女，是否觉得那句‘上有天堂，下有苏杭’名副其实呢？那么与西湖同样有名的，也是我们杭州的很有分量的一张名片，小刘请大家猜猜是什么？”有一位游客马上回答“西湖龙井嘛。”“呵呵，对，是名茶和丝绸，接下来我们将带大家去看看名茶的制作方法、品品茶文化，然后让大家欣赏一场高档的丝绸服装秀，大家也暂作休息好去下个景点游览。”小刘话音刚落，车里有个游客就大声说：“要开始购物了。”此时团里的游客开始议论了。不过没再听到其他的意见。小刘就吩咐师傅开车前往茶园。到达茶园是下午1点半，烈日当头，有些年轻的游客提出来不愿意去茶园休息看茶艺表演和丝绸表演，说浪费时间要求直接去下个景点，但有些年纪大的游客爱好喝茶，对龙井茶很感兴趣要求按原计划活动。而大家互不相让，小刘有些为难了，游客的合理要求都要满足啊。小刘想了片刻，找提出意见的游客说了一会，他们情绪稳定下来，按计划进行。

几天的游览下来大家都很开心。第四天上午9点开始游览水乡同里，小刘安排的是12点半用中餐，2点出发去上海，下午4点到上海游豫园和城隍庙(游览时间一般为1~2小时)，途中车观东方明珠，下午6点用晚餐后夜游外滩。这样大家不用很赶，多点时间感受一下水乡的惬意。可团队中有一半的游客，以张先生为代表，不满意这样的安排，说他们主要是为了游上海，应该多留点时间游上海，要求11点用餐，12点半出发。小刘把为什么这么设计行程的理由告诉全团游客，如果调整行程，提前出发，一是部分游客觉得水乡时间太短不能尽兴；二是下午在上海的2个景点时间太过充裕，而又不方便再加另外的景点。小刘清楚，这部分游客第一次去上海，只抱着好奇、新鲜的心理，但对上海景点所需游览时间却不清楚。这时，团里的杨奶奶有些不耐烦了，她是带着小孙子出来旅游。“我们年纪大的人就是喜欢小桥流水人家，这么大的景点1个多小时哪里够，你们就是想去逛商场，明天还有一天时间足够了，小刘是专业人员，应该听他的安排才对。”这时团里形成了两个小团体，一个是以张先生为代表要提前去上海的，一个是以杨奶奶为代表按原计划游览的。两派发生了争执。小刘为了让游客此行玩得开心、舒心，努力解释、劝服张先生那边的游客。20分钟过去了，最后张先生说服了杨奶奶，小刘只好变更计划。

下午2点旅游车到了豫园停车场，由于当天晚上要游外滩，所以只能在豫园一带游览。小刘安排大家下午5点用晚餐，这样在豫园和城隍庙就留了3个小时游览。后来用餐的时候，大家都不怎么高兴，有的游客3点半、4点就游完了，又没有其他地方好去，觉得很无聊，张先生也说这两个景点的时间留得太多了。大家看到小刘后，把怨气都发在他身上，责备小刘没有给他们安排好行程。小刘此时感到十分委屈。

**◎案例思考：**

1. 在杭州游览的时候，当部分游客不愿意去看茶艺和丝绸表演时，导游小刘和游客说了些话，很快安抚大家按计划活动。如果当时你是导游小刘会怎样和游客沟通呢？

2. 此案例体现了散客导游服务的哪些特点？导游小刘在工作中处理问题是否得当？

**【实训项目】模拟门市散客接待服务**

实训目的：通过训练、模拟表演让学生理解散客接待业务，学会揣测、分析不同散客的旅游需求和消费心理，熟悉、掌握接待工作的服务技巧。

实训内容：在模拟导游室准备好宣传资料、委托单据、客户登记表，将学生3~5人为一组，分别扮演散客和门市接待员，模拟散客旅游咨询服务、推销散客旅游产品、办理散客委托旅游服务。

教师主要观测点：

（1）观察学生对散客服务程序是否正确把握。

（2）考查参与学生与人沟通、推销旅游产品的技巧运用能力。

**【思考题】**

1. 散客旅游有什么特点？
2. 散客和团队旅游有哪些区别？
3. 散客导游服务有哪些特点？
4. 散客旅游的服务程序是怎样的？
5. 接待散客时的现场导游讲解有什么特点？

# 第八章　旅行社其他岗位的服务流程

【学习目标】

❖了解门市接待服务范畴
❖熟悉外联部门特点
❖熟悉计调部门的特点、内容及作用
❖掌握门市接待服务流程
❖掌握外联接待服务流程
❖掌握计调服务流程

## 第一节　门市接待服务流程

### 一、相关概念

旅行社门市是指旅行社在设立社所在地的设区的市的行政区划内，设立的专门招徕旅游者、提供旅游咨询的服务网点。设立门市，应当依法向工商行政管理部门办理设立登记手续，并向所在地的旅游行政管理部门备案。旅行社门市应当接受旅行社的统一管理，不得从事招徕、咨询以外的活动。

门市接待服务是旅行社门市接待人员为该设立社招徕游客并提供旅游咨询、宣传、接待，销售旅游产品等的服务。门市接待服务流程是指旅行社接待游客的一整套程序、标准与方法。

### 二、门市接待服务内容

（一）提供旅游咨询

1. 人员咨询服务

人员咨询服务，是指旅行社门市服务人员接待前来咨询的游客，回答游客提出的有关旅游方面的问题，向游客介绍旅行社的散客旅游产品，提供旅游建议。在对客咨询服务中，门市服务人员必须坚持礼貌待客，给游客一种宾至如归的感觉。礼貌待客显示了门市服务人员对顾客的尊重、自身良好的服务素质以及门市的形象。

在咨询过程中，门市服务人员首先应该热情友好，面带微笑，主动介绍，认真仔细地倾听游客的询问，并耐心地进行回答；其次应该认真地将游客的问题和要求记录下来，并及时地汇总上报；最后还应该主动、大方地向游客提供相关旅游产品的宣传资料，让游客带回去阅读，以便加深游客对旅游产品、门市、旅行社品牌的印象，为旅行社和门市争取市场，赢得顾客。

2. 电话咨询服务

电话咨询服务，是指门市服务人员通过电话回答游客关于旅行社产品及其他旅游服务方面的问题，并向游客提供本旅行社有关产品的建议，积极促销、宣传本旅行社产品、信誉、品牌。在提供电话咨询服务过程中，门市服务人员首先应该尊重游客，耐心解答，要主动了解咨询者的信息、情况，有针对性地介绍本旅行社有关产品，积极促销、宣传本旅行社产品、信誉和品牌，积极邀请咨询者来社面谈。此外，争取留下咨询者的联系方式以便进一步提供相关服务。

3. 信函咨询服务

信函咨询服务，是指门市服务人员以书信形式答复游客提出的关于旅游方面和旅行社方面的各种问题，并提供各种旅游建议的服务方式。目前，门市的信函咨询服务主要利用传真设备进行。信函咨询的书面答复应该做到语言明确、简练规范、字迹清楚正确，不允许出现错别字。

4. 电子邮件咨询服务

电子邮件咨询服务，是指门市服务人员通过电子邮件回答游客提出的有关旅游方面的问题，向游客介绍旅行社的散客旅游产品，提供旅游建议。这是在电子商务时代新型的咨询方式，因此，需要特别注意电子邮件咨询服务的特殊性。

（二）进行旅游宣传

1. 门市宣传活动的主要内容

门市的宣传活动包括：宣传旅行社品牌、宣传门市形象、宣传旅游产品。它是让潜在游客消费本旅行社旅游产品的重要手段。

2. 门市宣传活动的主要作用

（1）门市对旅游目的地的宣传、对旅游产品的宣传促销可以使游客的决策行为发生改变，促使游客提前进行旅游的决策。

（2）门市对游客的出游时间产生影响，主要表现为出游时间由个人闲暇决定转向集体闲暇决定；门市的宣传活动也可能使游客的微观空间行为发生改变，主要表现在使游客的目的地选择级别多样化，住宿地选择不规则化；当这些时间与空间行为规律的改变能够给游客增加旅游附加值（超过游客预期效果）时，游客的满意度就会增加，但是当这些改变给游客带来不满（低于游客预期效果）时，游客的满意度就会下降。

（3）门市对游客的消费行为产生影响，当门市服务人员赢得游客的信任时，游客消费行为可能会增多；但当游客对门市服务人员失去信任时，游客的消费行为可能受到抑制。

（4）门市对游客的心理行为产生影响，主要表现在门市合理的建议、专业的安排、规范的操作增加了游客的心理安全感。但门市服务人员的不专业，甚至欺诈的行为等可能会增加游客的不安全感。

3. 如何做好门市宣传

（1）门市应该清楚地认识到自身宣传活动等行为可能对游客产生的一些影响，加强对旅游目的地的宣传，强化潜在游客对目的地的感知印象，增加潜在游客的出游愿望，促使游客提前决策。

（2）加强对潜在游客闲暇时间规律的调查，使出游时间更科学、合理；加强对旅游线路中景点筛选，尽量保证旅游线路每一个景点的质量，以增加游客的满意度。

（3）加强对门市服务人员的培训与管理，让门市服务人员以良好的形象出现在游客面前，获得游客的信任，增加游客的消费行为。

（4）加强门市服务人员等旅行社工作人员的规范管理，增强游客的安全感等。

**【小资料】湖北省5A级旅行社门市营业条件要求条款**

1. 有与本社规模和等级相适应的营业场所或计算机网络系统。

2. 营业场所提供本社的服务项目宣传品、旅游线路价目表、与本社业务有关的旅游目的地介绍和旅游交通图、主要交通工具时刻表以及由旅游行政管理部门统一发放的宣传品。

3. 营业场所整洁、明亮，物品放置有序，设有咨询与接待设施，并有统一装饰和统一标志，有规范的中英文说明；公共信息图形符号符合GB/T10001.1和GB/T10001.2规定要求。

4. 接待人员统一着装，并佩戴企业标识和岗位标牌，不同岗位应有明显区别。

5. 向旅游者提供咨询、接待、签订合同、付款等项服务，日营业时间不少于10个小时。

6. 有电话、传真、电脑等设备，旅游者可以通过电话、传真、电子邮件等方式向旅行社咨询和预订旅游产品。

7. 营业区域设有旅游者休息场所，并提供必要的饮水、阅读、信息查询等设备或物品。

8. 设有固定的24小时旅游投诉电话，并予以公布。

（三）接待服务委托

1. 受理散客来本地旅游的委托

受理散客到本地旅游委托时，应记录散客的姓名、国籍（地区）、人数、性别、抵达日期、所乘交通工具抵达时间、需提供的服务项目、付款方式等。如要代办在本地出境的交通票据，则要记录下游客护照上准确的姓名拼写、护照或身份证号码、出生年月、交通工具档次，以及外地委托社名称、通话人姓名、通话时间等。认真填写任务通知书，并及时送达有关部门及个人（如导游）。如果旅行社无法提供散客委托的服务项目时，应在游客抵达前24小时内通知外地委托旅行社或个人。

2. 代办散客赴外地旅游的委托

门市为散客代办赴外地旅游的委托应在其离开本地前三天受理，若代办当天或次日赴外地旅游的委托时，需加收加急长途通信费。

如委托人在国外，门市可告知到该国与其有业务关系的外国旅行社，通过该旅行社办理；如委托人在我国境内，可让其直接到旅行社相关部门办理。接受此项委托业务时，必须耐心询问游客要求，认真检验其身份证件。根据游客各项服务要求，逐项计价，现场收取委托服务费用，出具发票或收据。如果游客委托他人代办委托手续，受委托人在办理委托时，必须出示委托人的委托书和委托人身份证件，然后再按上述程序进行。

3. 受理散客在本地旅游的委托

受理散客在本地旅游委托的操作与代办散客赴外地旅游的委托相同。

## 三、门市对客服务流程

对于门市来说，标准化、规范化的对客服务是其成熟的标志；也是旅行社服务品牌的具体体现。一般旅行社门市的对客服务流程见图8-1。

（一）进门问候

旅游咨询者走进门市后，门市服务人员首先要仔细观察，判断旅游咨询者进门市的意图，是随便问问，还是有旅游意向，有无某条线路或者某种旅游产品已经引起了旅游咨询者的注意。

其次，门市服务人员要专注，看到游客已经进来了，就要转向游客，用眼神来表达关注和欢迎，注目礼的距离以五步为宜；在距离三步的时候就要面带微笑，热情地问候“您好，欢迎光临”，并用手势语言敬请游客坐下。

最后，门市服务人员要主动为旅游咨询者提供帮助，这极有可能促成一笔交易。

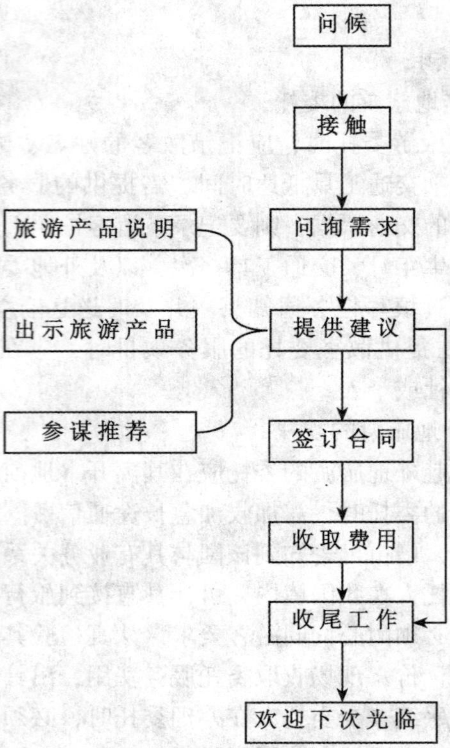


图 8-1　门市对客服务流程图

（二）接触搭话

当旅游咨询者已注意到某项旅游产品，或者希望得到门市服务人员帮助，门市服务人员可通过接触搭话使旅游咨询者从无意注意转向有意注意，或者从对旅游业产品的注意发展到对该产品的兴趣方面来。

**【小技巧】与游客咨询者搭话的时机**

(1) 旅游咨询者较长时间凝视某条宣传线路时。

(2) 旅游咨询者把头从青睐的线路上抬起来时。

(3) 旅游咨询者临近资料架停步用眼睛看某条线路的图片时。

(4) 旅游咨询者拿起某条线路的资料时。

(5) 旅游咨询者在资料架旁边寻找某条线路时。

(6) 旅游咨询者把脸转向门市服务人员时。

接触搭话一般可以采用打招呼法、介绍旅游产品法和服务性接近法等。

1. 打招呼法

打招呼法适用于随意浏览的旅游咨询者，或者因门市服务人员正忙于接待别的旅游咨询者而无暇顾及的旅游咨询者，避免这位旅游咨询者产生被冷落的感觉而离去。可以进行自我介绍，这样可以缩短与客人之间的距离。自我介绍时要清晰地报出自己的姓名身份；面带微笑，用眼神表达友善、诚恳，并充满自信。如果嗫嚅含糊，或态度冷淡、随便应付，就会使人产生疑虑和不信任感，彼此之间产生隔阂。

2. 介绍旅游产品法

介绍旅游产品法适用于正注意观察某种线路的旅游咨询者。一般在介绍旅游产品时要准确的介绍旅游产品的特点、主要内容及价格。

**【小技巧】介绍旅游产品法应该注意的要点**

(1) 门市服务人员这时应扼要地介绍该旅游产品的亮点以引起旅游咨询者的兴趣，这时旅游咨询者一般不会说“我只是随便看看”，而门市服务人员却获得了推销线路的机会。

(2) 介绍线路时需要直接、快速切入正题，不需要多余的礼貌。

(3) 常见的方法中错误的如：“需不需要我帮您介绍一下?”“能不能耽误您5分钟?”

(4) 正确的方法应该是：“请允许我来帮您介绍一下。”

3. 服务性接近法

服务性接近法适用于那些明确表明购买愿望的旅游咨询者，特别是那些非常渴望旅游的咨询者。服务性接近法可以用聊天的方式。聊天是至少两人共同参与的双向或多向的交际活动，是人们交往中最基本、最常见的现象。导游交际中的聊天与一般社交场合的聊天一样，话题往往是随意的，而且可以不时转换，内容也是海阔天空、无所不包的。但不同的是，门市接待人员与客人的聊天意图是明确的，是为了达到协调双方关系、缩短双方心理距离、建立良好的交际基础为基本目的的。因此，门市接待人员与客人聊天时主要是从对方感兴趣的或对方关心的话题切入。如对旅游目的地的提前了解，女性客人对时装、美容、小孩的关注，老年游客对身体健康、怀旧的兴趣等。

(三) 出示旅游产品

出示旅游产品就是在旅游咨询者表明对某种旅游产品产生兴趣时，门市服务人员要立即取出该产品的宣传资料递给旅游咨询者，以促使其产生联想，刺激其购买欲望。门市服务人员与旅游咨询者搭话以后，应尽快出示旅游产品，使旅游咨询者有事情可做，有东西可看，有引起兴趣、产生联想的对象。在出示旅游产品时，可采取示范法、感知法、多种类出示等方法。

1. 示范法

示范法就是旅游产品的展示。例如可以让旅游咨询者欣赏他中意的旅游产品的精美图片。这是进一步激发旅游兴趣、打消旅游咨询者疑虑的好方法。

2. 感知法

感知法就是尽可能地让旅游咨询者想象、感受、体验旅游产品，比如说通过网络信息、游客论坛中的评论，让旅游咨询者实际感知旅游产品的优点，以消除旅游咨询者的疑虑。根据从众心理，绝大部分游客说好的、美丽的、值得去的景点，一般来说，旅游咨询者也会认为是好的、美丽的、值得去的。

3. 多种类出示法

多种类出示法适用于旅游咨询者对具体购买某种旅游产品还不确定时，门市服务人员可出示几种行程相似或价格相近的旅游产品供其选择，特别要突出和明确各种旅游产品的独有特点。需要强调的是并非出示的旅游产品越多越好。

（四）旅游产品说明

旅游产品说明是指在出示旅游产品的同时应向旅游咨询者提供旅游产品的有用信息。这时门市服务人员应实事求是地说明和介绍，并列举旅游产品的一些卖点或者亮点等特色。好的介绍能使门市服务人员掌握销售的主动权，并能刺激旅游咨询者的购物欲望。

（五）参谋推荐

参谋推荐就是根据旅游咨询者的情况，在旅游咨询者比较判断的阶段刺激旅游咨询者购物欲望，促成购买。参谋推荐一般需要以下三个步骤：

(1) 列举旅游产品的一些卖点或者亮点等特色。

(2) 确定能满足旅游咨询者需要的特点。

(3) 向旅游咨询者说明购买此项旅游产品所能获得的利益。

参谋推荐的实质就是将旅游产品的一般特征转化为旅游咨询者所向往、所理解、所需要的个性化特征，即旅游咨询者利益的过程。其转化公式为：

旅游产品特征功能=旅游咨询者利益

（六）促进信任

促进信任是促进旅游咨询者对打算购买旅游产品的信任，坚定旅游咨询者的购买决心。

1. 促进信任的机会

一般来说，促进旅游咨询者信任的机会包括：旅游咨询者关于旅游产品的问题提完时；旅游咨询者默默无言独立思考时；旅游咨询者反复询问某个问题时；旅游咨询者的谈话涉及旅游产品售后服务时。

门市服务人员应充分把握这四个机会去坚定旅游咨询者的决心,消除其疑问,建议其购买。值得注意的是,门市服务人员建议旅游咨询者购买绝对不等同于催促旅游咨询者购买。若门市服务人员不断地催促旅游咨询者购买,会使旅游咨询者反感。但是一味等待也会失去销售机会,因而门市服务人员只能靠不断地在实践中观察、摸索中获得经验,并以平缓的语调建议旅游咨询者购买。

2. 提供建议的方法

（1）直接建议法。旅游咨询者对旅游产品没有问题时，就可以直接建议旅游咨询者购买，例如："国庆节后游玩神农架，最合适不过了：秋天的神农架色彩最丰富最美丽；现在的价格也是最合适，比国庆节便宜了 150 多块钱呢！您看我现在帮您报名怎么样？"

（2）选择旅游产品法。这是采用含蓄的方式参谋推荐促使旅游咨询者做出购买决定的方法。选择旅游产品法是询问旅游咨询者要买哪种旅游产品，而不是让旅游咨询者在买与不买之间进行选择。在选择的范围上，一般不超过两种，否则旅游咨询者难以做出决定。例如：可让旅游咨询者在诸如去云南的"昆大丽"还是去四川的"九寨沟黄龙"两条线路之间进行比较选择，或者是让其在去四川的"九寨沟黄龙"双飞还是四飞之间选择。

（3）化短为长法。旅游咨询者对旅游产品的缺憾犹豫不决时，门市服务人员应该将旅游产品的优点、好处全部列举出来，使旅游咨询者感到长处多于短处，促进旅游咨询者对旅游产品的信心。

（4）机不可失法。这是让旅游咨询者感到错过机会就很难再买到，从而坚定旅游咨询者购买决心的方法。例如：特价、折扣、淡季促销、会员优惠等。运用"机不可失法"要使旅游咨询者感到：若现在不下定决心购买，以后不是买不到，就是价格上涨。但这种方法只有确认旅游咨询者喜欢该项旅游产品才可使用，否则事与愿违。

（5）事例印证法。旅游咨询者对旅游产品的个别问题持有疑虑、迟迟不愿做购买决定时，可介绍其他游客购买此项旅游产品后的满意度来印证门市服务人员所做的介绍，或淡化旅游产品的问题，消除旅游咨询者的疑虑。但所介绍的事例要让旅游咨询者感到门市服务人员是真诚的，而不是强行推销。

（6）优惠奖励法。这是一种通过向旅游咨询者提供奖励，鼓励旅游咨询者购买某项旅游产品的方法。这种方法与用削价出售旅游产品的方法相比，它不会让旅游咨询者产生旅游产品本身价值降低，或认为该项旅游产品有缺憾或者卖不出去的错觉，反而使旅游咨询者感觉到意外的惊喜。采用向旅游咨询者提供奖励的方法，可以使旅游咨询者更乐意购买，使得购买之旅也非常快乐。

（七）签订合同

门市服务人员要积极促成合同的签订，同时为维护游客和旅游经营者的合法权益，门市应当依法与游客订立书面旅游合同。门市服务人员要在日常工作中总结经验，旅游合同如何签订才能更好地保障游客和旅行社双方的权益，并可以在操作过程中写入补充条款或者协议条款中去。签订旅游合同时，要注意：

（1）掌握合同的全部详细条款，并具备深入浅出地解释相应法律、法规知识的能力。

（2）明确合同关系中有关双方权利与义务的条款，特别要注意：哪些是旅行社要承担的义务、旅行社享有哪些权利、游客要承担哪些义务并享有哪些具体权利等细节。

（3）注意与游客的特殊约定，一定要写入补充条款或者协议条款中，并且表述明确、翔实。

（4）注意签约时加盖公司印章及签上经办人姓名、旅游咨询者姓名及有效证件号码和联系方式。

（5）旅游合同签订好后，如需要更改合同内容，一定要有文字记录和游客签名。

（6）熟悉国家旅游局、国家工商总局联合制订的规范合同文本。

**【小资料】国内首份自驾游合同出台**

国内首份自驾游合同于2004年12月16日在重庆市签订，第一家签合同的是博奥旅行社，同时，还有两家旅行社也开始试点。自驾游合同为自驾游系上了安全带，也明确了自驾车游客和旅行社双方的权利、义务。重庆市旅游局相关负责人称，新合同从费用、违约责任、保险等诸多方面对自驾游进行约束，游客将承担更多责任，如游客在开车途中撞车谁来负责等问题。此外，旅行社必须有告知义务，在合同附加提示中，特别注明：旅行社应告知线路安排、景区、住宿等情况。

资料来源：新浪网，http：//www.sina.com.cn，2011-05-11。

（八）收取费用

旅游咨询者一旦签好旅游合同后，门市服务人员就应该收取费用，并为游客开好发票。收取费用时一定要做到“三唱一复”。“三唱”即“唱价”（确认旅游咨询者所购旅游产品的价格）、“唱收”（确认所收旅游咨询者现款金额）、“唱付”（确认找给旅游咨询者余款金额）、“一复”即“复核”（确认所付旅游产品与收进费用相符）。当开好的发票交到旅游咨询者手中时，门市服务人员应主动口头向游客表示感谢，赞扬游客的选择，并请其对该项旅游产品的质量和旅行社的服务放心。

（九）收尾工作

门市服务人员在为游客开好发票、结束销售时，还应询问旅游咨询者是否还有亲人或者朋友一起去旅游？旅游出发前要注意哪些事项？什么时间、地点和导游或者全陪导游联系？并可以告知旅游途中要注意的事项。这都将使游客体验到门市是真心实意地为他们服务的，从而对门市留下美好的回忆，并起到良好的口碑宣传效果。

综上所述，门市对客服务，包括礼貌热情的进门问候、巧妙接近旅游咨询者的方法、细心体察旅游咨询者的需要和购买动机、恰到好处地进行旅游产品介绍、说明，给旅游咨询者参谋、赢得信任并推荐、签订合同收取费用和耐心细致的收尾工作等。整个门市的对客服务，不仅仅是在推销门市，也是推销整个旅行社的品牌和旅行社的声誉。因此，门市服务人员要在实际工作过程中，不断学习、实践、体会、总结自己的对客服务工作。如果由于种种原因未能成功销售旅游产品，门市服务人员也绝不能怠慢旅游咨询者。否则，旅游咨询者会认为旅行社门市服务人员只为推销旅游产品，不考虑旅游咨询者的利益，其结果往往不只是失去一次销售机会，而是失去一位旅游咨询者。

## 第二节　外联服务流程

### 一、相关概念

外联部是旅行社中最重要的经营部门，也称市场销售部。外联部主要担负旅行社的生产和销售任务。因此，外联部的任务是通过了解和掌握市场的需求动向，在利用信息的基础上，开发、设计旅游线路，促销旅游产品，将产品销售给旅游中间商或旅游消费者，由此招徕客源。

它具体包括旅行社与旅游客户进行业务联系、信息推介、洽谈、出售旅行社产品，乃至达成合作意向或协议等；其职能是将各种旅游信息资料有机地组成旅行社产品，出售给旅游中间商、其他旅行社或游客，由此实现买卖双方的市场供求关系。

### 二、外联部门的特点、外联业务联络方式和主要内容

（一）外联部门的特点

外联业务在我国旅行社业务操作中，原专指对海外旅行商的业务联络工作，随着旅游产业的发展，以及外联业务运用的范围扩大，国内旅游业务中也广泛使用此种说法。外联业务具有综合性、复杂性、超前性、时效性、经济

性、司变性、创造性等特点。

1. 综合性

外联业务的综合性，主要体现在工作内容和涉及的工作对象上。首先，外联人员在完成外联业务的过程中，涉及许多方面的工作内容，包括市场部分、销售部分和计划部分，每一部分的工作都有其各自的特点。

(1) 市场部分。市场部分有市场调研和预测、设计产品、对外报价、广告宣传工作。

(2) 销售部分。销售部分有业务洽谈、销售产品、草拟协议书和意向书、对外报价和财务核价等工作。

(3) 计划部分。计划部分有订票订房业务、各地旅行社联络工作和电讯打字等业务。

2. 复杂性

由于国内外旅游市场竞争的日益加剧，使得外联业务日趋复杂，主要体现在：

(1) 旅游业的多变性容易造成旅行社外联人员的判断失误，增加了业务操作难度。

(2) 旅游供应商产品的价格波动。这是一个经常性的问题，交通、餐饮、住宿等游客旅游必备的产品受时间和空间的影响比较大，特别是由于我国旅游业起步较晚，交通运输业较落后，经常会发生不可预见的事件，使旅行社的工作不能按预定计划进行，从而波及旅行社外联人员对产品价格和质量的把握。

(3) 游客行为方式的不稳定，也容易使外联人员的工作受到干扰。

3. 超前性

外联部门是旅行社的先行官，它的各项主要业务都必须有一定的提前期。

(1) 为销售更多的旅游产品，招徕更多的客源，必须事先了解市场的需求，搜集信息，对市场进行调查、预测，根据市场情况做出相应的对策。

(2) 要根据市场的需求，了解各条线路、景点、餐饮、住宿、交通和风土人情，预先设计出适销对路的旅游产品，并加以宣传和推销。

(3) 为保证产品质量，必须事先做好旅游团队的计划预报和落实工作。

以上工作都需要外联人员必须注意市场的发展趋势，不断完善专线产品，扩展新的旅游线路，以便在工作中处于主动地位。

4. 时效性

由于外联工作面对的主要是竞争激烈、瞬息万变的旅游市场，因此时效性很强。外联工作要加强横向关系的交流，及时掌握最新的信息。外联人员在工作中要特别注意适应一些行业的特征，注重工作时效。特别是对海外、外地客户的咨询、报价，必须依照国际惯例在24小时内给予回答。

5. 经济性

外联部门是旅行社最重要和最直接的盈利部门，其主要功能便是组织提供客源，外联业务的每一环节都会影响旅行社的收益。因此，外联业务应抓好下列环节：

（1）价格的制定必须合理，既要有经济效益又要有竞争力，两者缺一不可。

（2）报价必须仔细，稍有疏忽，就会造成较大的经济损失。

（3）签订合同必须认真，各项条款都要仔细斟酌，避免主客双方的权益受到损害。

（4）加强信用管理，协助财务做好收款工作，必须一团一清，杜绝欠款现象。

6. 可变性

由于旅行社外联工作的着眼点在市场，而影响旅游活动的可变因素又比较多，因此外联工作具有较大的可变性。首先，国内从事旅游业务的企业不断增加，业内竞争日趋激烈，导致客源市场呈现不稳定的多变状态；同时，游客的旅游需求不断变化，客观上也增加了外联部门把握旅游市场的难度。

其次，旅游供应商产品价格波动，也会影响旅行社外联人员对产品价格和质量的把握；加之国内旅游综合配套设施在地域上的不平衡，经常引起单项热销旅游产品的相对供应不足，尤其是在旅游旺季，往往会因为旅游团队同时到达而造成交通、住宿等接待环节不顺畅的尴尬局面。同时，国内外政治、经济状况的变化，以及自然灾害等因素，也给外联工作增添了诸多困难。

7. 创造性

旅游产品必须独特新颖，方可吸引游客，只有采用富有创意的促销手段，才能不断扩大市场。吸引游客和扩大市场的关键在于外联工作的创造性程度。在旅行社群起纷争的状况下，旅行社外联部门必须突破传统的思维定势，创造性地推出旅游产品，开展促销活动，才能享受到旅游市场丰厚的利益回报。

（二）外联业务联系方式

1. 电话联络方式

外联人员用电话与客人进行联络的方式较为普遍，其特点是快速、方便，便于和客人沟通，能使客人及时了解旅行社的产品和服务，方便其购买。

在使用电话和客人联络时，外联人员一定要是使用礼貌语言，注意不要让客人久等；要熟悉本旅行社的各种旅游产品，回答客人的问题时要做到简单明了、口齿清楚。

2. 传真联络方式

传真联络是一种比较先进的方式。运用传真方式，外联人员可以将相关旅游产品的资料快速、准确地传输给客人，同时也可以将客人的要求保存下来，不容易出差错。

3. 人员拜访联络方式

人员拜访联络方式是成功率比较高的一种外联业务联络的方式。通过拜访，外联人员与客人可以面对面交流，能够有针对性地向客人介绍和推荐旅游产品。

4. 互联网联络方式

互联网联络方式是指外联人员将本旅行社的各种旅游产品信息放在互联网上，供客人浏览、选择和购买；也指客人和旅行社或旅行社之间通过互联网联络方式收发邮件，洽谈业务。这是一种比较时尚和成本较低的联络方式。

5. 中间商渠道联络方式

通过代理商、零售商等与客人联络，也是联络人员常用的一种方式。这种方式运用得当可以为本社建立起巨大的客户网络，能把旅行社外联业务延伸到既定目标市场的每个角落。

（三）旅行社外联业务的主要内容

1. 收集信息，掌握市场

从事外联工作首先要广泛收集各种信息，包括政治、经济、文化、外交方面的信息，产品、中间商、竞争对手方面的信息，以及旅游需求及旅游需求变化等方面的信息。在掌握了大量信息资料的情况下，通过分析、研究，去把握市场，有的放矢地开展市场营销活动。

2. 确定目标，制订计划

外联人员根据旅行社发展的总体战略目标，结合对市场信息的分析研究，可确定自己的主攻方向和业务目标，去制订本部门和本人的工作计划。这个计划应该是旅行社外联人员进行市场开发、组织客源和销售产品的行动指南，是旅行社开展接待服务活动的基础，在保障旅行社经营战略顺利实现方面具有较强的战略意义。

3. 设计线路，组织产品

根据市场信息和旅游目的地情况，外联部门有针对性地为客户设计出相关的旅游线路，是销售成功的重要因素之一。

4. 对外联络，建立渠道

外联人员需要通过自己的努力，建立起一个覆盖面广、能有效地为旅行社招徕客源的业务网络。这个业务网络建立起来后，外联人员还要对其进行全面的管理，从而保证营销渠道的畅通。

**【小参考】“韩国全景六日游”线路安排**

<table>
<tr><td colspan="2">线路名称</td><td>韩国全景六日游</td><td>发团日期</td><td>2011 年 9 月 30 日</td></tr>
<tr><td colspan="2">旅行社</td><td>×××旅行社有限责任公司</td><td>联系人</td><td>章小姐</td></tr>
<tr><td colspan="2">联系电话</td><td>027-6156×××××小姐</td><td>标团价格</td><td>¥××××元/人</td></tr>
<tr><td rowspan="5">旅游行程</td><td>1</td><td colspan="3">××——仁川——首尔<br>餐：晚　　酒店：韩式四星级酒店<br>乘国际航班（OZ32413：50）飞往仁川，下飞机后乘豪华巴士赴韩国首都——首尔，抵达首尔后晚餐，然后入住韩式四星级酒店，开始愉快的韩国之旅。</td></tr>
<tr><td>2</td><td colspan="3">首尔——济州<br>餐：早、中、晚　　酒店：韩式四星级酒店<br>早餐后，乘国内航班赴韩国美丽的蜜月岛——济州岛，抵达后乘车游览屹立于波涛澎湃的海岸边的、由熔岩凝聚而成的“巨龙”——龙头岩，游览汽车自动上坡、水瓶自动爬坡的“神奇之路”，随后游览汉拿山 360 个子火山之一、世界最大的突出于海岸的火山口——“城山日出峰”。午餐后前往游览现有 400 余栋宅屋、被指定为韩国的民俗资料保护区的“城邑民俗村”。而后游览一派热带风情、从树木茂盛的悬崖绝壁飞流直下的“天地渊瀑布”，该处素有“情人公园”之称。然后享用丰盛的韩国晚餐，餐后入住酒店。</td></tr>
<tr><td>3</td><td colspan="3">济州——釜山<br>餐：早、中、晚　　酒店：韩式四星级酒店<br>早餐后，乘国内航班飞往韩国第一大港口城市——釜山，抵达后先行吃午餐，随后游览可以观看繁华市容，天晴时甚至可以看见远方对马岛的“龙头山公园”。其后驱车前往连接釜山大桥的影岛，岛上有设备完善的游乐区、眺望台、商店及环岛公路（长 4.33 公里）等。然后游览釜山的“三台”之一——太宗台，太宗台位于影岛南端，是象征釜山的岩石海岸的名胜地。最后跟着导游一起前往物美价廉的著名商业街——国际市场。晚餐后入住酒店。</td></tr>
<tr><td>4</td><td colspan="3">釜山——首尔<br>餐：早、中、晚　　酒店：韩式四星级酒店<br>早餐后，乘机返回首都首尔，抵达后乘车游览朝鲜时代的王宫——景福宫，宫内有百官朝政之勤政殿、发明韩国文字之千秋殿、国王寝宫之康宁宫等。尔后参观民俗博物馆、韩国总统府青瓦台，后驱车前往参观 2002 年世界杯主赛场，自由购物（南大门或明洞）。晚餐后入住酒店。</td></tr>
<tr><td>5</td><td colspan="3">首　尔<br>餐：早、中、晚　　酒店：韩式四星级酒店<br>早餐后，游览“乐天世界”（自费：门票 8 美元/人，三项券 20 美元/人），此处洋溢着青春与活力，男女老少皆宜，内有辛巴达历险、西班牙海盗船、云霄飞车、丛林探险、法国大革命等一系列尖端科技所设计的游乐设施，供游客尽情玩乐；参观高丽人参公卖社，您可以在此选购享誉全球的高丽人参；参观紫水晶加工厂。晚餐后，欣赏华克山庄夜总会表演（自费：60 美元/人），在那里您可以欣赏到韩国传统民族舞蹈及欧洲红艺人为您带来的精彩表演，或者前往赌场一试手气，后入住酒店。</td></tr>
</table>

续表

| | |
|---|---|
| 6 | 首尔——××<br>在酒店享受完韩国早餐后，搭乘豪华巴士直达仁川国际机场办理出境手续，乘机（OZ323 09：45）返回××，结束愉快的韩国之旅。 |
| 服务标准 | 6月8日韩国驻××领事馆已正式开馆办公，我社已被韩国领事馆正式批准为“指定送签”旅行社。欢迎各界朋友向我们电话咨询有关韩国旅游各项事宜。我社可以代送个人旅游签证。 |
| 线路备注 | 报价包括：全程机票、团队旅游签证、韩国四星级酒店、一日三餐（风味餐如烧烤、人参炖鸡等）、所列景点门票、境外地面交通、华语导游、旅行社责任险。赠送个人人身意外险。<br>报价不含：护照费、导游、司机小费、国际国内出入机场税、观光税及燃油附加税、自费项目、个人消费。 |

资料来源：周晓梅：《计调部操作实务》，旅游教育出版社2006年版。

◎**点评**

“韩国全景六日游”作为比较成熟的旅游线路，已经得到了多数游客的认可。外联部门进行这条线路的设计时可参照上述案例的设计模式，依据经济和个性的原则适当加以改进，组合出结构合理、布局得当的旅游线路。

5. 业务洽谈，销售产品

业务洽谈是外联部门与旅游经营机构和中间商为达成旅游产品的交易而进行的讨价还价等协商活动，是旅行社与客户建立联系和进行业务往来的重要途径及重要环节。外联人员要想使洽谈工作顺利，实现销售旅行社产品的目的，就要事先了解洽谈对象，并在洽谈中运用适当的技巧、灵活的态度。

6. 签订合同，达成交易

经过业务洽谈后，外联人员与客户双方都有了建立业务关系的诚意，并就共同关心的问题如旅游产品的内容、价格、付款方式和优惠条件等达成一致意见，这时便可以签订合作意向书、合同书或委托书等书面协议，明确双方的关系，从而在此基础上进行等价、平等、有偿的业务合作。

## 三、外联服务流程

外联业务随着旅游业的不断发展，其范围逐步扩大，外联对象也逐渐增多。一般旅行社的外联服务流程见图 8-2。

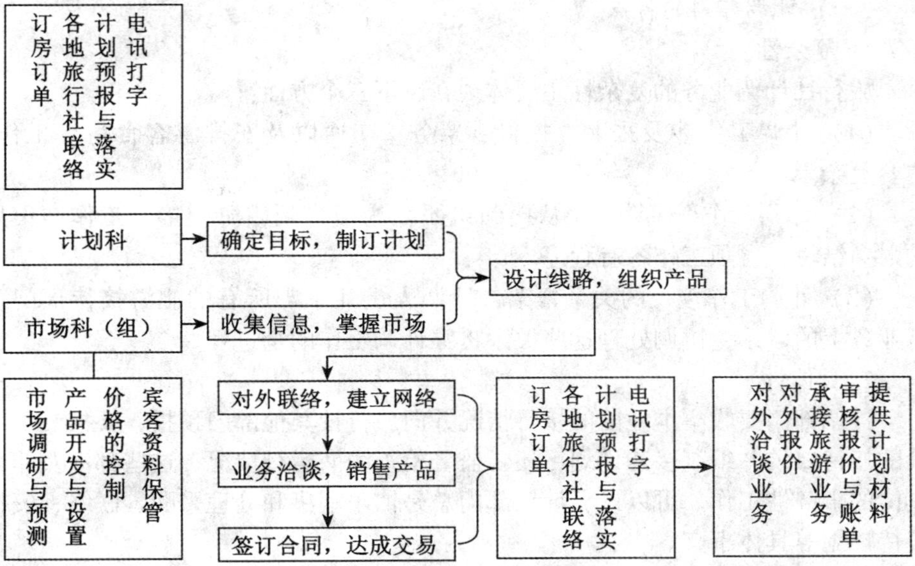


图 8-2 外联服务流程图

# 第三节 计调服务流程

## 一、相关概念

旅行社的计调部业务有广义与狭义之分。从广义上讲，旅行社计调部业务既包括计调部门为业务决策而进行的信息提供、调查研究、统计分析、计划编制等参谋性的工作，又包括为实现计划目标而进行的统筹安排、协调联络、组织落实、业务签约、监督检查等业务性工作。从狭义上讲，计调部业务主要是指旅行社在接待业务工作中，为旅游团安排各种旅游活动所提供的间接性服务，包括安排食、住、行、游、购、娱等事宜，选择旅游合作伙伴和导游，编制和下发旅游接待计划、旅游预算单等，以及为确保这些服务而与其他旅游企业或有关行业、部门建立合作关系等。

简言之，计调，是为了完成旅行社接待计划和与之相关的信息统计，承担着与接待相关的旅游服务采购和有关业务调度工作，是旅行社业务中的重要组成部分。

## 二、计调部门的特点、内容及作用

### (一) 计调部门的特点

1. 复杂性

旅行社计调业务的复杂性主要体现在以下三个方面：

(1) 计调工作涉及采购、接待、票务、交通以及安排游客食宿等工作，内容复杂。

(2) 计调工作程序繁杂，从接到组团社的报告到旅游团接待工作结束后的财务结算，各项工作各有程序。

(3) 计调工作涉及的关系繁杂，计调人员几乎与所有的旅游接待部门都有业务上的联系，协调处理这些关系贯穿计调工作的全过程。

2. 具体性

计调部门要收集本地区的接待情况并向旅行社其他部门预报，要接受组团社的接待要约并编制接待计划，还要监督检查团队运行情况，这些都涉及非常具体的事务性工作。可以说，计调部门总是忙于解决和处理采购、联络、安排接待计划等具体事宜。

3. 多变性

计调工作的多变性是由旅游团人数和旅行计划的多变性决定的。旅游团的人数一旦发生变化，就会影响到计调人员的工作，比如更改客房、车的预订等。此外，我国的交通和住宿条件尚不能完全保证满足预订的要求，无形中也给计调工作带来许多不确定的因素。这一情况在旅游旺季尤为突出。

4. 时效性

旅行社计调人员在获悉客人或旅游团队的要求后，需要立即进行操作，包括制定线路、安排行程、采购各项服务、安排接待人员、与组团社或接待社联系等工作。计调工作对时效性要求很高，稍有延误就会影响与合作伙伴的关系和旅游团队的正常运行。

### (二) 计调业务的内容

1. 收集信息

收集信息是旅行社计调工作的第一步，也是计调人员开展工作的前提。计调人员每天要接触众多的游客、旅游服务供应商和合作伙伴，处在旅游市场的最前沿，了解游客的需求及其需求变化规律，了解供应商提供产品的质量情况，也了解合作伙伴的愿望和企求，因而掌握了大量的信息。身为计调人员，就是要从大量的信息中去发现、找到对旅行社的成长和发展有利的信息，并对这些信息加以收集、整理、加工、分析、归类、保存，以备业务之需。

2. 编制计划

计调人员在收到旅游团的要求后，应立即根据客人的要求，结合本社的实际情况，考虑旅游目的地的接待条件，科学而合理地编制旅游接待计划，从而为旅游接待工作提供依据。

3. 对外采购

计调人员向其他旅游企业或其他行业、部门购买相关旅游服务项目是其最为重要的工作内容之一。在对外采购活动中，计调人员应当根据市场的淡旺季节、旅行社需求的紧急程度等因素采取不同的策略，或是集中采购，或是分散采购。但无论采取什么策略，计调人员都必须经常分析、研究市场的供求状况，了解各种旅游服务产品的市场价格，从而保证旅行社获得更多的经济利益。

4. 安排落实

安排落实接待计划，是旅行社计调人员的核心工作，旅游团队（者）能否按质按量地享受在合同中约定的各项服务，在很大程度上取决于计调人员安排落实接待计划的好坏。在旅游团队（者）确认接待计划后，计调人员就应安排导游员，调配车辆，向合作单位确认团队预订计划（包括个别景区网上订票的办理），将团队行程涉及的项目都落实到位，有效保证团队接待的质量。

5. 质量跟踪

质量跟踪主要是对旅游团队运行质量、导游服务质量、接待社服务质量、各个旅游服务提供商的服务质量进行跟踪掌握，评估考核。一旦发现质量问题，就要立即指出并责令纠正，或采取措施予以补救。

**【小知识】组团型计调的信息储备**

1. 组团型计调必须了解各条线路的价格、成本、特点以及可以影响这些因素的原因，还有各条线路的变化和趋势。初入门的这种类型的计调，建议最好从全陪做起，而且要时常调阅本社团队的卷宗，了解各条线路和各地接社的信息反馈，编写各条线路地接社的反馈总结，同时了解客户情况，对于自己所在的区域市场建立熟悉的人际关系，多渠道了解客户信息。

2. 组团型计调必须要有一种以客户为中心，满足客户需要的理念，成为客户的朋友。

3. 定期，每天查阅传真和信息，在报价前再次落实核准价格，行程，标准，所含内容在签订合同前提前通知地接社做好准备。

4. 规范确认文件，在确认件中必须要同时具有到达时间、行程安排、入住酒店的标准、景点情况、餐标、车辆标准、导游要求、可能产生的自费情况。建议必须细致到车型、车龄、酒店名称，还有可变化情况和变化后程序和责任情况。

5. 熟悉导游情况，了解每个导游的年龄、外形、学历、反馈、性格、特点、责任心、平常心，并了解社内导游的安排情况，以便针对客户做出最合适的导游安排。

资料来源：同程旅交汇网，http：//www. 17u. net，2012-03-24。

（三）旅行社计调部门的作用

1. 计划安排作用

计调部门是旅行社接待任务的计划部门，是旅游团接待工作开展的第一站。计调人员根据组团社发来的接团要约，收集关于旅游团情况的各种资料进行分析，并按照本社在一定时期内的客源数量，所需人、财、物，以及旅游团接待要求等情况，编制科学的接待计划，然后下发接待部门作为做好接待工作的依据。

2. 组织联络作用

计调部门是旅行社与当地单项旅游产品供应商的联络中枢。当收到组团社发来的要约后，接待社的计调部门就要预订当地的食宿交通，将本来松散的旅游企业统一协调起来，围绕旅游团的需求运转，从而形成综合接待能力。可见，计调部门是旅游团整个行程的组织联络中枢，它保证团队行程上下站之间的顺利衔接，避免发生延误和脱节事故。

3. 参谋咨询作用

计调部门是协助旅行社决策层搞好计划管理的参谋部门。旅行社决策层要编制计划，就要掌握全面而科学的统计资料，而这些资料大部分来自于计调部门。计调部门不仅掌管着旅行社接待游客的档案资料，而且还有与其他旅游企业业务往来的资料。对这些资料的分析和统计，有利于旅行社决策层有针对性地进行业务拓展和计划管理。

4. 费用结算作用

旅行社和饭店、餐厅、旅游车队等旅游接待单位的经济结算是以接待计划和合同为依据完成的，而这些接待计划往往会因为导游的疏忽或其他人为原因而产生差错，或由于交通、气候等因素的影响而发生变化，这就给财务结算带来了麻烦。在这样的情况下，计调部门保存的旅游团原始资料就成了团队财务结算的凭证。

## 三、计调服务流程

一般旅行社的计调业务流程见图 8-3。

接收计划 ⟶ 发送计划 ⟶ 确认计划

⟶ 更改计划 ⟶ 归档计划 ⟶ 统计计划

图 8-3　计调业务流程图

（一）接收计划

计调部从外联和各组团社接收到的旅游计划和预报是各种各样的，系列团、散客团、特殊团、小包价团、单项委托等；有着急的、不着急的；传真过来的、电子邮件发过来的，五花八门。计调部在收到这些计划后，要进行及时处理，分门别类、编号登记，按照轻重缓急的顺序及时送报相关领导、财务，以及计划中涉及的所有合作部门和机构。分类和编号方法视具体的公司和部门而定。

（二）发送计划

计调部应将分类整理好的计划。提前发送给民航、铁路、车船公司、饭店以及本社订房中心、订票中心、导游部等有关单位和部门，以便这些单位和部门能及时了解接待计划，做好充分的接待准备工作。具体提前多长时间发送计划，视团队和市场情况而定，最好是及时发送，及时预知。

（三）确认计划

为了确保接待计划的顺利实施，杜绝各种责任事故的发生，计调部要对所发送的计划进行逐一确认，切实落实各接待部门已经明确了自己的接待任务。确认计划是计调部业务流程中至关重要的环节，琐碎繁杂、耗时耗力，但却不容忽视。这就要求计调人员必须认真负责、耐心谨慎地确认计划，要求坚持书面确认的原则，无论是通过传真还是电子邮件的形式，一定都要有对方的书面确认。书面确认的内容包括：确认人数、确认项目、确认时间，避免今后不必要的责任纠纷。这点是需要计调人员特别关注的。

确认的具体内容，是围绕计划落实游客的食、住、行、游、购、娱等各个环节是否已经按要求准备到位。

（1）食——各餐厅确认用餐人数、标准和特殊需求，如素食、清真等。

（2）住——各饭店和饭店预订中心确认用房天数和间数（单间、双间、陪同床）。

（3）行——车队或汽车公司确认用车标准，是否有行李车；交通部门或票务中心，确认各段机、车、船票是否订妥。

（4）游——导游部确认地陪和全陪的安排，景点门票的购买。

（5）购——计调部确认是否有购物限制，如次数、地点等。

（6）娱——计调部确认娱乐项目的安排，如地方剧、杂技等。

（7）地接——各地接社确认已收到的计划，并按计划要求安排游客的食、住、行、游、购、娱。

（四）更改计划

俗话说得好：天有不测风云，计划赶不上变化。一个旅行团，说不定哪个环节就会有变化，计调部要马上将此变化无一遗漏地通知到各相关部门和单位。如人数，不管是减少还是增加，都会影响到用车、用房、用餐和门票等。所有变更都要按时间顺序与原计划存放在一起，以备随时查看，避免出错。传统的变更，都是计调部以书面形式发送到各相关部门和单位的，计调部将各部门签收、确认的变更单，按时间顺序逐一粘贴在原计划的背面。现在，由于电子邮件的广泛应用，书面变更的程序已被电子更改所取代，外联人员在原计划基础上变更内容，并通知计调部；计调部将变更情况通过电子邮件发送给各相关部门和单位。变更通知是对原计划的修正，若联系不当，则会导致混乱，造成失误，从而影响接待质量。因此，变更仍需要书面确认，流程与确认计划相同。

变更的内容主要有以下几方面：

（1）人数的增加或减少。

（2）因人数变更引起的其他相应变更。

（3）抵离航班、时间的更改。

（4）因航班变更，用餐时间和地点的相应变更。

（5）其他内容的变更等。

（五）归档计划

计调部对外不但要与饭店、交通、旅游景点、定点商店等机构联络合作，还要与其他旅行社合作；对内更要与外联、接待和财务等相关部门搞好交接工作。计调部每天往来的传真、电子邮件、记录等非常多，团队旅行虽然结束了，但结算、统计等后续工作还有待完成，这就要求计调部务必要将计划作为原始资料归档收存，建立团队业务档案库，妥善保存起来，以便查阅。团队计划档案的留存时间一般为2~3年。

（六）统计计划

为了更好地发展业务，扩大市场份额，适应市场变化，在日益激烈的市场竞争中立于不败之地，旅行社必须对各项经营活动进行认真全面的统计，并进行科学有效的分析，从而及时调整经营方针与经营策略。因此，影响旅行社经营情况的一切数量关系，均是计调部统计工作的内容，具体包括如下几个方面：

（1）客源统计：对客源情况的统计分析，是计调部统计工作最主要的一环。本旅行社一年及各个月份接待的人数、天数，各客源国（地区）的客源数量、客源流向，淡、旺季的分布等都应有详细的统计资料。通过对本期统计数据同上年同期统计数据的对比，从中发现问题，找出规律，有利于旅行社决策部门开拓市场。通过图表的形式，可以把旅游数量方面的资料形象、清晰地反映出来。

（2）合作单位情况统计：旅行社与民航、铁路、饭店、汽车公司、旅游景点、餐厅、定点商店等方面都建立了合作关系，有必要对合作单位进行全面的统计和分析，看看本旅行社在一定时期内，向以上行业、部门和单位输送了多少客源，为今后能争取到更为优惠的价格提供依据。可根据需求设计出各种各样、不同形式的从各个角度反映本旅行社经营情况的统计表。如用车一览表、旅游景点价格一览表等。对这些表格也要妥善收存，分门别类以备查询使用。

**【经典案例】**

游客李先生等11人于2005年10月2—7日参加了湖北省A旅行社组织的“昆明—西双版纳四飞六日游”。A旅行社在征得游客同意的情况下，将该团队交给了B旅行社的下属门市部，全部团款在该团出发前交给了该门市部的负责人田某。田某在未告知A旅行社和游客的情况下，私自将该团转交给C旅行社的工作人员王某，团款也付清。王某将该团交给云南D旅行社地接，通过双方传真确定由D旅行社负责该团在昆明段的行程，而对该团在西双版纳段的行程则未做安排，随后王某就失去联系了。10月2日晚，该团到达昆明后，由D旅行社接待，3日、4日游完了世博园、石林等景点。按照原合同约定的行程，该团应于4日晚乘机前往西双版纳，但由于王某未安排地接社接待，致使团队无法成行，因联系不上王某，游客边与D旅行社协商，边将相关情况告诉了B旅行社的田某。

田某于4日晚到湖北省旅游行政管理部门反映情况，称自己的客人在云南被甩团。经与昆明旅游管理部门联系，得知该团是由C旅行社王某交给云南D旅行社接待的。田某立即与A旅行社计调人员联系，当晚12时，湖北省A旅行社计调人员答应在5日早上9时将全团西双版纳段的费用18000元交给云南D旅行社，由其负责安排该团在西双版纳段的行程。

10月5日早上，A旅行社陈姓负责人了解情况后认为造成此次事故的责任不在本旅行社，而且已将所有团款交给了B旅行社的田某，坚持应由B旅行社负责这笔费用，但此时又无法联系上田某。直至中午，A旅行社的陈姓负责人才答应付款给D旅行社，而这时游客已无法按原定计划搭乘上午10：45起飞的昆明—西双版纳的飞机。D旅行社安排客人改乘下午2：30的飞机到西双版纳，但游客考虑到乘下午的飞机到达，无法完成原定的行程，于是拒绝了这一安排，并在当晚自行购票乘机返回湖北省。

10月7日，游客向旅游执法部门投诉。经旅游管理部门调解，A旅行社陈姓负责人认识到自己的错误：将游客交给其他旅行社的门市部后未再关注团队的运行情况，5日早上未及时将团款付给D旅行社，在出现问题后没有履行组团社的义务，最终造成游客无人接待、滞留昆明的严重后果。A旅行社向游客赔礼道歉，同意补偿游客的损失，接受旅游主管部门的处罚，同时保留向B旅行社追讨自己损失的权利。游客对此处理结果表示满意，双方调解结案。

资料来源：湖北旅游政务网，www. hubei tour. gov. cn，2012-03-25。

◎**点评**：旅行社计调部门在建立协作关系时，一定要慎重选择合作对象，不可贸然与不具有旅行团合法运作权限的承包部门合作。当旅游纠纷发生后，组团旅行社应尽快配合有关部门处理善后问题，避免发生更大的损失。旅行社之间的债务纠纷可待事后通过仲裁或法律途径解决。

**【实训项目1】模拟门市接待、咨询**

实训目的：掌握门市接待、咨询客人的基本方法和技巧。

实训内容：将学生分组扮演不同性格的咨询客人与门市服务人员，准备旅行社线路产品资料、景区图片、旅行社宣传册等。

教师主要观测点：

（1）观察学生对门市接待各个环节的把握状况。

（2）考查参与学生对现场情况的把握能力和应变能力。

（3）观察参与学生在促成旅游产品成交方面的能力。

**【实训项目2】模拟外联人员拜访客户**

实训目的：掌握外联业务联系的方式及各种方式的运用、沟通技巧。

实训内容：将学生分组扮演客户与外联人员，电话联系客户，主动拜访客户，拜访中间商推介本社线路产品。

教师主要观测点：

（1）观察学生对各种外联业务联系方式的理解。

（2）考查参与学生与人沟通的能力及表达能力。

（3）观察参与学生在对客服务心理上的把握。

**【思考题】**

1. 根据实际工作，谈谈你是如何理解门市的主要业务范畴的？

2. 在门市接待服务中，怎样才能做好旅游咨询以及门市接待服务？

3. 门市怎样才能做好散客接待工作？

4. 如何认识外联部的工作特点的？如何在实际工作中不断学习，提高业务水平？

5. 什么是旅行社计调业务？什么是旅行社外联业务？

6. 旅行社计调的特点和作用有哪些？

7. 根据所学的知识，自己编制一份湖北省“一江两山”五日旅游计划书。

# 第九章 导游辞的创作

**【学习目标】**

- ❖了解导游辞的基本概念和功能
- ❖全面掌握导游辞的表现形式
- ❖掌握导游辞创作的原则和要领
- ❖模拟创作导游辞

导游辞是导游员引导游客游览参观时运用的讲解语言，主要用于面对面的导游交际场合。它有两方面的作用：一是引导游客观光游览，二是宣传旅游景点，两者密不可分。

关于导游辞之"辞"，是写作"辞"还是写作"词"，长期以来存在争议。在《现代汉语》中，"辞"指优美的语言；"词"指语句，因此，我们认为将导游辞之"辞"写成"词"，是不妥当的，应该使用"辞"的本义，突出导游讲解是"优美的语言"的功能。

## 第一节 导游辞的基本类型

### 一、漫谈型

这种类型的导游辞又称为"流水账"式导游辞。其特点是走到哪讲到哪，见到什么说什么，面面俱到，点到为止。其内容也只限于景点范围内游客目光所及的景色、建筑、文物等的一般性讲解。

譬如，在博物馆，我们常见的是导游员带着游客，面对着一件件文物，其导游辞是："这是战国时期的青铜器铜鬲，是过去人们用来喝酒的；那一件是用来吃饭的；这一件是战国时期的冰箱——鉴缶，是用来冰酒的。"好比我们在日常生活中，遇到熟人和其他人在一起，见面后，只是简单地介绍一下他所陪同的客人的姓名，而不是将他的客人的来龙去脉向你一一介绍，也就是我们常说的只讲其然，而不讲其所以然。对景点的讲解只停留在表面，而没有深度。这种导游辞是导游辞中最容易的一种，它的内容仅停留在比较肤浅的层面上，是把有关景点的各种相关资料拼凑在一起，然后再花一点时间将其背得滚瓜烂熟。

由于此类导游辞在某种意义上不是导游员自己创作的，只是将其他的相关资料信手拈来进行拼凑，以弄懂景点的有关信息，因而对其内容的理解只是停留在文字上，导游员给游客的讲解印象就是机械地背导游辞，游客们也无意听此类讲解。这样，导游员根本不可能用自己的语言来引导游客进行旅游审美，更谈不上让游客产生“听君一席话，胜读十年书”的感觉了。游客当时或许会记得景点的一些内容，但回去后，其印象会随着时间的流逝而逐渐遗忘。

当然，“流水账”式的导游辞有时还是必要的。对于刚刚涉足导游行业的导游员而言，它可以使导游员对旅游景点有一个基本的了解，在讲解的时候有一些最起码的素材可以讲。但是，如果导游员仅仅只是停留在这种水准上而不继续努力，那么，其导游辞的品位永远只能停留在一个较低的层次上。

### 二、混合型

这种类型的导游辞，是介于点到为止型和知识型之间的一种导游辞。导游员在创作此种类型的导游辞的时候，在点到为止的基础上又融入了某些知识的内容。其特点是在介绍景点基本知识的基础之上，将其有关的一些传闻轶事穿插在导游介绍之中。虽然比第一种类型的导游辞前进了一步，但其水平仅仅局限于一般人都能了解到的常识性内容，充其量也只是知其然而已。

目前我们大多数导游员的导游讲解都是属于这种类型，而且一般游客也对此种导游辞是认同的。但是作为导游员来说，这只是一个合格的导游员所应具备的基本要求，而距离一个真正优秀的导游员还有一定的距离，还必须百尺竿头，更进一步。

### 三、知识型

这种类型的导游辞创作有一定的难度。它不仅要求导游员具有渊博的知识，而且要求导游员善于处理知识内容，即根据游客的个性特点和旅游团的共同需要，结合景点的素材和自己储备的知识，创作出具有一定知识内涵和文化底蕴、符合游客需要的导游辞。

由于旅游所涉及的范围很广，对于每个景点来说，导游员要把握好讲解内容，创作出知识性较强的导游辞的确不容易。如果像以上两种导游辞那样，是称不上优秀的。在导游员进行导游讲解的时候，一定要使游客体会到一种“听君一席话，胜读十年书”的感觉。要达到这种境界，就要求我们的导游员不仅具备渊博的知识和良好的语言表达能力，而且要有适合游客需要的高水平导游辞。

### 四、比较型

这种导游辞是所有导游辞中档次最高、要求难度最大的一种。因为此种导游辞不但要求有普遍性、科学性、知识性，还要求有可比性。也就是说不但要知其然，还要知其所以然，要由此及彼，由表及里，举一反三，通过科学的比较、联想、推理，把游客带到一个较高的知识境界。

**【小参考】**

比如在讲解武汉归元寺时，导游员要根据不同的游客，有的放矢地讲解。对国内游客，要将佛教与道教的不同之处进行比较式的介绍；而对国外的游客，则要将其与天主教、基督教的不同之处以及各自的特点进行比较式的讲解。如在讲到中国古代的年代的时候，也应该针对游客的不同，将其所在国的当时年代或是公元纪年年代与之加以比较进行讲解。

又如我们经常遇到的情况是介绍中国画，如果我们在讲解的时候只讲中国画的特点，那对国内游客或是东方文化了解较多的游客来说是没有什么问题的，但对其他地区的国外游客来说，就有所欠缺，应该将中国画用光的特点与油画加以比较，并且在技法上有哪些不同进行介绍，那样，你的导游辞就可以说是无可挑剔的了。

资料来源:湖北省旅游局人教处:《现场导游资料汇编》,华中师范大学出版社 2006 年版。

上述四种类型的导游辞，在导游员讲解的时候，一定要根据游客的不同年龄、不同身份、不同层次而加以区别对待。俗话说，物以类聚，人以群分，阳春白雪，和者盖寡。如果我们在为一些文化层次较低的游客讲解的时候，不注意对象的不同而大讲一些非常专业化的知识，则不可能收到良好的效果，反之亦然。

## 第二节　导游辞的内容形式

一篇完整的导游辞包括欢迎辞、沿途讲解辞、景点讲解辞和欢送辞四个方面。一般来说，欢迎辞是用于游客抵达后前往下榻饭店的途中，或者是在前往景区的路上进行的；沿途讲解辞是用在旅游团前往目的地景区途中讲解的；景点讲解辞用于导游员对景点所作的讲解，是导游辞的核心内容；欢送辞则是在旅游团结束当地的旅游活动、前往机场（车站、码头）的送行途中进行的讲解。因前面章节我们已经介绍了欢迎辞、欢送辞的内容构成，所以这里只介绍它们的表现形式。

## 一、欢迎辞的形式

致欢迎辞的形式是不拘一格的，没有固定的模式。这里从语言艺术的角度，介绍三种致欢迎辞的方式。

（一）风趣式

表现为导游员出语幽默、风趣、亦庄亦谐、妙趣横生，使游客听来轻松愉快，情绪高昂。致欢迎辞时，幽默是导游员与游客建立友好关系的最有效的手段之一，它不仅能缩短导游员与游客之间的感情距离，而且能够调节游客心理，制造活泼气氛、激发游客兴趣，往往给人以热情、开朗的良好印象。

**【小参考】接待医生旅游团的欢迎辞**

各位早上好！我叫章××，是××旅行社的导游，十分荣幸能为各位服务。各位大都是医生吧？医生是人间最美好的职业。我一出生，就对医生有特别的感情，因为我是难产儿，多亏了医生我才得以“死里逃生”。长大之后，我立志当一名救死扶伤的医生，可是医学院却没有录取我，尽管我没有福气进医学院，但医院我每年都要去几次，我这人特别容易感冒。当医生不行，当“病人”却十分合格，真没有办法……今天的旅游节目是这样为大家安排的，首先参观岳阳楼、洞庭湖；然后去参观一家中医院。如果还有时间，我想请大家“参观”一个特别节目，就是看看我为什么老是容易患感冒。谢谢。

资料来源：魏星：《实用导游语言艺术》，中国旅游出版社1993年版。

（二）闲谈式

表现为导游员情感真挚，语气平和，不急不缓，娓娓道来，如拉家常似的，能给人以亲切自然的感受。

**【小参考】一位神农架导游对武汉客人的欢迎辞**

各位早上好！我代表神农架旅游集团公司的全体职工，衷心地欢迎您的到来。中国有句古话叫“有朋自远方来，不亦乐乎”，此次能为大家导游，我感到由衷的高兴。昨天大家坐了近十个小时的汽车，才到我们美丽的神农架，路上一定很累吧？的确，由于我们神农架地处湖北西部山区，交通还不十分发达，近几年，随着湖北省“一江两山”旅游发展战略的推进，得到了很大的改进，但各位在路上花费的时间仍然很长，似乎都超出各位的坐车忍耐范围。但随着我们神农架机场项目的立项和建设步伐的加快，等机场建成通航后，从武汉到神农架坐飞机只要1个小时左右，大家就不会像现在这样疲惫了。我相信实现这一愿望的日子已经不远了。

（三）感慨式

表现为导游员以善解人意的语言感而慨之，调整游客低落的情绪，并激起游客感情上的共鸣。游客到异地旅游，会产生陌生感、好奇感，产生一种茫然不安的心情。导游员的真挚情感、友好态度，贴切的欢迎辞，会使游客像见到久别的朋友那样倍感亲切。这样才能收到宾至如归的效果，才能增强游客和导游员之间的信任感。

**【小参考】一位重庆导游对误机台胞旅行团的欢迎辞**

有一台胞旅行团由香港乘飞机到重庆，原定上午到达，次日早晨乘游船游三峡，因天气原因，延误至深夜十一时才抵渝，游客心境不佳，情绪十分低落。重庆的导游员得知这一情况后，想在致欢迎辞时改变一下游客的情绪。他在自我介绍、向客人问候、表示欢迎之后，感慨地说："中国有句古话说'好事多磨'嘛。各位昼思夜想地盼了40年，到了家门口都还要等十几个小时，中国人在中国的土地上却不能自由行动，这是一种很奇怪的现象。这是历史原因造成的。等到台湾回到祖国的怀抱后，这种局面就会改变。宋代诗人陈师道说：'去远即相忘，归近不可忍。'大家不是很心急吗？'去远即相忘'这句话怕是不很实际的，各位离别大陆40多年，哪里忘得了自己的故乡，忘得了这么一片广大的国土？忘得了家乡的亲人、年节的风俗和生养我们的土地？台湾有一支歌，叫《我的家乡在大陆上》，各位唱了40多年，今天终于唱回家了。在自己家里，要唱就唱，要笑就笑，要想去哪就去哪。大家就尽情地唱吧，笑吧！我谨以家乡亲人的名义，祝贺大家终于回——家——了……"

一番感人肺腑的话，立刻赢得了游客发自内心的热烈掌声。他们的精神为之一振，自发地哼唱《我的家乡在大陆上》，思乡之情像火一样被点起来了。

资料来源：魏星：《实用导游语言艺术》，中国旅游出版社1993年版。

## 二、景点讲解辞

景点讲解辞是导游辞的核心内容，它是对旅游行程所到达的游览景点所作的全面介绍和详细讲解，包括景点名称的来历、历史典故、民间传说等。因此要讲解具有知识性、幽默性、引导性与悬念性等。

（一）景点讲解辞的素材收集

一般来说，我们把所有的景点分成两大类型，即自然景观和人文景观。在景点讲解辞创作素材的收集上，导游员可以从这两个方面的各项特征着手进行。

自然景观主要是观形赏景，探寻其独特的地质地貌、景物景观的形成，了解其丰富的自然资源等；人文景观则偏重于历史渊源，重大历史事件、重要历史人物，民风民俗等。这些，我们也可以称之为景点的讲解属性。但是，一个景点往往是由多个讲解属性相互结合、相互渗透的，这就要求导游员在资料的搜集整理过程中不能只搜集景点某一方面的资料，而要将资料搜集全面。

譬如，在搜集黄鹤楼的相关资料时，首先将黄鹤楼定位为人文景观，其资料主要从三个方面入手搜集：一是黄鹤楼的地理位置，建筑特点；二是黄鹤楼的历史意义；三是描写黄鹤楼的作品及黄鹤楼相关传说。如果将讲解重点定位在黄鹤楼的传说上，那么"辛氏卖酒"的传说和一楼大厅的大型壁画就成了讲解的重点，而黄鹤楼的建筑特点及历史意义等就成了穿插和充实黄鹤楼讲解辞的部分了。前期的资料搜集工作中，就需要做大量的准备工作来搜集黄鹤楼的相关传说，如黄鹤楼建楼的传说、李白崔颢斗诗的传说等。

（二）景点讲解辞的创作要领

（1）切题。创作主题明确、思路清晰，讲解辞始终围绕主题展开。对以自然风光为主的景点，如长江三峡、神农架、九寨沟等，应着重突出其自然特色；对以人文景观为主的景点，如归元寺、黄鹤楼、博物馆等，讲解内容应注重文化内涵的挖掘。

（2）创意。景点讲解辞一定要有新意，应有鲜明的个性，否则效果不好。如讲解寺庙从弥勒大殿到大雄宝殿几乎所有的导游员都是讲布袋和尚的传说、四大金刚所持的法器及含义、大雄宝殿中释迦牟尼如何成道。这些千篇一律的讲解辞，让游客听到开头就已经知道结尾。

（3）准确。景点讲解辞中的每一个用词都要准确。如介绍武汉江汉路步行街的雕塑时，导游员讲"过去，每到夏夜，武汉会出现'壮观'的竹床阵"。这里，"壮观"与实际情况不符，不如改为"奇特"；对景观内容及其文化内涵还应正确解释。如黄鹤楼西门门楼正面的"三楚一楼"四个大字，景点讲解辞应对其中的"三楚"予以解释：古称江陵为南楚，吴都（苏州）为东楚，彭城（徐州）为西楚，合称"三楚"。今泛指长江中下游地区。

（4）层次。景点讲解辞应注意层次分明、结构完整，切忌头重脚轻或无头无尾。除此之外，还要注意讲解内容的层次应与游览的先后顺序相吻合，一般应由外到里、由下至上、由粗到细等。

（5）重点。景点讲解辞在对景点内容进行全面介绍的基础上，应选择重点内容突出讲解。

譬如，大别山的讲解重点就在红色旅游和绿色旅游两个点上。大别山的红色旅游应着重介绍"黄麻起义"、"红四方面军的诞生"和"刘邓大军千里跃进大别山"等内容；而大别山的绿色旅游应重点讲解大别山生态旅游区中的天堂寨、薄刀峰、青苔关、吴家山、桃花冲等五大景区，尤其是要突出讲解“天堂三绝”：天堂睡佛、哲人峰和大别神龟。

(6) 发挥。景点讲解辞可以在介绍基本内容的基础上，有创意地进行即兴发挥。如穿插一些趣味性较强的笑话、“小插曲”，或唱唱民歌、山歌等，但注意不要喧宾夺主，偏离主题。

(7) 口语化。景点讲解辞应尽量使用通俗易懂、优雅文明的口头语言进行讲解，且语句力求简短。

### 三、欢送辞的形式

由于每个旅游团的情况不一样，致欢送辞的内容和形式也要机动灵活。从形式上讲，欢送辞可以分为下面两种：

(一) 抒情式

表现为导游员用热情洋溢的话语，表达友谊和惜别之情，以巩固和加深与游客相处一段时间以来所建立的友情。

(二) 总结式

表现为导游员用热情而平静的语气，简要回顾一下游览的旅程，并表示感谢合作、期待重逢、衷心祝福之意。这是一种极常见的致欢送辞的形式。

**【小参考】总结式欢送辞**

各位朋友，天下没有不散的宴席。我们相处了7天，但今天就要分别了。7天的时间不算很长，但各位在这里由南到北，由东到西，既观赏了一些名山大川，又领略了一些古迹名胜，对我们这个城市有了一个概略的印象，通过这段时间的相处，得到了大家的协助和配合，旅游活动进行得十分顺利，对此，我由衷地向大家表示感谢！我有服务不周的地方，还请各位多多批评、指正。希望我们有缘再会。最后，祝大家旅途顺利，身体健康！谢谢！

资料来源：魏星：《实用导游语言艺术》，中国旅游出版社1993年版。

## 第三节　导游辞的创作要领

导游员要创作出好的导游辞，必须把握一定的要领。下面从导游辞的选题原则、主题确立、借题发挥和创作要求四个方面谈导游辞创作的主要技巧。

### 一、把握选题原则

(一) 个性化原则

导游辞一定要突出所描写景观的个性，即充分揭示其本身独有的、不同于其他任何景观的特色。个性越鲜明，则导游辞的价值越高。

对自然景观要突出其自然特色。每一个自然景观都有其独特的地方，我们要准确地把它表达出来，这样才能吸引游客。如名山各有其个性，像泰山之雄、华山之险、黄山之奇、峨眉之秀、青城之幽等。

对人文旅游资源则应尽可能保持其原始风貌，特别是古建筑与古园林，除审美价值外还具有历史价值，在一定程度上反映了古人的审美意识与生活情趣。如古寺院，不必过多描述山门、大雄宝殿、四大天王等，这些是每个寺院都有的，虽有细微差别，但对于不是研究佛教艺术的一般游客，并不感兴趣。而应着力去发现它与其他寺院不同的、在宗教史和艺术史上独具特色的地方。

（二）创新性原则

导游辞创作要求所选主题有新内容、新见解、新材料、新角度。导游辞中描写的景观，不论是自然景观或人文景观，都有悠久的历史，一般都有着大量的口头流传的故事或丰富的文学材料。因此，首先要广泛收集材料，经过认真阅读、分析、比较，筛选出优秀的、科学的、符合时代精神的、富有艺术性的精华，而去掉荒诞、迷信、毫无意义的糟粕。

尤其重要的是，要努力从新的角度去思考和观察客观世界的对象，或前人虽已有涉猎但尚未充分表现的东西，从而获得新意，这也就是我们经常说的“推陈出新”。

（三）整体性原则

不论是自然风光还是名胜古迹类景观景物，都有其广阔的社会政治背景、深厚的历史文化内涵，它往往是众多景点中具有特色的珍品。但是，它之所以富有吸引力，绝不是孤立的，一定具有其“众星捧月”的原因。因此，在创作导游辞时，不能“就事论事”、“就景写景”，孤零零地描述单个的景点。这不仅显得单调肤浅，而且失去了由此及彼、以点带面的整体性。

**【小参考】苏州寒山寺的导游辞**

游客朋友们，说起寒山寺，大家都会想起唐代诗人张继写的《枫桥夜泊》诗：“月落乌啼霜满天，江枫渔火对愁眠。姑苏城外寒山寺，夜半钟声到客船。”这是当年张继进京考试名落孙山，归途中夜泊枫桥写下的千古绝唱。寒山寺的钟声使他消除了烦恼，继续寒窗苦读，后来再次赴京应试，终于得中进士。因而，苏州寒山寺的钟声能消除人们心中的烦恼，启迪心灵的智慧，寄托幸福的期望，给您带来美好吉祥的预兆。下面请大家跟我一起前往寒山寺游览。

寒山寺位于苏州阊门外的枫桥镇，建于六朝时期的梁代天监年间（502—519年），距今已有1400多年的历史。寒山寺最初的名字叫“妙利普明塔院”。后来在唐代贞观年间，这里来了两位天台山的高僧寒山和拾得，才改名为

“寒山寺”的。传说寒山、拾得分别是文殊、普贤菩萨的化身，后来被人识破，俩人就双双乘鹤而去。又传说拾得和尚乘了寒山寺里的一口钟，漂洋过海东渡日本，到了一个名叫萨堤的地方，传播佛学和中国文化。

在寒山寺，最为游人感兴趣的就是那口大钟了。寒山寺的钟，历来受到诗人们的题咏，这在文学史上是罕见的。相传张继诗中所涉及的钟，历经沧桑，在明末流入日本。清末，日本的山田寒山先生四处探寻，欲将此钟归还，但终无下落，便募捐集资，在日本明治三十八年（1906年）由小林诚等一批工匠精心铸成一对青铜钟，一口留在日本观山寺，一口送来苏州寒山寺，在中日民间文化交流和友好往来史册中写下了美好的一页。在日本，苏州寒山寺几乎家喻户晓，老幼皆知，在日本的小学里，甚至把张继的《枫桥夜泊》诗作为课文来讲授和背诵。

游客朋友们，现在我们已经进入寒山寺景区了。寒山寺景区拥有“古寺、古桥、古关、古镇、古运河”。古寺即寒山寺。古桥指寒山寺两侧大运河上的江村桥和枫桥，即张继诗中“江枫渔火对愁眠”中的江、枫两座桥。古关是大运河和上塘河交汇处的铁铃关，建于1557年，为明代抗击倭寇的关隘，城楼雄伟，现设抗倭史迹陈列室。铁铃关、浒墅关、白虎关是历史上有名的“苏州三关”。古镇就是枫桥镇，粉墙黛瓦，一派姑苏水乡风光。古运河即开凿于隋炀帝时的京杭大运河，全长1794公里，从寺前流过……

这一篇介绍苏州寒山寺的导游辞，语言生动、内容丰富、层次分明。由古桥—古镇—古寺—古钟，重点写寒山寺及其大钟。这里的寒山寺不是孤单的一个寺院，而是由许多相关景点烘托起来的大的景区。历史典故描绘得栩栩如生，这不能不对众多海内外的游客产生巨大的吸引力。

资料来源：三清山旅游网，http：//www. sqslyl. com，2012-04-11。

（四）针对性原则

导游辞创作要有针对性，主要体现在两个方面：一方面是要针对时代特性，另一方面是要针对游客的需求。

首先，导游辞创作要有鲜明的时代精神，应站在时代的高度去开掘景物的本质意义，不能只限于写作对象的具体范围，而不顾及社会的发展和变化，忽视游客的需要。因为随着社会生活的变化和市场经济的发展，当代游客的旅游需要和旅游动机也不断变化，旅游资源随时都面临着入时或过时、扩大或丧失吸引力的可能性。譬如，历史上温泉曾是旅游的主要对象；后来，人们又喜欢海水和阳光，于是海滨胜地出现了；到了20世纪80年代，文化旅游日益风行起来，人们喜欢参观文物古迹，为此各国又十分重视文化资源的开发。因此，要对已不入时的资源做出正确评价，开掘其时代精神，力争恢复其吸引力。

其次，导游辞创作要特别重视游客需求的变化，随着游客注意力的转移而选择重点目标和题材。与此同时，导游辞也要根据景观的目标市场不同而进行创作。每一个旅游目的地和景观，都有其不同的消费市场，即不同的游客群体，导游辞创作要选准自己的听众，有的放矢，才能扣人心弦。如北京周口店猿人遗迹，既是青少年的爱国主义教育阵地，又是考古学家、人类学家的科研场所，对这两种不同的旅游群体就要有不同的导游辞。

## 二、确立创作主题

导游辞的写作要重视主题的确立和提炼。主题,通常是导游在导游辞中表达的中心思想。它体现了导游讲解的主要意图。一篇导游辞,导游员要向游客表达一种什么思想、意图,要激发游客什么样的情感、认识和评价,要达到怎样的目的,都是紧紧围绕主题来实现的。

### (一)主题是导游辞的核心和灵魂

1.主题决定导游辞和景观景物的价值

导游辞是导游员对一个景物的历史文化价值、艺术欣赏价值和科学研究价值的评价,也是导游员的政治理想、思想意识和审美情趣的表现。导游辞的主题也有深浅、新旧、正误之别,这决定了一篇导游辞本身的价值,更加重要的是影响了一个景物的价值。有的景物,本身的价值很高,但导游员没有深刻发掘其主题,使它变得平淡无奇;而有的景观,原本看来平平淡淡,经导游员描述、发掘其深刻的内涵,顿时辉煌起来,成为著名景观。

2.主题决定创作素材的取舍提炼

一个景点往往存在着大量的创作素材,它们往往是分散的、互相矛盾的、真实的或虚构的、高雅的或庸俗的。总之,可以分为有用的和无用的两大类。我们不能把这些素材原封不动地都写进导游辞中去,一定要进行取舍提炼,这就是所谓的“去伪存真”、“去芜取精”的过程。根据主题表达的需要进行提炼和取舍,才能使杂乱无章的材料变成典型的、富有生命的、互相联系的、表现景观特色的有机整体,成为一篇优秀的导游辞。

3.主题支配导游辞的谋篇布局

导游辞要按照旅游线路先后有序、层次分明、思路清晰地娓娓道来。导游员只有在动笔之前把写作意图、亦即主题明确起来,才能在创作中做到哪些该先该后、哪里该增该减、哪里该详该略、哪里该藏该露,这样才能做到谋篇严谨、布局合理。否则,偏离主题盲目地铺陈,杂乱无章,不能形成一篇严密、统一的导游辞。

4.主题制约导游辞的表达手法和语言运用

如自然风光,以描写和抒情为主;文物古迹,以说明和论述为主;风俗民情,以叙述和展示为主;革命圣地,以记叙和颂扬为主。总之,不同主题的导游辞有不同的表达手法,就是同一性质的景物,由于导游员表达的主题含义不同,也会采用不同的表达方法,绝不会互相雷同。

(二)确立主题要注意正确、集中和深刻

(1)正确:是对主题的思想性、科学性或审美价值的要求。导游辞的主题要符合景物的真实情况,充分揭示景物文化内涵,帮助游客去认识和欣赏景物的深层价值,激发人们积极健康的情感。

(2)集中:指主题的简明和单一。一般来说,一篇导游辞只能有一个主题,不宜同时存在两个或两个以上的中心。否则就会造成枝乱叶蔓,扰乱导游辞的中心思想,妨碍人们对中心思想的准确把握。要求主题简明和单一,就是为了使问题明朗化,便于说深说透,增强主题的表达效果。

(3)深刻:是反映主题的深度。导游辞不能停留在景物表面现象的罗列和说明上,它应该揭示景物深层本质的科学内涵。当然,主题的深刻性不是抽象推论或凭空拔高的产物,而须寄寓于个性鲜明的具体素材之中。两者巧妙结合,导游辞才能既生动又深刻。

(三)确立主题应突出重点和选择亮点

1.突出重点

导游辞不同于小说、散文、诗歌、论文、应用文等,它要求文字优美,朗朗上口,听来顺耳;既可以读,又可以结合场景实地讲解,最重要的是要让游客对景物留下鲜明的印象,以激发情感。因此,把握导游辞创作的重点,显得尤为重要。

(1)重点介绍最能体现景物本质特征的内容。如对园林景观的讲解,应着重于它的立意和构景手法;对历史文物的介绍,应着重于它的文化价值和历史意义;对人物应着重介绍他的主要经历与功过得失。

(2)着重介绍游客最想要了解的内容。一个景区的胜迹、文物、景点很多,旅客不可能全部游览,因此导游辞要选择其最主要的景物加以说明,不可面面俱到。这样既可以满足游客的要求,又可以避免浪费笔墨。

(3)把景点的内容分成重点、次重点、一般景点依次布局,便能重点突出,层次分明,路线清楚,结构匀称,布局合理。

2. 选择亮点

导游辞中最精彩的部分就是所谓的亮点。每个景物都由许多内容组成,其中有最吸引人们的、最有价值的、最独特的东西,是通篇导游辞的闪光点,亦即亮点。我们知道,诗有“诗眼”,文有“警句”,画有“点睛”,所以,写导游辞就应该十分重视选择“亮点”。

亮点的选择要立足于导游员拥有的创作素材,只有当导游员拥有的景物资料十分丰富和合乎实际,才能找到确定亮点之所在,形成通篇导游辞的高潮。

亮点的出现还有待于选取新颖、独特的新视角，努力探求景物的新意。新视角能提供新的场面，开掘新的含义。如果总沿着前人的解说传下去，只能看到老生常谈的旧景；相反，独辟蹊径，在从未有人到过的地方登攀，一定会领略到前人所未见的奇观。

### 三、善于借题发挥

导游辞通常都是依照旅游线路编排、紧扣主题创作的。但在介绍某一景观景物时，往往需要导游员从内容上加以扩充和增补，帮助游客更加深入地理解画面和实物本身难以直接表达的含义。

（一）知识上旁征博引

譬如，北京故宫导游辞中介绍保和殿时写道："清朝时常在这里举行宴会，每年正月初一和十五宴请蒙古和新疆的王公大臣，公主下嫁时皇帝也在这里宴请驸马。"然后就旁征博引，将封建时代的科举制度叙说一番，从汉代开创说到 1905 年废止，很有知识性、趣味性。

这种手法在导游辞中经常使用，关键是用得是否恰当。

（二）情理上借题发挥

譬如，电视片《泰山》中，画面出现挑山工登十八盘时，解说辞写道："十八盘是考验意志和耐力的路，十八盘是砥砺恒心和韧性的路。在人生的道路中总是会遇到这样那样的困难。往往困难越大，离胜利也就越近了。登过泰山十八盘的人，可以形象地体会到这个道理。"

这段解说辞借题发挥，揭示了画面以外的深刻涵义，给人们以某种启迪。

（三）史料上借古论今

譬如，陕西历史博物馆导游辞的最终一段写道："各位在陕西历史博物馆内数千件文物中徜徉，好似踏入了历史之河，回到了早已逝去的时代，领略了陕西历史文化及文物年代早、品种全、规模大、水平高的特征。它对弘扬民族文化，促进改革开放和旅游事业的发展，起到积极的推动作用！我相信各位会为先辈们勤劳智慧创造的辉煌业绩所激励，重振汉唐雄风，再创辉煌！"

借题发挥的手法很多，但是要用好这种手法必须注意：

第一,要紧扣景物和实物,以真实的场景为基础。不能随意发挥,信口开河。

第二，引用的史料知识，必须是真实的、科学的，而不是杜撰的、瞎编的。未经证实的史料不得任意引用。民间传说就要如实注明，不能以假乱真。

第三，抒发的感情应该是积极的、健康的、催人奋进的，而不是消极的、颓废的、厌世的。

第四，发挥的内容要简洁，文字要精练。做到有的放矢，收放自如，而不要漫无边际，离题万里。

导游辞的创作要有文学家的功底、诗人的激情、史学家的冷静和理论家的逻辑性。这并不是夸张，也不是吓唬人，而是要求对导游辞创作持严肃的、认真的态度。

## 四、注意创作要求

### （一）强调知识性

一篇优秀的导游辞必须有丰富的知识内容，并能够旁征博引、融会贯通，这样才能引人入胜。导游辞的内容必须准确无误，令人信服。导游辞不能只满足于一般性介绍，还要注入深层次的知识内容，如同类事物的鉴赏、有关诗词的点缀、名家的评论等。这样，会提高导游辞的水准和价值。

### （二）讲究口语化

导游语言是一种具有丰富表达力、生动形象的口头语言，并且导游辞主要采用口头传播的方式，最终目的是直接讲解给游客听。所以，它必须口语化，在语音、词汇、语法、修饰等各方面，无条件地服从口头表达的一系列特殊要求，以形成通俗易懂、亲切自然的口语风格。因此在句式上，应多采用清爽、简洁的短句、散句，还要充分调遣并综合运用整句与散句、长句与短句，使它们朗朗上口、节奏轻快、自然流畅。在词语选择上，尽量避免书面语，多使用口语形式，包括人们喜闻乐见的俗语、俚语、俏皮语等，以达到最佳的表达效果。

### （三）突出趣味性

为了突出导游辞的趣味性，必须注意以下几个方面的问题：

1. 精心编织故事情节

讲解一个景点，要不失时机的穿插趣味盎然的传说和民间故事，以激起游客的兴趣和好奇心理。选用的传说故事必须是精华，与景观密切相关，不得胡编乱造；使用时要灵活，要与讲解的内容紧密结合，切忌生搬硬套。

2. 语言力求生动形象

生动形象的语言能将游客导入意境，给他们留下深刻的印象。

譬如，有一段导游辞是这样写的：“各位团友，大家现在看到佛像头部微微前倾，目光向我们凝视，嘴唇微开，是不是正在向诸位讲经说法呢？……不知各位有没有留意，我们在大雄宝殿看到的所有佛像，包括菩萨、罗汉等，都是在海水背景之上的，大家知道这是为什么吗？对了，这位女士回答得好，这里有着‘苦海无边，回头是岸’的寓意。好了，现在就请各位回过头来，不过我们可不是‘登岸不看’，而是再接着往上面参观。”

3. 恰当运用修辞方法

导游辞中，恰当地运用比喻、比拟、夸张、象征等手法，可使静止的景观深化为生动鲜活的画面，揭示出事物的内在美，使游客沉浸陶醉。

譬如，“有人说三峡像一幅展不尽的山水画卷，也有人说，三峡是一条丰富多彩的文化艺术长廊。我们说，三峡倒更像一曲辉煌的交响乐。它由‘瞿塘雄、巫峡秀、西陵险’这三个具有各个不相同旋律和节奏的乐章所组成”。《话说长江》中的这一段导游辞用四个生动的比喻诠释了长江三峡的内在美。

4. 具有幽默风趣的韵味

幽默风趣是导游辞艺术性的重要体现，可使其锦上添花，气氛轻松。

5. 随机应变，临场发挥

导游辞创作成功与否，不仅表现其知识渊博，也反映出导游技能技巧。

譬如，导游员在车上讲解时，忽然遇到一段坑坑洼洼的道路，车内游客顿时抱怨起来，这时导游员即景生情地说：“请大家放松一下，我们的汽车现在开始为大家做全身按摩，按摩时间大约 10 分钟，不另外收费。”一席话使游客忍俊不禁，同时也增添了旅途中的乐趣。

（四）具有针对性

导游辞不是以一代百、千篇一律的。它必须是从实际出发，因人、因时而异，要有的放矢，即根据不同的游客以及当时的情绪和周围的环境进行不同的导游讲解。切忌以一篇导游辞来应对千差万别的游客。

此外，每个景点都有其代表性的景观，每个景观又都从不同角度反映出它的特色内容。导游辞必须在照顾全面的情况下针对重点内容作详细介绍。面面俱到、没有重点的导游辞是不会成功的。导游员应该像一个画家，将景点视同一件美术作品，先将景点的主线条勾画出来，然后再根据具体情况，灵活地运用我们平时牢记于心的各种素材加以润色。景点就像是一朵红花，加以绿叶的衬托，红花会显得更加美丽。但如果花太多，就突出不了大花、好花。

**【小知识】武当山的风水**

风水是中国古代建筑学的一个重要观念和传统。风水观念对中国建筑活动的影响极为广泛。可以说，在中国古代，没有一座建筑是不考虑风水问题的。风水术考虑的是人与自然的关系问题，风水学的精髓是强调人与住宅的和谐及自然与住宅的和谐的完美统一。在传统的风水观念看来，山川环境存在风水的吉凶问题，制约人和社稷的祸福安危。风水术要解决的核心问题正是人居环境的凶吉问题。那么，武当山的风水如何呢？

从中国地形图上看，武当山山系呈近东西方向展布。山的西北端起自湖北、陕西两省交界处，东南端到湖北襄阳市，东西长约 260 余公里。由于武当山最重要的建筑——太和宫金殿坐西朝东，故整个武当山的水口不在山南、山北，而在其东边。

距离武当山北边最近的大河是汉江，又名汉水，自西向东环绕武当山北麓；距离武当山南面最近的河流是南河，又名粉青河，环绕武当山南麓，在谷城境内流入汉江。按常规的说法，南河流入汉江的河口，应当是武当山道教建筑群的水口，但是，古人却不这样认为，他们以宏大的宇宙思想、以大风水的视野，来寻觅武当山的水口。

从中国大风水的格局来看，昆仑山是天地的支柱，与昆仑山相连的山脉都可称为龙脉。根据龙脉的思想，蒙受沿龙脉流行于地中的“生气”，可以招来吉祥幸福，因而必须寻求生气充溢永驻之地。水汇而龙止，有水环抱的地方，不因风而吹散，所以，这种地点的构成，是周围环山带水的宝地。武当山系背靠大巴山脉，而大巴山脉向西北连接昆仑山，因此，武当山的龙脉是直接与昆仑山相连的。正如《图经》所言：“武当山自乾兑发源，历关、陇、金、房之地，盘亘万里而至于斯（即武当山西面的天马峰）”。

所以，《续修大岳太和山志》说：“太和居荆与梁、豫之交，下蟠地轴，上贯天枢。左夹岷山，长江南绕；右分嶓冢，汉水北回。其层峰叠壑，标奇孕秀，作镇西南，礼诚尊矣。”根据这一说法，如果按坐西朝东的方位，武当道教建筑的选址大风水的格局是：武当山祖山为昆仑山，少祖山是昆仑山的支脉大巴山脉，案山是大别山脉；左面的青龙山是高大巍峨的秦岭山脉；右面的白虎山是重峦叠嶂大巴山脉。秦岭和大巴山之间的汉水谷地由西向东延伸，武当山正好耸立于其出口处。其东为江汉平原，东北为南阳盆地。向北眺望，是碧波滚滚的千里汉江；向南眺望，是浩浩荡荡的万里长江。由此可见，汉江流入长江的水口——汉口，才是武当山古建筑群的水口。

资料来源：武当之子网易博客，http：//wusizhizi. blog. 163. com，2012-04-11。

（五）富有高品位

导游辞创作必须注意提高品位，一要强调思想品位，因为，弘扬爱国主义精神是导游员义不容辞的职责；二要讲究文学品位，导游辞的语言应该是优美的，文字是准确的，结构是严谨的，内容层次是符合逻辑的，这是对一篇导游辞的基本要求。如果再在基本内容之外适当地引经据典、得体地运用一些诗词名句和名人警句，就会使导游辞的文学品位更为提高。

## 第四节 示范导游辞

### 一、示范导游辞1：黄鹤楼（人文景观）

各位来宾、各位朋友：

大家好！在这美好的时节，非常荣幸与您相约在美丽的江城武汉。我是您此行的导游。今天，我将陪同您走进千年文化名楼——黄鹤楼，一同去领略她的楚风神韵！

黄鹤楼是闻名中外的历史名胜，是素有“九省通衢”之称的武汉市的标志性建筑。无论您是乘船漫游于万里长江之上，还是乘车经过京广铁路线，一抬眼便可以看到这座巍然耸立于蛇山之上的千古名楼。可以说，得天独厚的地理位置，加上历代文人墨客留下的诗词歌赋、楹联匾额，造就了这座山川美与人文美相辅相成的文化名楼。自古就享有“天下江山第一楼”的美誉。

黄鹤楼始建于三国吴黄武二年，也就是公元223年，由孙权依山而建的一座军事哨所演变至今，已有1700多年的历史了。那么，现代黄鹤楼是以清代黄鹤楼为蓝本，于1981年重建，1985年落成的。

您看，主楼共五层，高51.4米，黄瓦红柱，金碧辉煌，而且全部楼体由钢筋水泥浇铸而成。它既不失黄鹤楼传统的独特造型，又比历代旧楼更加雄伟壮观，故享有“天下绝景”的美誉。

一来到黄鹤楼，您可能就会产生一个疑问了，这座楼阁为什么取名黄鹤楼呢？别着急，让我们先带着这个疑问走进它的一楼大厅，然后听我慢慢说来。

大厅内最引人注目的恐怕是这幅《白云黄鹤图》了。此图取材于《驾鹤登仙》的古神话，兼取唐诗“昔人已乘黄鹤去”之意。您看，画面上有位仙人驾着黄鹤腾空而起，他口吹玉笛，俯视人间，似有恋恋不舍之情。下面黄鹤楼的人群，有的把酒吟诗、有的载歌载舞，大有祝愿仙人黄鹤早返人世之意。底下还盛开着许多梅花，由于梅花是武汉市的市花，作者也是想借此点明黄鹤楼所处的地理位置。

而其楼阁的得名还得从它的神话传说谈起。湖北是楚国的发源地，楚史800年，建都湖北的就有400多年的历史，所以黄鹤楼作为楚文化的载体，自然而然便产生了众多充满神奇和浪漫色彩的传说。明代《报恩录》里就曾记载：一位老道在一个叫辛和的人开的酒馆里喝了半年酒，却没付一分钱。临别时，他用地上的橘子皮在墙上画了一只黄鹤，并告诉辛和，只要拍手相招，黄鹤便会下来跳舞为酒客助兴。从此，辛和的酒馆因为有了这只仙鹤，生意十分红火。辛和为了感激老道，在原地盖起了一座高楼，取名“黄鹤楼”。数百年来，这个故事在我国广为流传，成为黄鹤楼“因仙得名”最有影响的传说。

而实际上，黄鹤楼名的真正由来，主要是“因山得名”。因为黄鹤楼最初建在蛇山的第一座山峰黄鹄矶上，古代的“鹄”与“鹤”是同义字，所以人们常称黄鹄矶为黄鹤矶，黄鹤矶上所修的楼自然被称为“黄鹤楼”了。但在历史上，人们更愿意相信“因仙得名”之说，因为这一说法满足了人们精神超越的需求，也更符合楚国人刻意追求浪漫的审美价值，从而成为黄鹤楼文化的重要组成部分。

如果说追求浪漫的楚国人，编织了美丽的黄鹤楼神话，那么勤劳智慧的楚国人，则创造了黄鹤楼的建筑奇迹。

岳阳胜景，黄鹤胜制。历代黄鹤楼在建筑形制上都呈现出不同的特色。其中，清代黄鹤楼是古代黄鹤楼中最具特色的一座了。1868 年，也就是清同治年间，是清王朝最为动荡不安的时代，为安定民心，清政府耗资三万两白银，动用千余名工匠，花费近 10 个月的时间，建成了这座清代最后的楼阁。楼阁的建筑数理非常讲究。您看，楼体分为三层，以应天、地、人三才；第一层的十二个角对应一天有十二个时辰；第二层的十二个角对应一年有十二个月；而顶层的二十八个角则对应天上有二十八星宿。但令人遗憾的是，这座楼阁因山下房屋失火，于 1884 年化为了灰烬。

清楼的毁灭，似乎也预示着清王朝的没落，此后的一百年间，这座千古名楼一直未能再现江城。直到 1981 年，我们现在这座黄鹤楼的破土动工，才结束了这段“有诗可悼，无楼可登”的历史。

古人说：文因景成，景借文传。这句话对黄鹤楼来说是再恰当不过的了。走进黄鹤楼诗词的大观园里，最引人注目的当然是唐代诗人崔颢的《黄鹤楼》：“昔人已乘黄鹤去，此地空余黄鹤楼。黄鹤一去不复返，白云千载空悠悠。晴川历历汉阳树，芳草萋萋鹦鹉洲。日暮乡关何处是，烟波江上使人愁。”平时崔颢的诗流于旖旎做作，而独独在黄鹤楼上写下了这首动人心魄的七言律诗。据说当年李白来到黄鹤楼，本想题诗一首，当他看到崔颢这首诗后，便说道“眼前有景道不得，崔颢题诗在上头”，然后搁笔离去了。从此以后，在文坛上便留下了“崔颢题诗、李白搁笔”的美谈。

一代伟人毛泽东，也特别钟爱我们黄鹤楼。1927 年春，他在武汉从事革命工作时，曾写下了《菩萨蛮·黄鹤楼》：“茫茫九派流中国，沉沉一线穿南北。烟雨莽苍苍，龟蛇锁大江。”

可以说，上下数千年，洋洋洒洒千百首诗，构成了独特的黄鹤楼文化。人们在这里，不仅可以领略楚文化的魅力，更能感受到中华文明的博大精深。

今天的黄鹤楼，不仅以它雄伟的身姿、厚重的文化，吸引着南来北往的朋友，更像是武汉的保护神，庇佑着武汉的繁荣和昌盛。2005 年中秋节，中央电视台在黄鹤楼前举办了“江城月、中华情”中秋双语晚会，并对全球华人进行了现场直播，那天，圆圆的中秋月，巍巍的黄鹤楼，勾起了无数海外华人对祖国、对故乡的无限思念。这台晚会还在第 39 届美国休斯敦国际电影节上荣获电视文艺类最高奖——“白金奖”。

好了，各位朋友，我们今天的黄鹤之旅到此就结束了。非常感谢您的支持和配合，不尽之处，还请您多多海涵。美丽的黄鹤楼期待与您再次相逢。最后，预祝您旅途愉快，万事如意！

## 二、示范导游辞 2：长江三峡（自然景观）

各位来宾，各位朋友：

大家好！我是您此行的导游，很荣幸能陪同您游览壮美的长江三峡。记得有一位国外友人问："到中国只看一个地方的话，会是哪里？"余秋雨脱口而出的回答是"三峡"。现在就让我们一起乘船顺流而下，走进三峡。

长江是我国的第一长河，也是仅次于非洲尼罗河、南美洲亚马逊河的世界第三大河。她起源于世界屋脊青藏高原的沱沱河，自西向东贯穿中国腹地，孕育了源远流长的华夏古老文化。长江在流经四川盆地东缘时，被境内的大山所阻挡，它横冲直撞，形成了举世闻名的大峡谷——长江三峡。三峡西起重庆奉节白帝城，经过瞿塘峡、巫峡、西陵峡三段峡谷，到达湖北宜昌的南津关，全长 193 公里。

可是，您知道吗？在地球的另一边，还有一条著名的美国科罗拉多大峡谷。虽然它和我们的三峡一样，都是造山运动的产物，都有一条河流穿峡而过，但是科罗拉多峡谷却没有中国三峡的山清水秀，并且不能通航，更没有全球最大的水利工程，所以难怪众多的美国朋友都要不远万里来中国一睹壮丽的峡谷风光。

我们乘船顺流而下，首先经过的是我们每天都在触摸的瞿塘峡。为什么这么说呢？大家不妨掏出一张 10 元的人民币，在它的背面就是瞿塘峡峡口的标志——夔门。瞿塘峡上自刘备托孤的白帝城，下到古文化的宝库巫山大溪镇，全长只有 8 公里，是三峡中距离最短、航道最窄、最雄伟壮观的一个峡。瞿塘峡虽短，胜景却不少：像古栈道、孟良梯、风箱峡等风景都坐落在峡道两岸，峡中还有神秘的古代巴人悬棺遗址。船行至瞿塘峡出口处就是大溪古镇了。考古工作者先后对这个只有 200 多户人家的小镇进行过三次发掘，发现古墓 208 座，经探索测定，这是一处距今 5000 多年的新石器时代遗址。这一发现证明，长江和黄河一样，都是中华文明的摇篮、古文化的发祥地。

船过大溪，就看不到怪石嶙峋的峭壁了。像我们现在经过的这种比较平缓的河谷丘陵地带，地质学上称为宽谷。大宁河宽谷和香溪宽谷，就像乐曲中的过门一样，将三段峡谷连接成一篇错落有致、层次分明的长江三峡交响乐。

离开雄伟的瞿塘峡，我们将进入秀美的巫峡。巫峡全长 44 公里，西起巫山大宁河口，东到湖北巴东县官渡口。如果说瞿塘峡像一道闸门，那么巫峡就像长江上一条迂回曲折的画廊。在这一幅幅风景画中，主角当然就是我们的巫山十二峰了。说到十二峰，您一定会问哪个是神女峰吧？请大家顺着我手指的方向看，在江北岸的山顶上有一尊人形的石柱，好像一位亭亭玉立的少女在遥望江面，那就是著名的神女峰了。别看它只是一块 6 米多高的石头，可早在

2000多年前的战国时期，它就因为楚国著名辞赋家宋玉的《神女赋》而早已闻名天下了。

船一路行驶，我们现在来到了香溪口。香溪，因哺育了汉代美女王昭君而闻名天下。从这儿，我们也就进入了长江三峡的最后一个峡——西陵峡，它全长66公里，终点是宜昌的南津关。西陵峡在以前是以险而著称，有句行船谚语说："青滩、泄滩不算滩，崆岭才是鬼门关。"说的就是西陵峡中最危险的三个滩。不过，新中国成立后，西陵峡经过修整，特别是1970年兴建的葛洲坝工程，抬高水位20多米，原来的礁石险滩早已沉入江底。再加上1994年破土动工的三峡工程目前已完工，库区已蓄水至海拔175米，整个西陵峡的航运条件得到了根本性的改善。虽然峡内的风景发生了一些变化，但位于两坝之间长约38公里的西陵峡东段却原封不动地保留了下来，它保持着三峡的原汁原味，是唯一永远不被淹没的三峡风光。

好了，各位朋友，我们今天的新三峡之旅到此就结束了。最后，祝愿各位朋友的生活像我们三峡的脐橙一样甜甜蜜蜜，工作如"轻舟已过万重山"般顺心如意，谢谢！

那么，朋友们，你们猜猜宜昌最大的特点是什么呢？对，那就是闻名中外的水电之城。无论是省级，还是国家级、世界级的水电站都在宜昌境内。已建成湖北省最大的水电工程清江隔河岩电厂，装机容量120万千瓦；已建成全国最大水电工程葛洲坝电厂，装机容量271.5万千瓦；正在兴建的全世界最大水电工程长江三峡水利枢纽工程，总装机容量达1820万千瓦。此外，还有400多座中小电站，装机容量约54万千瓦，这些都为当地、全省乃至全国的经济发展提供了充足的电能，也使宜昌成为名副其实的水电之城。

独特的区域优势和峡、坝、巴楚文化的旅游特色，使宜昌这颗"峡口明珠"焕发出勃勃生机，展现出美好的前景。

好了，游客朋友们，我们的车将要抵达游船码头。"三峡天下壮，请君乘船游。"现在就让我们乘船逆流而上，体验长江三峡那独特的峡江风光、揭开神女峰那神秘的面纱、感受夔门那雄伟的气势、体验诗仙李白那"朝辞白帝彩云间，千里江陵一日还"的豪情吧！

**【实训项目1】结合资料编写导游辞**

实训目的：掌握导游辞的编写技能。

实训内容：根据下文所提供的武汉市介绍资料，在60分钟内编写出一篇介绍武汉的导游辞。

教师主要观测点：

（1）考查学生对景点导游辞的创作能力。

（2）考查学生对资料的归纳能力和文字表达能力。

武汉市是湖北省的省会，是全省的政治、经济、交通、文化和旅游中心。武汉市现有人口快达到900万，全市总面积约8476平方公里，是中国的特大型中心城市。它位于湖北省东部，是全国重要的水、陆、空交通枢纽，自古就有“九省通衢”的美称。沪蓉高速、京珠高速、京广高铁、京九铁路都从武汉穿城而过，在武汉形成了一个大大的“井”字形，把武汉的物流扩充到全国各地。现在武汉正在着力打造1+8城市圈，武汉城市圈是指以武汉为中心，以100公里为半径的城市群落，包括武汉及黄石、鄂州、孝感、黄冈、咸宁、仙桃、潜江、天门等8个中小城市，从而形成长江中游最大、最密集的城市群优势互补、资源共享、市场共通、利益共有的格局。湖北省被称为千湖之省，武汉市被称为百湖之市，大大小小的湖泊约140多个，这里有着中国最大的城中淡水湖——东湖，水域面积有33平方公里，是杭州西湖的六倍大。连朱德同志在游玩东湖之后也留下了“东湖暂让西湖好，今后定比西湖强”的题词。如此多的湖泊，加上长江汉江在此交汇，武汉的人均淡水占有资源在全国排名第一。武汉市是一座历史悠久的城市，1911年孙中山先生领导的辛亥革命的第一枪就是在这里打响，至此推翻了统治中国2000多年的封建帝制，打开了民国之门。为了辛亥革命，武汉有三位烈士首先牺牲，他们就是彭楚番、刘复基、杨洪胜三位，现在武汉市为了纪念他们，有一条马路就叫做彭刘杨路。

武汉“江城”的由来：除了因为武汉濒临长江之外，还因为一位伟大的诗人——李白。当年诗仙李白在其《与史郎中饮听黄鹤楼上吹笛》一诗中，这样写道：“一为迁客去长沙，西望长安不见家。黄鹤楼上吹玉笛，江城五月落梅花。”他认为黄鹤楼所在的这个美丽城市应该称之为“江城”，那黄鹤楼位于武汉市，所以武汉又有了“江城”的美称。作为世界上第三大长河，长江在武汉与她最大的支流汉江交汇，形成了汉口、汉阳、武昌三镇，故又有武汉三镇之说。

毛主席身前对武汉这座城市也非常地有感情，在武汉留下了很多的诗篇：“烟雨莽苍苍，龟蛇锁大江”，“才饮长沙水，又食武昌鱼”，“一桥飞架南北，天堑变通途”等。

武汉三镇地理格局：滔滔不尽的长江和汉水纵横交汇通过市区，把武汉分割成武昌、汉口和汉阳三部分，形成了三镇鼎立的格局，史称武汉三镇。有许多外地人到我们武汉以后被这种两江分三镇的独特地形弄糊涂了，分不清东南西北，找不到地方。那怎么样可以分清武汉三镇呢？其实很简单，只需要大家伸出手来，一张简单的武汉市地图就出来了。大家可以顺着我的手看，我的手掌和手腕就是中国最长的河流——长江，大拇指就是长江最大的一条支流——汉水，我小拇指以下的地方就是武昌，大拇指和食指的夹角处就是汉口，而大拇指和手腕的夹角处就是汉阳，武昌位于长江以南，汉口和汉阳位于长江以北，大家比一下，看看对不对呀。万一以后有人迷路了，向你们问路，你们就可以把手伸出来告诉别人了，可别记错了哟。在武汉市内除了长江和汉水以外，还有许多的湖泊，所以可以这么说，武汉是依水而建，却又因水而隔。也正因为这样，武汉两江四岸都有修建江滩公园，这里有目前中国最大的滨江公园汉口江滩以及以大禹神话园为主题的汉阳江滩公园。

“桥城”别称的介绍：独特的地理特征使武汉与桥结下了不解之缘，所以武汉又被称为“桥城”。但是在长江和汉水这样的大江大河上架桥谈何容易，人才匮乏，资源短缺，只能望江兴叹。所以，1957年以前相当长的一段时间里，轮渡是武汉人过江的唯一现代化交通工具。行人，汽车过江靠轮渡，就连南来北往的火车过江也得靠轮渡中转，不仅速度慢，而且一遇上刮风下雨，就无法通航，交通极不方便。因此，在长江上修建一座长江大桥是我国人民千百年来的愿望，这个愿望一直到1957年才得以实现。1957年10月15日，连接长江南北两岸的第一座公路铁路两用大桥——武汉长江大桥胜利竣工。通车那天全国上下举国欢腾，人们载歌载舞，盛况空前。毛泽东主席此前还特地来到大桥附近横渡长江，并写下了脍炙人口的《水调歌头·游泳》一诗。从此，“两江分三镇”的历史随着“一桥飞架南北，天堑变通途”而结束。现在在长江武汉段一共有8座长江大桥，除了大家熟悉的长江一桥，还有长江二桥、二七长江大桥、长江三桥、军山大桥和阳逻长江大桥，以及通火车的天兴洲大桥，还有已经选址修建的鹦鹉洲长江大桥。

未来的交通：除汽车、轻轨，还可以走过江隧道，坐地铁。在2003年7月，武汉市的轻轨一期竣工通车，在汉口的京汉大道上每隔15分钟就有一趟轻轨在空中穿梭，大大方便了市民的出行。武汉市是全国第七个拥有轻轨的城市，轻轨一公里的造价就是1亿元。现在，武汉市轻轨的一期工程，全长是10.6公里，也就是10多亿元人民币。除了在空中穿梭的轻轨以外，武汉市在长江上的第一条过江隧道也于2008年的12月28号试通车。它位于长江大桥、二桥之间，北接汉口大智路，南通武昌友谊大道，是解决主城过江交通的一条城市主干道。隧道全长约3.7公里，双向4车道，设计车速50公里/小时。过江隧道建成后，仅需几分钟，就能驾车穿过江底、抵达对岸。现在，23%以上的过江车辆改由隧道过江，长江大桥、长江二桥的交通压力也大为缓解。武汉的地铁也已经动工修建。以后的武汉，江上架桥、江面行船、江底通隧的三维立体交通新格局将形成。

三镇的特色：在古代，武昌、汉阳和汉口都是各自为“镇”的，一直到1927年国民政府由广州迁来此地，三镇才统称武汉市；1949年5月，武汉解放，武汉成为中央直辖市，1954年改为湖北省管辖的省会城市。1986年12月被国务院命名为中国第二批历史文化名城。就因为在古代三镇都是独立的，所以它们的发展过程也都不一样。武汉三镇各有特色。武昌是政治、文化、信息中心。武昌是一座有着1700多年的历史文化名城，始建于三国时期，有丰厚的文化底蕴，现为湖北省委、省政府所在地，是全省的政治、文化、信息中心，200多家外地驻汉机构和众多金融机构、商贸企业、大公司总部汇集在此，形成武汉市的江南核心区；武昌是辛亥革命“首义”之地，1911年的10月10号，武昌起义一枪打响，推翻了中国延续2000多年的封建帝制、建立亚洲第一个民主共和国；武昌是全国闻名的智力密集区，是仅次于北京海淀区的全国第二大智力科技密集城区，辖区内有武汉大学、华中科技大学等13所著名的高等院校和以中科院武汉分院为代表的48所国家、省、市级科研机构，全国闻名的“东湖高新技术产业开发区”、“武汉·中国光谷”都位于武昌，拥有10多万高级专业技术人才，在校大学生50多万人，每年产出800余项科研成果，科技人才济济，科技力量雄厚，可以说，武昌是一个名副其实的“大学城”。不仅如此，武昌有中小学131所，在校学生12万人，拥有多所省市级重点名牌学校，为社会培养了大量可塑人才，全国唯一的“少年科学院士”就产生在武昌实验中学。汉阳是武汉市的工业区。武汉是中国近现代化的发源地之一，清朝时，湖广总督张之洞就在汉阳创办了当时亚洲最大的企业汉阳兵工厂和汉阳铁厂，现在许多外资企业在汉阳投资建厂，国家级的武汉经济技术开发区就位于汉阳的沌口，称为沌口经济开发区。武汉大街小巷里穿梭的神龙富康车，就是因为中法两国最大的合资项目——东风·雪铁龙、东风·标志轿车的总装厂就设在汉阳。在沌口经济开发区内还有武汉可口可乐饮料公司。汉口是武汉市的商业区。明朝成化年间，汉水改道，汉口从汉阳分离出来。因此在武汉三镇中，汉口形成最晚，只有约500年的历史。但它后来居上，是三镇中发展最快的一个镇。至明末清初，它已和河南的朱仙镇、江西的景德镇、广东的佛山镇并列为中国的四大名镇。古书上是这样描述汉口的：“十里船帆依市立，万家灯火彻宵明”，其繁华景象可见一斑。如今，这里有号称“天下第一街”的汉口小商品市场——汉正街，有全国闻名的商业街——中山大道，有全国最长的步行街——江汉路等，还有武商、佳丽广场、新世界、武广等购物中心等，商业极其发达。

市树与市花：每个城市都有属于自己的城市形象代表，称之为市树，市花。武汉的市树是水杉，市花是梅花。水杉有“活化石”之称。它是第四纪冰川时期的珍贵树种，和恐龙是同时代的，距今已有一亿三千万年的历史。1941年我国植物学家首次在鄂西发现了水杉，轰动世界。一时间，水杉苗按重量出售，其价值与黄金相等。为纪念这一重大发现发生在湖北，再加上水杉那耐寒、挺拔、适应性强的特点，正好能象征武汉人民耿直、坚强的精神，因而，1983年水杉被定位为武汉市的“市树”。梅花是“岁寒三友”之一。武汉东湖梅园是全国四大梅园之一，梅花品种达300多种。梅花雪中开花，向人们传达春天的气息，给人们带来希望和欢欣。由于她不畏冰雪，迎寒而开，表现出的是一种不畏强暴，不屈不挠的可贵精神，这正好代表着勤劳勇敢的武汉人民的优秀品格，所以梅花被选定为武汉市的市花。

武汉美食：武汉地处华中，除了汇集东南西北各地的美食外，这里还有许许多多当地的美味佳肴。武汉的风味小吃品种很多，历史悠久。一是热干面。武汉的热干面与山西的刀削面、四川的担担面、北方的炸酱面并成为我国的四大名面。它既不同于凉面，又不同于汤面。首先，是先把面条基本煮熟，然后，捞起来拌油摊凉，吃时再放进开水里烫几下，捞起来放进碗里，加上芝麻酱、虾米、葱花、酱萝卜干、小麻油和醋等作料拌匀。吃的时候香气扑鼻，耐嚼有味。热干面的发明者是20世纪30年代初期汉口长堤街卖汤面的李包。他发明此面纯属巧合。起初因生意不好，常有卖不完的汤面，为防止汤面发馊变质，就把它捞起来放在案上。一次，不小心撞倒了麻油壶，他就把流出来的麻油拌到面条里。第二天，他把这些面条放在沸水里烫几下，捞起来拌上作料，没想到热气腾腾，香气扑鼻，人们争相购买。有人问他这是什么面，他脱口而出说：“热干面。”人们都说好吃。从此他就专卖热干面。有些饮食摊贩看他的生意兴隆，便向他学艺，也卖起热干面来。现在的武汉大街小巷到处都有热干面馆和摊点，是武汉人早晨最爱吃的早点之一。武汉“蔡林记”热干面馆是其中最有特点、最有名气的一家。二是“清蒸武昌鱼”。武昌鱼学名叫团头鲂，也叫鳊鱼，因产于三国时吴王故都武昌（今鄂州）的梁子湖而得名，封建时代就是贡品。三国时吴国曾将国都从武昌迁往建业（今南京市），孙皓想重新迁回武昌，大臣陆凯上书谏阻，引用了“宁饮建业水，不食武昌鱼”的民谣，使武昌鱼之称流传了1700多年。毛泽东在1956年写下的《水调歌头·游泳》，以“才饮长江水，又食武昌鱼”为开篇，使武昌鱼变得家喻户晓，名扬中外。武昌鱼的烹制方法多种多样，十分讲究，其中最负盛名的是清蒸武昌鱼。其方法是：用一斤左右的鲜活武昌鱼作主料，辅以火腿、香菇、冬笋、鸡汤等十多种配料、调料，上笼清蒸，严格控制火候，使之恰到好处，这样蒸出的武昌鱼，鱼肉细嫩，香味扑鼻。蒸好后再在鱼上缀上红、绿、黄各色菜丝，使之色彩艳丽。吃时加点醋，汤质鲜美，味道似海鲜。现在有很多一般品种的鳊鱼都自称是正宗的武昌鱼，那怎么样才能辨别呢？其实很简单，正宗的梁子湖武昌鱼与别的品种不一样，它只有十三根半刺，所以以后大家吃完武昌鱼以后可以好好数一下，看看是不是真的是十三根半刺。三是“洪山菜苔炒腊肉”。洪山菜苔是武昌洪山一带的名菜，它颜色紫红，脆嫩清香，营养丰富，常食不厌，是武汉人冬春两季的家常菜之一，同武昌鱼一起被誉为楚天两大名菜。清朝的慈禧太后常差人来索取洪山菜苔，视之为“金殿玉菜”。洪山菜苔炒腊肉，做法很讲究。菜苔选洪山宝通禅寺周围种植的为佳，要既鲜且嫩，主要吃苔，苔用手折，长约寸许，洗净沥干备用。腊肉也要切成一寸长的薄片，先放进锅里煸炒，然后捞起，再炒菜苔，最后把腊肉掺入，起锅装盘。吃时菜苔鲜嫩脆香，腊肉醇美柔润，别有风味。传说红菜苔以武昌洪山能听到宝通禅寺钟声的地方为最佳，超出此范围，红菜苔的颜色就变浅了，味道也变差了，所以叫做洪山菜苔。为引种这一名菜，曾闹过一些笑话。清朝年间，安徽合肥人李鸿章任湖广总督。他特别爱吃红菜苔，就想把它引种到老家去，结果不成功，他认为问题在土壤，就用船装载洪山的菜园土到合肥去栽种此菜，结果仍然无法种出正宗的洪山菜苔，反而留下了在湖北“挖地皮”的笑话。如今，随着科学技术的进步，为了让人们在更长的季节吃到更多鲜嫩可口的红菜苔，武汉市郊的菜农与华中农业大学的专家教授合作研究红菜苔的习性，培育出新的品种，扩大种植面积不失其固有特点，取得了成功。据说，现在连远隔重洋的日本也引种了武汉的红菜苔。人们说，宝通禅寺的钟声长了翅膀。

**【实训项目 2】课堂讲述不同类型的欢迎辞**

实训目的：掌握不同类型欢迎辞的编写模式。

实训内容：安排学生在课堂同时讲述不同风格或类型的欢迎辞。

教师主要观测点：

（1）观察学生对各种不同表达方式导游辞的运用能力。

（2）考查参与学生的普通话和表述能力。

**【思考题】**

1. 什么是导游辞？它有哪些作用？
2. 景点导游辞的创作要领有哪些方面？
3. 导游辞创作中把握选题的基本原则有哪些？
4. 导游辞的创作要求是什么？

1 基础篇

# 3 技能篇

2 实务篇

# 第十章　导游员的带团技能

【学习目标】

❖明确导游员带团要领

❖如何树立正确的带团理念

❖掌握导游员带团的常用技巧

❖了解导游员带团应规避的问题

## 第一节　导游员的带团层次

导游员带团的层次，是指导游员带团的质量级数。在旅游活动中，导游服务是由导游员来完成的，但是这并不意味着所有导游员的服务质量和服务层次都处于同一水平线上。导游员的思想与业务素质在客观上存在的差别，自然会反映到带团的质量上面，出现不同的质量层次。

导游员带团的层次共分为五级。五级层次由低向高排列，高级别都涵盖着低级别的内容。对导游员来讲，只有通过努力，尽快由低级别向高的级别迈进，才能有更大的进步。

### 一、带领团队

这是导游员带团的最低层次。近年来，大批进入导游队伍的人员中，有许多人还停留在这一层次。导游员只是带领游客走一遍，只起到向导及代买门票的作用，途中没有讲解介绍或景点风光介绍，不得要领。游客的利益受到损失，求知、求奇、求新的愿望得不到满足，体会不到旅游产品的真正价值。

### 二、服务团队

这一层次较之带领团队的层次有所提高，因为有了导游员服务的内容。导游服务是导游员带团的最基本的业务。从导游服务的全面要求讲，导游员不仅要有基本的功能性服务，还要有最重要的情感性服务。一些导游员带团中，住宿时安排房间，用餐时安排参观，游览时安排景点，只是一种机械的、公事公办的服务，缺乏为游客提供超常的服务和情感性服务，更谈不上个性化服务。

如果仅仅有了基本的功能性服务的内容，而没有超常的情感性服务，距离导游服务质量标准要求还是很远。只有做到了全方位的服务，才能算是真正意义上的服务。

### 三、管理团队

导游员在带团中，要把管理团队的内容始终贯穿于游览的全过程之中。旅游团队需要服务，更需要管理，这种管理是更高层次的服务，是主动性强、目标化的服务。只有将这种目标化、主动性服务的管理内容融入旅游团的接待中，才算是合格的导游员。旅游团是一个人员复杂的群体，年龄、性别、职业、兴趣各不相同，在旅游中的要求也不一样，要把这样的群体统一到能充分配合导游员的工作上来，确实需要一番艰苦的努力。正因为如此，就更应该注意旅游团的管理工作。在时间的安排上，在气氛的调动上，在内部的和谐相处上，在纪律的约束上，都需要有相应的管理性服务。所以说，管理是旅游行程顺利完成的重要前提。

### 四、征服团队

征服团队是导游员带团的较高层次。如果说前三个层次是对导游员的基本要求，那么征服团队就应该是对导游员的更高要求。导游员通过自身的努力，对团队的征服主要依靠的是：

人格的魅力。以高度敬业的精神、坦诚相待的态度、周到热情的服务体现出导游员的人格魅力，使游客产生敬服感。

能力的展现。以丰富广博的知识、生动活泼的讲解、机智灵活的决断，体现出导游员高超的带团技能，使游客产生优越感。

做到征服团队的层次上，导游员真正可以达到挥洒自如的地步，从而形成一种较高的职业境界。

### 五、驾驭团队

驾驭团队是导游员带团的最高层次，在征服团队的基础上，体现出更多的情感因素。如果说征服团队还停留在导游员与游客之间的服务与接受服务单纯的商品交换关系上，那么驾驭团队就应该使导游员与游客之间形成超越一般交换关系的友情关系。导游员在带团中，与游客进行了成功的沟通，投入了更多的情感化辛勤劳动，使游客暂时忘记了他是导游员的角色，愿意与他真心相交，并信服导游员做的一切都是对的。导游员带团达到这种层次后，游客就变成了他的忠实朋友。他走到哪里，游客就会跟着他到哪里，并且最终使游客对导游员产生极大的品牌忠诚。

## 第二节　导游员的带团要领

导游带团技能是指导游员根据旅游团的整体需要和不同游客的个别需要，熟练运用所掌握的知识和经验以提高旅游产品使用价值的方式、方法和技巧的能力。它贯穿于旅游活动的全过程之中，其能力高低直接影响到导游服务的效果。

### 一、树立正确的带团理念

导游员带团时所持的理念是决定导游在面临困难的时候，采用何种情绪、技巧及工作方法的思想基础。

（一）诚信、用心

导游有诚意才能让游客放心，有信用才能让游客满意，当游客确定导游是真正为他们着想，能够意识到你的承诺时，他们才会真正地信赖你，喜欢你。导游在与游客的交往中有了真诚的情感交流，在工作中流露出一种人格魅力，才能使导游服务工作进入一种既能动已，又能动人的新境界，才会找到工作的意义和乐趣。真诚对待游客是建立良好人际关系的感情基础，心诚则灵，有诚意才可靠。当导游员的真诚和热情被游客认可，就能赢得游客的好感与信赖。

导游员不仅要用脑思考，还要用心思考。要做到用心工作，就要求导游员首先要尊重人，尊重游客的人格和愿望，在合理而可能的情况下满足他们的要求；其次，要关心人，关心游客的生活和疾苦，解决实际问题；还要团结人，亲和力强，保持微笑服务，使用柔性语言。只有用心，才能于细微之处见精神。

（二）宽容、理解

宽容地理解游客，是对游客的尊重，一个善解人意的导游员能够从游客的角度来思考问题，去理解游客的所想、所愿、所求和所为，从而做到“宽以待客”。

许多优秀导游知道，一个喜欢挑剔和责难的游客，在一个有素质和修养、有思想、能够认真倾听的导游面前，会变得软弱无力。对待挑剔的游客要主动沟通，认真倾听，仔细地做好笔记，不打断，接受挑剔中的合理部分，着手改进；某种意义上讲，游客的挑剔是与导游的耐心进行的一场实对实的较量，谁坚持到最后，谁就赢得这场较量。

（三）驾驭全局

由于导游服务是一种引导组织游客进行各种旅游活动的积极行为，因此导游员就是一个团队的领导，必须有效地驾驭旅游活动的节奏和内容，主导游客的情绪和意向，努力使游客的行为趋于一致，使一个临时组成的松散型团队成为一个井然有序的旅游团队。

## 二、树立良好的导游形象

树立良好形象是指导游员要在游客心目中确定可信赖、可以帮助他们和有能力带领他们安全、顺利地在旅游目的地进行旅游活动的形象。导游员在游客心目中树立良好的导游形象，主要靠自己的主观努力和实际行动。

### （一）总体要求

行为要礼貌。在与客人交往过程中，应时时注意礼貌的细节。如分发旅游物品时，应双手奉上；和客人交谈时应保持适当的距离；清点人数时切忌用导游旗指指点点或拍打游客的肩头。一个礼貌动作不仅反映导游员对游客的尊重，也会赢得游客对导游员的尊重。

问候要主动。导游员见到游客时要主动热情地打招呼。如早上见到游客道一声："您早"、"早上好"、"您昨晚休息得怎么样" 等；在客人就餐时说一句"希望大家吃得好"；宣布活动安排后说一声"祝大家玩得开心" 等，这样会拉近导游员与游客间的距离，便于开展工作。问候语和问候方式灵活多变，并不一定拘泥于某种固定的形式，要避免对游客不理不睬的态度。

同时，问候方式应是游客易于接受的。如一位游客头天晚上感到身体有点不舒服，第二天起床后你看见他，不必再提他的病，而应对他说："您今天的气色看上去好多了，可以和我们一起出去了吧?"这样，游客会受到鼓舞，即使不能同行，情绪也会开朗很多。

迎送要热情。导游员与游客的交往始于迎接终于送别。迎候游客时，导游员态度要亲切而热情，在集合地点醒目处迎候客人，上车时在车门边迎候客人，旅行开始时，应致以简单的欢迎辞。旅行结束时，导游员要安排一个较正式的告别仪式，真诚地感谢游客对导游员工作的支持、理解和帮助，并希望游客有机会再度光临。

应酬要周全。导游员应很快熟悉所带团队的游客，记住怎样称呼他们而不要混淆。无论在哪里，导游员都应该用各种方式表示对游客的关心，不要让人有冷落之感，哪怕是一两句应酬的话语，都能给游客带来温暖。

### （二）重视第一印象

良好的第一印象是服务初始阶段的主要工作目标。第一印象至关重要，因为它关联着游客的信任，在陌生者心目中留下印象，成为游客对你最终评价的参考。

1. 第一印象的含义

印象是一个人的某些特征在他人头脑中留下的迹象。而第一印象，是在与人初次接触时给对方留下的形象特征，心理学上称为“首因效应”。第一印象在人际交往中所具备的思维定势效应有很大的稳定性，一旦形成后就很难改变。

2. 第一印象的作用

第一印象往往会影响游客在以后的旅游活动中对导游员的判断和认识。社会心理学证明，良好的第一印象会产生一种优先效应，即人们常说的“先入为主”。游客对导游员有了好感，在以后的相处过程中就倾向于对导游员的各种行为做出好的评价和解释，甚至于将工作中出现的差错也解释为出于无意。这就有利于导游员与游客之间的交往和合作。

第一印象还会导致“晕轮效应”的产生。心理学研究表明，当认知者对一个人的某种特征形成好或坏的印象后，他还倾向于据此推论该人其他方面的特征，这就是晕轮效应。第一印象极为鲜明牢固，导游员留给客人的第一印象，往往会成为以后对导游员的基本印象。尽管第一印象不一定准确，甚至与实际情况完全相反，但要改变它却需要费很大的周折。导游员与游客接触时间短暂，双方都来不及进行更多、更深入的了解，无法达到“日久见人心”的境地。所以，导游员一定要注意自己给游客的第一印象。

3. 留下美好第一印象的方法

第一次亮相，至关重要的在于“出面”、“出手”和“出口”。

“出面”，就是导游员要显示出自己良好的仪容、仪表、神态、风度。导游员，特别是地方导游员，与游客的接触是短暂的，游客虽然会全方位地品评导游员，然而短暂的接触留给游客的印象往往更多是个人形象起主导作用。因此，导游员的衣着要整洁、得体，化妆和发型要适合个人的身体特征和身份，并与追求的风格和谐统一。穿着打扮得体比浓妆艳抹更能表现出一个人高雅的趣味和含蓄的风度。一个精神饱满、乐观自信、端庄诚恳、风度潇洒的导游员必定会给第一次见面的游客留下深刻印象。

“出手”，表现在导游员的动作、姿态诸方面。导游员要待人自然大方，办事果断利索，站、坐、行有度，与人相处直率而不鲁莽、活泼而不轻浮，自尊而不清高，工作紧张而不失措，服务热情而不巴结讨好，礼让三分而不低三下四，这样才容易获得游客的信任。

“出口”，即指导游员使用的语言、讲话时的声调和音色。初次见到游客时，导游员谈吐高雅脱俗、优美动听、幽默风趣、快慢相宜、亲切自然，很容易获得游客的好感。

总之，初次亮相，“出面”、“出手”、“出口”诸方面表现不凡的导游员容易给游客留下好印象，从而容易在旅游团中树立领导地位。

(三) 维护良好的形象

良好的第一印象只是体现在导游员接团这一环节，而维护形象则贯穿在导游服务的全过程中。因此，维护形象比树立形象更艰巨、更重要。有些导游员只注意接团时的形象，而忽视在服务工作中保持和维护良好的形象，与游客接触的时间稍长一些就放松了对自己的要求，譬如不修边幅，说话不注意，承诺不兑现，经常迟到等，于是在游客中的威信逐渐降低，工作自然不好开展。导游员必须明白良好的第一印象不能“一劳永逸”，需要在以后的服务工作中注意维护和保持，因为形象塑造是一个长期的、动态的过程，贯穿于导游服务的全过程之中。导游员在游客面前要始终表现出豁达自信、坦诚乐观、沉着果断、办事利落、知识渊博、技能娴熟等特质，用使游客满意的行为来加深、巩固良好的形象。

(四) 留下美好的最终印象

心理学中有一种“近因效应”，它是指在人际知觉中，最后给人留下的印象对人有强烈的影响。一些旅游专家认为：旅游业最关心的是其最终的产品——游客的美好回忆。导游员留给游客的最终印象也是非常重要的。若导游员留给游客的最终印象不好，就可能导致前功尽弃的不良后果。一个游程下来，尽管导游员已感到很疲惫，但从外表上依然要保持精神饱满而且热情不减，这一点常令游客对整个游程持肯定和欣赏的态度。导游员致欢送辞时，要对服务中的不尽如人意之处诚恳道歉，广泛征求意见和改进建议，代表旅行社祝他们一路平安，真诚地请他们代为问候亲人。导游员此时以诚相待是博取游客好感的最佳策略。在仪表方面要与迎客时一样，送别时要行注目礼或挥手示意，一定要等飞机起飞、火车启动、轮船驶离后方可离开。美好的最终印象能使游客对即将离开的旅游目的地和导游员产生较强烈的恋恋不舍的心情，从而激起再游的动机。游客回到家乡后，通过现身说法还可起到良好的宣传作用。

## 第三节 各种关系的处理技巧

导游工作是联系各项旅游服务的纽带和桥梁，导游员在工作中离不开其他相关旅游服务部门和工作人员的协作，这就要求导游员要掌握各种关系的处理技巧。

### 一、导游员与领队的相处

在旅游团中，领队既是海外旅行社的代表，又是游客的代言人，还是导游服务集体中的一员，在海外社、组团社和接待社之间，以及游客和导游员之间起着桥梁作用。导游员能否圆满完成任务，在很大程度上要靠领队的合作和支持。

（一）尊重领队，遇事多与领队磋商

尊重领队就是遇事要与他们多磋商。旅游团抵达后，地陪要尽快与领队商定日程，如无原则问题应尽量考虑采纳领队的建议和要求。在遇到问题处理故障时，全陪、地陪更要与领队磋商，争取得到领队的理解和支持。

（二）关心领队，支持领队的工作

职业领队常年在异国他乡履行自己的使命，进行着重复性的工作，十分辛苦。导游员如果在生活上对领队表示关心、在工作上给予领队支持，会令其感动。当领队的工作不顺利或游客不理解时，导游员应主动助其一臂之力，能办到的事情尽量给予帮助，办不到的多向游客作解释，为领队解围。此外，作为旅游团中的"重点人物"，导游员给领队以照顾或提供方便应掌握分寸，不要引起游客的误会和心理上的不平衡。

（三）多给领队荣誉，调动领队的积极性

要想搞好与领队的关系，导游员还要随时注意给领队面子，遇到一些显示权威的场合，应多让领队尤其是职业领队出头露面，使其博得游客们的好评，如游览日程商定后，地陪应请领队向全团游客宣布。只要导游员真诚地对待领队，多给领队荣誉，领队一般都会采取合作的态度。

（四）坚持有理、有利、有节，避免正面冲突

在导游服务中，接待方导游员与领队在某些问题上有分歧是正常现象。一旦出现此类情况，接待方导游员要主动与领队沟通，力求及早消除误解。对那些工作不熟练、个性突出且难于合作的领队，导游员要沉着冷静，坚持原则，分清是非，对违反合同内容、不合理的要求不能迁就；对于某些带侮辱性的或"过火"的言辞不能置之不理，要根据"有理、有利、有节"的原则讲清道理，使其主动道歉，但要注意避免与领队发生正面冲突。

有时领队提出的做法行不通，导游员无论怎样解释说明，领队仍固执己见。这时导游员就要向全团游客讲明情况，争取大多数游客的理解和支持。但要注意，即使领队的意见被证明不对也不能把领队"逼到绝路"，要设法给领队台阶下，事后仍要尊重领队，争取双方以后的友好合作。

## 二、与全陪或地陪的相处

无论是做全陪或地陪，都有一个与另一个地陪或全陪配合的问题。协作成功的关键便是各自应把握好自身的角色或位置，要有准确的个人定位。要认识到即使受不同的旅行社委派，但都是旅游服务的提供者，都在执行同一个协议。全陪和地陪的关系应该是平等的关系。

导游员正确的做法应该是：首先，要尊重全陪或地陪，努力与合作者建立良好的人际关系；其次，要善于向全陪或地陪学习，有事多请教，主动交流信息和沟通思想；再次，要坚持原则，平等协商。如果对方"打个人小算盘"，提出改变活动日程、减少参观游览时间、增加购物等不正确的做法，导游员应向其讲清道理，尽量说服并按原计划执行，如对方仍坚持己见、一意孤行，应采取必要的措施并及时向接待社反映；最后，要保持适当距离，平行交往。

## 三、与司机的相处

旅游车司机在旅游活动中扮演非常重要的角色，司机一般熟悉旅游线路和路况，经验丰富，导游员与司机配合得好坏，是导游服务工作能否顺利进行的重要因素之一。

### (一) 及时向司机通报相关信息

旅游线路有变化时，导游员应提前告诉司机；如果接待的是外国游客，在旅游车到达景点时，导游员用外语向游客宣布集合时间、地点后，要记住用中文告诉司机。

### (二) 协助司机做好安全行车工作

导游员可为司机做一些小事情，包括：帮助司机保持旅游车挡风玻璃、后视镜和车窗的清洁；帮助司机更换轮胎、安装或卸下防滑链，或进行小修理；遇到险情，由司机保护车辆和游客，导游员去求援等以减轻司机的工作压力，便于司机集中精力，安全行车。

### (三) 征求司机对活动日程的意见

导游员在旅游过程中应注意倾听司机的意见，从而使司机产生团队观念和被信任感，积极参与导游服务工作，帮助导游员顺利完成带团的工作任务。但不能任由司机摆布，要记住导游才是旅游计划的执行者。

## 四、与游客的相处

旅游活动中，游客不仅是导游员的服务对象，也是合作伙伴，只有游客的通力合作，旅游活动才能顺利进行并达到预期的良好效果。为了获得游客的合作，一个很重要的方法就是导游员设法与游客建立正常的伙伴关系。

### (一) 建立客、导之间正常的情感关系

游客渴望导游员能尊重他们的人格和愿望，满足他们的自尊心和虚荣心。因此，导游员应做到：对待游客的态度要热情友好；重视游客的意见和建议；尽量满足游客合理而可能的要求；礼貌待客，不破坏游客的隐私；真诚公道，不欺诈游客；对待游客要一视同仁，不能厚此薄彼。

（二）正确把握与游客交往的心理状态

要与游客保持平行性交往的心理状态，力戒交锋性交往的心理状态，尊重游客，努力与游客建立融洽无间的关系，使他们产生满足感。要积极主动地了解游客的兴趣爱好，为游客提供从大处着眼、小处着想、有针对性的、体贴入微的、富有人情味的服务。

（三）善于协调游客之间的关系

（1）纯属游客间的矛盾。导游员不宜介入，可通过领队出面调解。

（2）因导游员工作失误而引起游客间的矛盾。导游员应事先根据个人不同情况加以合理分配，或事先做必要的说明，或将较理想的位置分给需要照顾的游客。做决定前，导游员可先与领队协商。

**【小技巧】如何与团队中的非正式组织相处**

作为导游员也许都会有这样的体会，就是每一个旅游团中都会自然产生一个或几个“头”。这些“群头”大都有好胜心强，好表现自己的行为，某些“群头”还存在着爱出风头的表现。这些人在旅游团队中有威望、影响大，旅游团中的游客也都支持他们的所作所为。在管理学中把这称为“非正式组织”。如果导游员在某些问题上的意见和游客不一致，并且在众人面前指责他们时，这些“群头”就会煽动游客向导游发动反击和进攻。另一部分游客明知“群头”的做法不妥，但为了顾全“群头”的面子，也纷纷加入进攻队伍。要妥善处理好与“群头”的关系，办法有两条：一是利用“群头”的特点来积极配合组织好导游工作，充分发挥“群头”的“责任心”。二是导游员应主动找“群头”做工作，与他商量，以满足“群头”的自尊心和荣誉感。

## 五、与旅游接待单位的协作

旅游产品是一种组合性的整体产品，需要旅行社、饭店、景点和交通、购物、娱乐部门等旅游接待单位的高度协作。作为旅行社的代表，导游员应搞好与旅游接待单位的协作。

（一）及时协调、衔接好各环节的工作

导游员在服务过程中，要与饭店、车队、景点、商店等许多部门和单位打交道，其中任何一个接待单位或服务工作中的任何一个环节出现失误和差错，都可能导致不良后果。导游员在服务工作中要善于发现或预见各项旅游服务中可能出现的差错和失误，通过各种手段及时予以协调，使各个接待单位的工作正常有序。

（二）主动配合，争取协作单位的帮助

导游服务工作的特点之一是独立性强，导游员一人在外独立带团，常常会有意外、紧急情况发生，仅靠导游员一己之力，往往难以解决问题，因此导游员要善于利用与各地旅游接待单位的协作关系，主动与协助单位有关人员配合，争取得到他们的帮助。

## 第四节 对客心理服务技巧

心理服务亦称情绪化服务，是导游员为调节游客在旅游过程中的心理状态所提供的服务。导游服务的对象是游客，带好旅游团，关键是带好游客，而带好游客的关键，是向他们提供包括心理服务在内的周到细致的全方位的优质服务，真正使他们高兴而来，满意而归。

### 一、不同旅游阶段的游客心理

由于生活环境和生活节奏的变化，不同旅游阶段游客的心理活动也会随之变化。

（一）旅游初期阶段：求安全心理、求新心理

游客刚到目的地，较为兴奋激动，但人生地疏、语言不通，容易产生孤独感、茫然感和不安全感。因此，在旅游初期阶段，游客求安全的心态表现得非常突出。旅游目的地全新的环境、奇异的景物、独特的民俗风情，使游客逐新猎奇的求新心理空前高涨，这在入境初期阶段表现得尤为突出，往往与不安全感并存。所以在消除游客不安全心理的同时，导游员要尽力安排富有特色的活动项目，满足他们的求新心理。

（二）旅游中期阶段：懒散心态、求全心理、群体心理

随着时间的推移、旅游活动的开展以及相互接触的增多，游客开始感到轻松愉快，会产生一种平缓、轻松的心态。但有些游客往往忘却了控制自己，常常自行其是，甚至出现一些反常言行及放肆、傲慢、无理的行为。有些游客把旅游活动理想化，希望旅游活动的一切都是美好的、理想的，从而产生生活上、心理上的过高要求，对旅游服务横加挑剔，求全责备，求全心理非常明显。有时，旅游团内会出现思辨能力较强而又大胆直言的“领袖人物”时，其他游客便会不假思索地附和他，唯其马首是瞻，不知不觉地陷入一种人云亦云、随波逐流的群体心理状态。

（三）旅游后期阶段：忙于个人事务

旅游活动后期，即将返程时，游客的心理波动较大，开始忙乱起来，譬

如，与家庭及亲友联系突然增多，想购买称心如意的纪念品但又怕行李超重等。总之，他们希望有更多的时间处理个人事务。在这一阶段，导游员应给游客留出充分的时间处理自己的事情，对他们的各种疑虑要尽可能耐心地解答，必要时做一些弥补和补救工作，使前一段时间未得到满足的个别要求得到满足。

## 二、不同类别游客的心理特征

### （一）阶层差异产生的不同心理特征

社会阶层是指由于收入水平、接受教育的程度、职业、身份、地位等综合因素的影响，社会中的个体形成的相对稳定、相对独立的不同层次的社会群体。在一个社会中，社会阶层是按等级次序构成的，每个阶层成员具有类似的价值观、兴趣爱好和行为方式。来自上层社会的游客大多严谨持重，发表意见时往往经过深思熟虑，他们期待听到高品位的导游讲解，以获得高雅的精神享受；一般游客则喜欢不拘形式的交谈，话题广泛，比较关心带有普遍性的社会问题及当前的热门话题。在参观游览时，期待听到故事性的导游讲解，希望轻轻松松地旅游度假。

### （二）年龄差异产生的不同心理特征

人随着年龄的增长，旅游行为也呈现出明显的变化规律。结合家庭生命周期理论，我们把年龄与游客的旅游需求与旅游行为的关系分为青年阶段、中年阶段、老年阶段三个阶段。年老的游客好思古怀旧，对游览名胜古迹、会见亲朋老友有较大的兴趣，他们希望得到尊重，希望导游员多与他们交谈；中年游客讲究旅游品位以及旅途过程中的物质享受；年轻的游客好逐新猎奇，喜欢多动多看，对热门社会问题有浓厚的兴趣。

### （三）性别差异产生的不同心理特征

一般来说，男性游客在旅游活动过程中较为独立，遇到问题喜欢独立思考，并且能从实际出发，不会带有很强的个人情绪，同时具有较强的自我控制能力。但是男性游客往往考虑问题不够周全，较为粗枝大叶，在一些旅游活动中爱出风头，喜欢表现自己。在旅游活动的选择上，男性游客更偏向于一些带有一定的冒险性的，需要消耗较大体力的项目，此外，那些具有较强知识性的旅游项目也更容易受到他们的青睐。

相对于男性游客而言，女性游客在旅游活动过程中表现为依赖性较强，并且感情丰富易受感染。在旅游消费中，女性游客极易因为旅游产品的特色、品位和环境气氛产生消费欲望；在参观游览过程中，她们也会因为导游富有表现力的讲解而情绪起伏。女性游客在旅游活动过程中更善于观察，考虑问题也更全面周到，处事也更严密。此外，女性游客和男性游客在体力和意志上也存在一定的差别。因此，女性游客更喜欢参加一些休闲度假或是购物休闲，具有较强观赏性的旅游活动。

（四）东西方文化差异产生的不同心理特征

在中国，传统的“天人合一”思想，塑造了中国人“天人合一”的旅游观。这种旅游观强调人与自然的交融，游客乐于亲近自然，回归自然。同时，中国人偏爱举家出游的现象又是由于重视家庭的传统观念影响。另外，中国长期封建社会的小农经济形态导致了中国人求稳怕变，缺乏冒险精神，身处异乡更是谨小慎微，生怕有意外发生，我国游客在旅游过程中，求安全的心理显得非常突出。此外，中国人一般比较爱面子，具有明显的社会取向或他人取向，重视他人对自己的行为的看法。在旅游活动方面，重视身边其他人的看法，力图和与自己身份、地位一样的人选择相同的旅游产品与服务。

在西方，旅游被认为是一种重要的精神文化活动。人们已经把旅游纳入了生活方式，如果有钱有时间不出去旅游，反而会让人觉得很奇怪。其次，西方人把旅游当做健康投资。日常生活中生活节奏加快，工作压力很大，造成很多人的身心长期处于亚健康或不健康状态。由于外出旅游可以消除人的身体和精神的疲劳，很多在日常生活中工作忙碌的人们，就充分利用旅游的时间，放松身体和精神。此外，西方人还把旅游视作时尚，旅游成为西方人生活的重要组成部分。因此，旅游从业者应该努力进取，不断更新旅游产品与服务，引导旅游消费时尚，创造多种旅游消费热点，满足具有不同价值观的游客的需要。

## 三、不同个性游客心理特征

游客在接受服务的过程中，都希望服务人员不对自己另眼相看，同时，又希望服务人员对自己另眼相看。这种心理要求看似矛盾，实际所指不同，前者是指服务人员不歧视、怠慢客人，提供标准化服务，后者是指服务人员应了解每一个客人独特个性与需求，提供个性化服务，让客人有自己受到了特别优待的感觉。

旅游过程中所发生的一切事情都是由主观和客观这两种因素造成的。因此，导游员要充分注意主客观之间关系，尤其要注意游客的主观因素。一般旅游团队中的游客类型大致划分见表 10-1。

表 10-1　　游客类型、特征表

| 类　　型 | 特　　征 | 接待方式 |
|---|---|---|
| 老好人型 | 常用温和语气说话 | 有礼貌 |
| 猜疑型 | 不相信没有根据和证明的事 | 讲话有根据，不用模棱两可的语言 |
| 傲慢型 | 瞧不起人 | 让其表露后，以谦虚态度耐心说服之 |
| 腼腆型 | 性格内向，说话声音小 | 亲切相待，忌用粗鲁语言 |
| 难侍候型 | 爱挑剔，板着脸 | 避免陷入争论 |
| 唠叨型 | 说话啰嗦，不得要领 | 在不伤害感情的前提下，耐心说明 |
| 急躁型 | 不稳重，稍许不如意就发脾气 | 以沉着温和态度相待 |
| 嘲弄型 | 不认真听讲，爱开玩笑 | 不要被缠住，不要理睬 |
| 沉默寡言型 | 不健谈 | 主动打招呼说话 |
| 散漫型 | 不遵守时间，较劲、讲义气 | 有礼貌地耐心说明，不啰嗦 |

## 四、导游服务中的心理对策

### （一）提供心理服务的要领

1. 尊重游客

不管游客来自境外，还是来自境内；是来自东方国家，还是来自西方国家；也不管游客的肤色、宗教、信仰、消费水平如何，他们都是客人，导游员都应一视同仁地尊重他们。

尊重游客，就是要尊重游客的人格和愿望。游客对于能否在旅游目的地受到尊重非常敏感。他们希望在同旅游目的地的人们的交往中，人格得到尊重，意见和建议得到尊重；希望在精神上能得到在本国、本地区所得不到的满足；希望要求得到重视，生活得到关心和帮助。游客希望得到尊重是正常的、合理的，也是起码的要求。导游员必须明白，只有当游客生活在热情友好的气氛中，自我尊重的需求得到满足时，为他提供的各种服务才有可能发挥作用。

2. 微笑服务

微笑是自信的象征，是友谊的表示，是和睦相处、合作愉快的反映；微笑还是一种无声的语言，有强化有声语言、沟通情感的功能，有助于增强交际效果。在旅游服务中，微笑具有特别的魅力。导游员若想向游客提供成功的心理服务，就得学会“笑迎天下客”。

3. 使用柔性语言

导游员在与游客交往时必须注意自己的语言表达方式，与游客说话要避免使用“铿锵有力”、“掷地有声”的刚性语言。要尽量做到语气亲切、语调柔和、措辞委婉、说理自然，常用商讨的口吻与游客说话，这样的“柔性语言”既使人愉悦，又有较强的征服力，往往能达到以柔克刚的效果。

4. 与游客建立“伙伴关系”

旅游活动中，游客不仅是导游员的服务对象，也是合作伙伴，只有游客的通力合作，旅游活动才能顺利进行，导游服务才能取得良好的效果。要想获得游客的合作，导游员应设法与游客建立“伙伴关系”。一方面，导游员可通过诚恳的态度、热情周到的服务、谦虚谨慎的作风、让游客获得自我成就感等方式与游客建立合乎道德的、正常理性的情感关系。当然，这种情感关系应是面对每一位游客的，决不能厚此薄彼。另一方面，导游员在与游客交往时还应把握正确的心理状态，尊重游客，与游客保持平行性交往。

5. 提供个性化服务

个性化服务是导游员在做好规范化服务的同时，针对游客个别要求而提供的服务。个性化服务虽然针对的只是个别游客的个别需求，有时甚至只是旅游过程中的一些琐碎小事，但是，做好这类小事往往会起到事半功倍的效果，尤其是对注意细节的西方游客而言，可使他们感受到导游员求真务实的作风和为游客分忧解难的精神，从而产生对导游员的信任。提供个性化服务关键在于导游员是要将游客“放在心中”，善于把握时机主动服务。个性化服务要求导游员要了解游客，用热情主动的服务尽力满足其合理要求。此外，个性化服务只有与规范化服务完美地结合才是优质的导游服务。

(二) 激发游客的游兴

兴趣是动机中最活跃的成分，是人们从事各种活动的强大的动力之一，它在人的心理生活中占有重要的位置。人们的兴趣受到人所处的社会地位、从事的职业、年龄、文化水平的影响和制约，也受到当时所处环境的影响和制约。

导游应善于调整游客的情绪，激发其游兴。旅游期间，游客往往处于既兴奋又紧张的状态之中。紧张感容易使游客疲劳，影响游兴，而兴奋感则促使他们随导游去探新猎奇、寻觅美好的事物。导游应学会激发游客的游兴，让游客有不虚此行的感觉。导游员可从以下方面入手激发游客兴趣：

1. 通过直观形象激发游客的游兴

导游员应通过突出游览对象本身的直观形象来激发游客的游兴。譬如，湖北通山九宫山云中湖的喷雪崖，崖顶之云中湖水喷薄而出，直落涧底狭谷，深达70余米。因谷口逼风，跌落之水化成缕缕雾霭，绕崖旋转，色白如雪，蔚为壮观。导游员要引导游客从最佳的角度观赏，才能突出喷雪崖的直观形象，使游客产生叹为观止的美感，激起游客强烈的兴趣。

2. 运用语言艺术激发游客游兴

导游员运用语言艺术可以调动游客的情绪，激发游客的游兴。譬如通过讲解历史故事可激发游客对名胜古迹和民间艺术的探索；通过朗诵名诗佳句可激起游客漫游名山大川的豪情；通过提出生动有趣的问题引起游客的思考和探讨。这样营造出的融洽、愉快的氛围可使游客的游兴更加浓烈。

3. 通过组织文娱活动激发游客的游兴

一次成功的旅游活动，仅有导游讲解是远远不够的，导游员还应抓住时机，组织丰富多彩的文娱活动，动员全团游客共同营造愉快氛围。譬如，在旅游活动开始不久，导游员请游客们做自我介绍，以加速彼此之间的了解，缓解拘泥的气氛，同时还可以发现游客的特长；如所去景点的路途较长，在返程时，导游员可组织游客唱歌、猜谜语、做游戏，教外国游客数数、使用筷子、学说中国话等。还可以用“记者招待会”的形式，回答游客提出的各种问题。如果团内有多才多艺的游客，可请他出来主持或表演等。导游员也应有一两手“绝活”，来回报游客的盛情邀请。如有的导游员会演奏民族乐器，经常带唢呐、笛子上团；有的导游员会唱山歌，他们常在途中为游客演奏民乐和演唱山歌，使外国游客惊叹不已，对中国民间艺术兴趣倍增。

4. 使用声像导游手段激发游客游兴

声像导游是导游服务重要的辅助手段，每天去景点游览之前，导游员先为游客放映一些内容相关的幻灯片、录像或光盘，往往能收到事半功倍的效果。有时有些景点因受客观条件限制或因游客体力不支，游客难以看到景点的全貌，留下不少的缺憾，通过声像导游可以弥补这一缺憾，给游客留下完整的、美好的印象。如果是在旅游车上进行导游讲解，导游员还可利用车上的音响设备配上适当的音乐，或在讲解间歇时播放一些有浓郁地方特色的歌曲、乐曲、戏曲等，使车厢内的气氛轻松愉快，让游客始终保持游兴和兴奋、愉悦的心情。

（三）调节游客的情绪

情绪是由特定的条件引起的，条件变化，情绪也随之变化。因此，情绪是短暂的、不稳定的、可以改变的。导游员要努力使自己成为游客情绪的组织者、调节者和支配者。一般来说，当客观现实符合人的需要时就会产生积极的情绪；反之，人们就会产生忧伤甚至是恐惧等消极的情绪。作为导游来说，应努力成为游客情绪的组织者和调节者，尽可能地满足游客的需要，使每一位游客的情绪都能一直处于积极的状态之中，从而保证旅游活动的顺利进行。

调节游客的情绪，首先必须了解产生消极情绪的主、客观原因。对产生消极情绪的因素了解得越详细、越透彻，就越容易解决问题，导游员的工作就越主动。调整游客情绪的方法基本上可归纳为三种：

1. 补偿法

从物质上或精神上给予补偿从而消除或弱化游客不满情绪的方法称之为补偿法。

物质补偿法：在住宿、饮食、游览项目等方面若不符合协议书上注明的标准，应给予补偿，而且替代物一般应强于原先的内容。

精神补偿法：因某种原因无法满足游客的合理要求，导致他们不满时，导游员应实事求是地说明困难，诚恳地道歉，以求获得游客的谅解，从而消除他们的消极情绪；在无可奈何的情况下，可让游客（有时还要引导他们）将不满情绪发泄出来，待气消后，再设法向他们解释。总之，导游员要通过各种方法使有不满情绪的游客获得新的心理平衡。

2. 转移注意法

是指在游客产生烦闷或不快情绪时，导游员有意识地调节游客的注意力，使其从不愉快、不顺心的事而转移到愉快、顺心的事情上去。譬如，有的游客因对参观什么内容有不同意见而不快；有的游客因爬山时不慎划破了衣服而懊恼；有的游客因看到不愉快的现象产生联想而伤感等。导游员除了说服或安慰游客以外，还可通过讲笑话、唱山歌、学说本地话或讲些民间故事等形式来活跃气氛，使游客的注意力转移到有趣的文娱活动上来。

3. 分析法

即将造成游客消极情绪的原委讲清楚，并一分为二地分析事物的两面性及其与游客的得失关系的方法。

例如，对因某些特殊要求得不到满足而情绪不佳的游客，导游员要从“合理”和“可能”两方面加以分析；又如，游客被迫坐火车而不是乘坐飞机从甲地到乙地，他们当然不满。此时，导游员除说明购不到机票的原因外，可进一步一分为二地分析得失：不能及早到乙地，失去了在乙地的部分游览时间确实可惜，但坐火车旅行可饱览沿途风光，加上沿途精彩的导游讲解，游客可享受到空中旅游享受不到的乐趣。不过，导游员要明白，采用分析法往往是不得已之举，不要滥用，更不得强词夺理。

（四）满足游客的需求

尽最大可能地满足游客的需求是导游服务的基本原则，贯穿于导游服务的始终。如果游客提出的个别要求是合理的，并且经过努力是可以办到的，导游就应努力满足游客的要求。

满足游客的各项合理要求是导游服务工作的一个重要方面，为了更好地满足游客的各种需求，导游在为游客提供优质服务时，应随时关心游客，了解他们的个别需求，将规范化服务和个性化服务结合起来，做到在“合理而可能”的情况下既满足游客的一般需求，又在此基础上满足其个别要求，以提高游客的整体满意度。

## 第五节　重点游客的接待技巧

游客来自不同的国家和地区，他们在年龄、职业、宗教信仰、社会地位等方面存在较大的差异，有些游客甚至非同一般，特点尤为突出，导游员必须给予特别重视和关照，因此称之为特殊游客或重点游客。虽然他们都是以普通游客的身份而来，但接待方法有别于一般的游客。

### 一、特殊身份游客的接待技巧

有特殊身份和地位的游客一般是指外国在职或曾经任职的政府高级官员、皇室成员；对华友好的官方或民间组织团体的负责人；社会名流或在国际国内有一定影响的各界知名人士；国际或某国著名的政治家、社会活动家、大企业家等。这些游客来访除了参观游览外，往往还有其他任务或使命，因此，做好他们的接待工作意义重大。

首先，导游员要知己知彼，尤其尽量了解接待对象的背景资料和基本情况，提前做好相关的知识准备，如专用术语、行业知识等，以便能选择交流的话题，并能流利地回答他们提出的问题。

其次，导游员要有自信心，不要因为这些游客地位较高、身份特殊而胆怯、畏惧。往往越是身份高的人越懂得尊重别人，他们待人接物非常友好、客气，十分尊重他人的人格和劳动。如果导游员因为心理压力过大，工作起来缩手缩脚，反倒会影响导游效果。

最后，导游员要多请示、汇报，按照有关规定接待。在接待这些游客时，由于有时中央领导人或有关负责人要接见、会谈，所以游览日程、时间变化较大，导游员要注意灵活掌握，随时向有关领导请示、汇报，尽最大努力安排好他们的行程和相关活动。

### 二、高龄游客的接待技巧

在我国入境旅游和国内旅游市场，老年游客均占有较大的比例并呈上升趋势。尊敬老人是我们中华民族的传统美德，因此，导游员应通过谦恭尊敬的态度、体贴入微的关怀以及不辞辛苦的服务做好高龄游客的接待工作。

#### （一）妥善安排日程

导游员应根据高龄游客的生理特点和身体情况，妥善安排好日程。

首先，日程安排不要太紧，活动量不宜过大、项目不宜过多，在不减少项目的情况下，尽量选择便捷路线和有代表性的景观，少而精，以细看、慢讲为宜。

其次，应适当增加休息时间。参观游览时可在上、下午各安排一次中间休息，在晚餐和看节目之前，应安排回饭店休息一会儿，晚间活动不要回饭店太晚。

此外，带高龄游客团不能用激将法和诱导法，以免消耗体力大，发生危险。

（二）做好提醒工作

高龄游客由于年龄大，记忆力减退，导游员首先应每天重复讲解第二天的活动日程并提醒注意事项。如预报天气情况，提醒增减衣服，带好雨具，穿上旅游鞋等。进入游人多的景点时，要反复提醒他们提高警惕，带好自己的随身物品；提醒老年游客是否带有老年证，以使他们享受许多景点对有老年证游客的减免政策，降低出游成本。

其次，由于外国游客对人民币不熟悉，加上年纪大，视力差，使用起来较困难。为了使用方便或不被人蒙骗，地陪应提醒其准备适量的小面值人民币。

此外，由于饮食习惯和生理上的原因，带高龄游客团队，地陪还应适当增加去厕所的次数。

（三）注意放慢速度

高龄游客大多数腿脚不太灵活，有时甚至力不从心。地陪在带团游览时，一定要注意放慢行走速度，照顾走得慢或落在后面的高龄游客，选台阶少，较平坦的地方走，以防摔倒碰伤；在向高龄游客讲解时，导游员也应适当放慢速度、加大音量，吐字要清楚，必要时还要多重复。

（四）耐心解答问题

老年游客在旅游过程中喜欢提问题，好刨根问底，再加上年纪大，记忆力不好，一个问题经常重复问几遍，遇到这种情况，导游员不应表示反感，要耐心、不厌其烦地给予解答。

（五）预防游客走失

每到一个景点，地陪要不怕麻烦、反复多次地告诉高龄游客旅游路线及旅游车停车的地点，尤其是上下车地点不同的景点，一定要提醒高龄游客记住停车地点；另外，还要提前嘱咐高龄游客，一旦发现找不到团队，千万不要着急，不要到处乱走，要在原地等待导游员的到来。

（六）尊重西方传统

许多老年西方游客，在旅游活动中不愿过多地受到导游员的特别照顾，认为那是对他们的侮辱，以证明他们是无用之人。因此，对此类游客应尊重西方传统，注意照顾方式。

## 三、儿童游客的接待技巧

出于增长见识、健身益智的目的，越来越多的游客喜欢携带自己的子女一同到目的地旅游，其中不乏少年儿童。导游员应在做好旅游团中成年游客旅游工作的同时，根据儿童的生理和心理特点，做好专门的接待工作。

### （一）注意儿童的安全

儿童游客，尤其是2~6岁的儿童，天生活泼好动，因此要特别注意他们的安全。地陪可酌情讲些有趣的童话和小故事吸引他们，既活跃了气氛，又使他们不到处乱跑，保证了安全。在旅游过程中，经常会出现中国游客因喜爱要和外国儿童合影留念的情况。面对好客的中国人，孩子和家长开始很兴奋、新鲜，很愿意合作。但时间一长，次数一多，他们就会产生厌烦情绪。遇到这种情况，导游员一方面要代他们婉言谢绝，另一方面也可做一些工作，尽量让双方都满意。

### （二）掌握“四不宜”原则

对有儿童的旅游团，导游员应掌握“四不宜”的原则：

（1）不宜为讨好儿童而给其买食物、玩具；

（2）不宜在旅游活动中突出儿童，而冷落其他游客；

（3）即使家长同意也不宜单独把儿童带出活动；

（4）儿童生病，应及时建议家长请医生诊治，而不宜建议其给孩子服药，更不能提供药品给儿童服用。

### （三）对儿童多给予关照

导游员对儿童的饮食起居要特别关心，多给一些关照。如天气变化时，要及时提醒家长给孩子增减衣服，如果天气干燥，还要提醒家长多给孩子喝水等；用餐前，考虑到儿童个子小，且外国儿童不会使用中餐用具，地陪应先给餐厅打电话，请餐厅准备好儿童用椅和刀、叉、勺等一些儿童必备用具，以减少用餐时的不便。

### （四）注意儿童的接待价格标准

对儿童的收费是根据不同的年龄，有不同的收费标准和规定，如机票，车、船票，住房，用餐等，导游员应特别注意。

## 四、宗教界游客的接待技巧

来中国旅游的外国游客中，经常会有一些宗教界人士，他们以游客的身份来华旅游，同时进行宗教交流活动。导游员要做好接待工作。

### （一）注意掌握宗教政策

导游员平时应加强对宗教知识和我国宗教政策的学习，接待宗教旅游团时，既要注意把握政策界线，又要注意宗教游客的特点。譬如，在向游客宣传我国的宗教政策时，不要向他们宣传“无神论”，尽量避免有关宗教问题的争论，更不要把宗教、政治、国家之间的问题混为一谈，随意评论。

（二）提前做好准备工作

导游员在接到接待宗教团的计划后，要认真分析接待计划，了解接待对象的宗教信仰及其职位，对接待对象的宗教教义、教规等情况要有所了解和准备，以免在接待中发生差错；如果该团在本地旅游期间含有星期日，要征求领队或游客的意见，是否需要安排去教堂，如需要，要了解所去教堂的位置及开放时间。

（三）尊重游客信仰习惯

在接待过程中，要特别注意宗教游客的宗教习惯和戒律，尊重他们的宗教信仰和习惯。譬如，由天主教人士组成的旅游团，每天早晨开车前，他们会在车上讲经、做祈祷。这时，导游员和司机应主动下车，等他们祈祷完毕后再上车。

（四）满足游客特殊要求

宗教界人士在生活上一般都有些特殊的要求和禁忌，导游员应按旅游协议书中的规定，不折不扣地兑现，尽量予以满足。譬如，对宗教游客在饮食方面的禁忌和特殊要求，导游员一定要提前通知餐厅做好准备；又如，有些伊斯兰教人士用餐时，一定要去有穆斯林标志牌的餐厅用餐，导游员要认真落实，以免引起误会。

## 五、残疾游客的接待技巧

在旅游团队中，有时会有聋哑、截瘫、视力障碍（盲人）等残疾游客，他们克服了许多常人难以想象的困难进行旅游，这表明他们有着比常人更加强烈的对旅游的渴望。因此，在任何时候、任何场合都不应讥笑和歧视他们，而应表示尊重和友好。残疾游客的自尊心和独立性特别强，虽然他们需要关照，但又不愿给别人增添麻烦。因此，在接待残疾游客时，导游员要特别注意方式方法，既要热情周到，尽可能地为他们提供方便，又要不给他们带来压力或伤害他们的自尊心，真正做到让其乘兴而来、满意而归。

（一）适时、恰当的关心照顾

接到残疾游客后，导游员首先应适时地询问他们需要什么帮助，但不宜问候过多，如果过多当众关心照顾，反而会使他们反感；其次，如果残疾游客不主动介绍，不要打听其残疾的原因，以免引起不快；此外，在工作中要时刻关注残疾游客，注意他们的行踪，并给予恰当的照顾。尤其是在安排活动时，要多考虑残疾游客的生理条件和特殊需要，譬如选择路线时尽量不走或少走台阶、提前告诉他们洗手间的位置、通知餐厅安排在一层餐厅就餐等。

（二）具体、周到的导游服务

对不同类型的残疾游客，导游服务应具有针对性。

接待聋哑游客要安排他们在车上前排就座，因为他们需要通过导游员讲解时的口形来了解讲解的内容。为了让他们获得更多的信息，导游员还应有意面向他们放慢讲解的速度。

对截瘫游客，导游员应根据接待计划分析游客是否需要轮椅。如需要应提前做好准备。接团时，要与计调或有关部门联系，最好派有行李箱的车，以便放轮椅或其他物品。

对有视力障碍的游客，导游员应安排他们在前排就座，能用手接触的地方、物品可以尽量让他们触摸。导游在讲解时可主动站在他们身边，讲解内容要力求细致生动，口语表达更加准确、清晰，讲解速度也应适当放慢。

**【经典案例】**

导游小鲁 10 月 21 日按照接待计划从机场接到了美国 YI-O33 信使旅华团，在该团的计划里，要求在 W 市参观一个天主教堂。小鲁在接团前就已经与教堂取得了联系，约定好在 28 日上午去教堂。当小鲁带领游客进入教堂的时候，门口有许多好奇的观众围看。这时，团里有位游客从所带的背包里取出一些宗教宣传资料和物品向他们散发。此举造成了教堂门口的拥挤。教堂的工作人员见状，请小鲁赶快让游客进去，而小鲁却说，没关系，等他发完了再进去，让他看看在我们国家，信仰是自由的，要不他就会有话题了。事后，教堂的工作人员向有关部门反映了这个问题，有关部门对此事进行了通报批评。

请问，小鲁对这个问题的处理有什么不妥吗？

**◎分析**

小鲁这样处理的不对之处有以下几点：

1. 小鲁对我国的宗教政策不了解，缺乏相关政策知识；
2. 当游客在散发宗教宣传品时要加以劝阻；
3. 向游客宣传我国的宗教政策；
4. 向其说明未经我国宗教团体的允许，不得随意散发宗教宣传品；
5. 如果游客不听劝阻，要立即向司法、公安部门报告；
6. 向旅行社报告并写出事后书面报告。

**【实训项目】“难缠”的领队**

实训目的：掌握各种关系的处理技巧。

实训内容：将学生分别扮演领队、地陪和游客，设计领队为工作不熟练、个性突出且难以合作的领队，模拟冲突场景。

教师主要观测点：

（1）观察学生对自己情绪的控制。

（2）考查参与学生对问题的处理能力和应变能力。

【思考题】

1. 导游员怎样树立良好的导游形象？
2. 对不同个性的游客，导游员该如何提供心理服务？
3. 导游员可以从哪些方面去激发游客的兴趣？
4. 导游员怎样与领队合作共事？
5. 怎样做好高龄游客的接待工作？

# 第十一章 导游员的语言技能

【学习目标】

❖了解对导游语言的基本要求

❖掌握导游口头语言的表现形式及特点

❖熟悉导游口头语言表达的要领

❖熟悉导游态势语言的运用技巧

❖掌握导游交际语言运用的技巧

## 第一节 导游语言的基本要求

从狭义的角度来说，导游语言是导游员与游客交流思想感情、指导游览、进行讲解、传播文化时使用的一种具有丰富表达力、生动形象的口头语言；从广义的角度上看，导游语言是导游员在导游服务过程中必须熟练掌握和运用的所有含有一定意义并能引起互动的一种符号。

导游语言不仅包括口头语言，还包括态势语言、书面语言和副语言。其中副语言是一种有声而无固定语义的语言，如重音、笑声、叹息、掌声等。

### 一、导游语言的准确性

导游语言的准确性是指导游员的语言必须以客观实际为依据，即在遣词造句、叙事上要以事实为基础，准确地反映客观实际。无论说古论今，议人叙事，讲故事或说笑话，都要做到以实论虚、入情入理，切忌空洞无物或言过其实。导游员的语言要做到有准确性，必须做好以下几个方面：

（一）态度要严肃认真

首先，导游员要有竭诚为游客服务的思想，有不断提高导游服务质量的意愿，才能有对游客、对自己、对旅行社、对国家负责的态度。说话时，实事求是地用恰当的语言予以表达，而不要信口开河、东拉西扯、言不由衷、词不达意。其次，导游员要有锲而不舍、勤学苦练的科学精神。只有这样才能不断进取，认真地对待语言中的每一个词语，使之符合语境并贴切地反映客观实际。

（二）了解和熟悉所讲、所谈的事物和内容

如果导游员对景点的情况，对要介绍的内容不了解、不熟悉，很难想象其语言能表达得清楚、准确，更谈不上流畅、优美了。如果导游员对所讲、所谈的事物和内容有充分的准备，谙熟于胸，讲起来不仅侃侃而谈、旁征博引，而且遣词造句也十分贴切，就能准确地反映所讲、所谈事物的本来面貌，易于为游客接受和理解。

（三）遣词造句准确，词语组合、搭配恰当

一个句子或一个意思要表达确切、清楚，关键在用词与词语的组合及搭配上，要在选择恰当词汇的基础上，按照语法规律和语言习惯进行有机组合和搭配。如果词语用法不当，组合搭配不好，会使信息失真。

同时，导游语言中的词语组合、搭配要恰当。导游员在选择贴切的词汇基础上，还要进行词语的组合与搭配，使之组合符合规范，搭配相宜，这样才能准确地表达意思，并且可适当引用名人名言、成语等提高讲解品位。

**【小案例】“珍惜”还是“珍视”？**

导游员在武汉归元寺向游客介绍《杨柳观音图》时说：“这幅相传为唐代阎立本的壁画，它所体现的艺术手法值得我们珍惜。”这里，“珍惜”属于用词不当，而应该用“珍视”。“珍惜”是爱惜的意思，而“珍视”则为看重的意思，即古画所体现的艺术手法值得很好欣赏。

（四）语音、语调要正确

导游语言的语音、语调要正确，否则游客听不懂，那就无法达到表达思想、传递信息的目的。为此导游员要勤学苦练，讲“地道”的外语；方言导游员要讲标准的方言而不能南腔北调，即使是普通话导游员也应该注意发音的正确，不受乡音的影响。

## 二、导游语言的逻辑性

导游语言的逻辑性，是指导游员的思维要符合逻辑规律，语言要保持连贯，并且语言表达要条理清晰、有层次感。

（一）思维要符合逻辑规律，语言要保持连贯性

逻辑分为形式逻辑和辩证逻辑。前者是孤立地、静止地研究思维的形式结构及其规律的科学；后者是关于思维的辩证发展规律的科学，即从事物本身矛盾的发展、运动、变化来观察、把握，研究事物的内在联系及其相互转化的规律性。同时，形式逻辑的思维规律又表现为同一律、矛盾律和排中律。

导游员若能掌握并正确地运用这些逻辑形式，遵守形式逻辑的思维规律，

就会使自己的思维具有确定的、前后一贯的、有条理的状态，从而在语言表达上保持首尾一致，具有较强的逻辑性。

（二）语言表达要有层次感

导游员应根据思维逻辑，将要讲的内容分成前后次序，即先讲什么、后讲什么，使之层层递进、条理清楚、脉络清晰。

（三）掌握必要的逻辑方法

导游员的语言要具有逻辑性，必须学习一些基本的逻辑方法。主要的逻辑方法有比较法、分析法与综合法、抽象法、演绎法与归纳法。

1. 比较法

比较法就是对两种或两种以上同类的事物辨别其异同或高下的方法。人们常说“有比较才有鉴别”，只有通过比较，才能对事物有所区分。在导游语言中，应用比较法的场合很多。

2. 分析法与综合法

分析法是把一件事物、一种现象或一个概念分成较简单的组成部分，然后找出这些部分的本质属性和彼此之间的关系；综合法则是把分析的对象或现象的各个部分、各种属性联合成一个统一的整体。

**【小案例】武汉归元寺罗汉堂的讲解**

武汉导游员告诉游客：“游客朋友们，到我们武汉归元寺罗汉堂，数罗汉的方法一般有三种：一是男左女右，进罗汉堂大门后男同志靠左边、女同志靠右边；二是哪只脚跨进罗汉堂大门门槛，就从哪个方向数。三是在罗汉堂里任何一处挑选一尊作为起点，数到自己年龄的最后一个数字，那一尊罗汉便象征您的性格气质命运等。”

这段导游辞对武汉市归元寺罗汉堂的讲解用分析法进行了介绍，首先将其分为三种类型，然后介绍它们各自的方法。若将这些导游辞倒过来叙述，即先讲数罗汉的各种方法再归纳为三种，这就是综合法的运用。

3. 抽象法

抽象法又称概括法，是从许多事物中舍弃个别的、非本质的属性，抽出共同的、本质的属性的方法。

4. 演绎法与归纳法

演绎法与归纳法都是推理的方法，前者是由一般原理推出关于特殊情况下的结论，其中三段论就是演绎的一种形式；后者是由一系列具体的事实概括出一般原理。这两个方法是相互对应的。

## 三、导游语言的生动性

导游员向游客提供的是面对面的服务，游客大多数情况下是在听导游员说话，所以导游员的语言除了语音、语调、语速要适当及要有准确性和逻辑性之外，生动性也至关重要。导游员的语言表达要力求与神态表情、手势动作及声调和谐一致，使之形象生动、言之有情。如果导游员的语言表达平淡无奇，和尚念经般的单调、呆板，或者十分生硬，游客听了必定兴味索然，甚至在心理上产生不爱听、不耐烦或厌恶的情绪。

要使口语表达生动形象，导游员除了要把握好语音、语调之外，还要善于运用比喻、比拟、双关、映衬、引用、示现、换算和夸张等修辞手法。

### （一）比喻

比喻就是用类似的事物来打比方的一种修辞手法，它包括下面几种形式：

（1）使抽象事物形象化的比喻。如："恩施土家族姑娘山歌唱得特别好，她们的歌声就像百灵鸟的声音一样优美动听。"这里"土家族姑娘"的歌声是抽象的，将其比喻为"百灵鸟的声音"就形象化了。

（2）使自然景物形象化的比喻。如："如果说，九宫山云中湖是一把优美的琴，那么，喷雪崖就是一根动听的琴弦。"这里将"云中湖"比喻为"琴"，将"喷雪崖"比喻为"琴弦"，显得既贴切又形象。

（3）使人物形象鲜明的比喻。如："屈原的爱国主义精神和《离骚》、《九歌》、《天问》等伟大的诗篇与日月同辉，千古永垂！"这里将"屈原的爱国主义精神"比喻为"日月"，使其形象更加突出。

（4）使语言简洁明快的比喻。如："鄂南龙潭是九宫山森林公园的一条三级瀑布，其形态特征各异，一叠仿佛白练悬空；二叠恰似银缎铺地；三叠如同玉龙走潭。"这里将"瀑布"比喻为"白练"、"银缎"和"玉龙"，言词十分简洁明快。

（5）激发丰富想象的比喻。如："千岛湖的山水像一幅涂抹在宣纸上的风景画，极尽构图之匠心，俱显线条之清丽，那么美轮美奂地舒展着，那么风情万种地起伏着。她用山的钟灵揽天光云影，她用水的毓秀成鉴湖风月。"这里将"千岛湖"比喻为"山水风景画"，令人产生无穷的遐想。

### （二）比拟

比拟是通过想象把物拟作人或把甲物拟作乙物的修辞手法。在导游语言中，最常用的是拟人。如："迎客松位于九宫山狮子坪公路旁，其主干高大挺直，修长的翠枝向一侧倾斜，如同一位面带微笑的美丽少女向上山的游客热情招手。"迎客松是植物，赋予人的思想感情后，会"面带微笑"，能"热情招手"，显得既贴切又生动形象。

运用比拟手法时，导游员要注意表达恰当、贴切，要符合事物的特征，不能牵强附会；另外，还要注意使用场合。比拟的手法在描述景物或讲解故事传说时常用，而在介绍景点和回答问题时一般不用。

（三）双关

双关是利用词语同音或者多义条件，使一个语言片段同时兼有表、里两层意思，并以里层意思为表意重点。双关有谐音、谐义两种，在导游辞中运用比较多的是谐音双关技巧。中国民俗文化内容异常丰富，各种用谐音双关手段表现的生活内容必然要反映在语言表达中。在中国文化里，这类谐音现象十分普遍，如果在导游辞中巧妙地加以利用，不仅能够为表达增色，而且还能够将一些民俗知识巧妙地传达给游客，从而十分生动形象地反映当地的名俗风貌，给游客留下深刻的印象。

（四）映衬

映衬是把两个相关或相对的事物，或同一事物的两个方面并列在一起，以形成鲜明对比的修辞手法。在导游讲解中运用映衬的手法可以增强口语表达效果，激发游客的情趣。如："溶洞厅堂宽敞、长廊曲折，石笋耸立、钟乳倒悬，特别是洞中多暗流，时隐时现、时急时缓，水声时如蛟龙咆哮，闻者惊心动魄；时如深夜鸣琴，令人心旷神怡。"这里"宽敞"和"曲折"，"耸立"与"倒悬"，"隐"和"现"，"急"与"缓"，"蛟龙咆哮"和"深夜鸣琴"形成强烈的对比，更加深了游客对洞穴景观的印象。

（五）引用

引用是指用一些现成的语句或材料（如名人名言、成语典故、诗词寓言等）作根据来说明问题的一种修辞手法。在导游讲解中经常运用这种方法来增强语言的表达效果。引用包括明引、意引和暗引三种形式。

（1）明引：是指直接引用原话、原文。其特点是出处明确、说服力强。如："归元寺的寺名'归元'亦称归真，即归于真寂本源、得道成佛之意，取自于佛经上的'归元性不二，方便有多门'的偈语。"这里引用的佛经上的偈语诠释了归元寺名称的内涵，令人信服。

（2）意引：是指不直接引用原话原文而只引用其主要意思。如："国内外洞穴专家考察后确认，湖北利川的腾龙洞不仅是中国目前已知最大的岩溶洞穴，而且是世界特级洞穴之一，极具旅游和科研价值。"这里引用的专家对腾龙洞的评价虽不是原话，但同样具有较强的说服力。

（3）暗引：是指把别人的话语融入自己的话语里，而不注明出处。如："东坡赤壁的西面石壁更峻峭，就像刀劈的一样。留在壁面上的层层水迹，表明当年这儿确乎有过'惊涛拍岸，卷起千堆雪'的雄奇景象。"这里引用的苏东坡《念奴娇·赤壁怀古》中的词句虽没有点明出处，但却是对赤壁景观最形象的描写和绝妙的概括，让游客听后产生无穷的遐想。

导游员在运用引用手法时，既要注意为我所用、恰到好处，不能断章取义，又要注意不过多引用，更不能滥引。

（六）示现

示现是把已经过去的事情、将要发生的事情或想象中的事情活灵活现地描述出来的修饰技巧。示现一般有回忆、追述、预想、悬想等形式。回忆、追述，是使过去的事情再现出来，历历如在眼前，给人以身临其境的感觉；预想是将未来移至眼前，生动形象，给人以活灵活现的感受。

（七）换算

换算是把抽象数字换算成具体可感的事物的修辞技巧。巧妙运用换算可以收到极其理想的修辞效果，它能将枯燥的数字具体化、形象化，叙述清晰明了，状物准确鲜明，能够有效唤起游客想象力或者是联想力。换算的基本特征是把抽象的数字转换成具体形象的事物。换算的方法是多种多样的，或比较，或累计，或等同，或折合，或推想。

（八）夸张

夸张是在客观真实的基础上，用夸大的词句来描述事物，以唤起人们丰富的想象的一种修辞手法。在导游语言中，夸张可以强调景物的特征，表现导游员的情感，激起游客的共鸣。譬如："相传四川、湖北两地客人会于江上舟中，攀谈间竞相夸耀家乡风物。四川客人说：'四川有座峨眉山，离天只有三尺三。'湖北客人笑道：'峨眉山高则高矣，但不及黄鹤楼的烟云缥缈。湖北有座黄鹤楼，半截插在云里头。'惊得四川客人无言以对。"这里用夸张的手法形容黄鹤楼的雄伟壮观，使游客对黄鹤楼"气吞云梦"的磅礴气势有了更深的认识。

## 第二节　导游口头语言表达技巧

在导游服务中，口头语言是使用频率最高的一种语言形式，是导游员做好导游服务工作最重要的手段和工具。

### 一、口头语言的基本形式

口头语言是以说和听为形式的语言，它的基本形式有独白式和对话式两种。

（一）独白式

独白式是导游员讲、游客倾听的语言传递方式。如导游员致欢迎辞、欢送辞或进行独白式的导游讲解等。

**【小案例】长江三峡神女峰的介绍**

神女峰原名望霞峰，又名美人峰，海拔912米。每当朝霞满天，或者是夕阳西下的时候，神女峰白云缭绕，霞光辉映，千奇秀丽，所以又叫望霞峰。南宋诗人陆游在《入蜀记》中曾有过这样的描述："峰峦入云霄，山脚直插江中，议者谓泰、华、衡、庐者无此奇。"请各位注意看那个人形一样的石柱。她有7米高。远看，她像一位天真无邪的少女，那明如秋水的眼睛，俯瞰着长江。据说她就是神话传说中瑶姬的化身……

从上面可以看出独白式口头语言的特点：

第一，目的性强。导游员讲一席话，或是为了介绍情况，或是为了联络感情，或是为了说明问题。

第二，对象明确。始终面对旅游团的全体游客说话，因而能够产生良好的语言效果。

第三，表述充分。如首先介绍神女峰的名称，接着引用古代诗人对神女峰的描述，使游客对神女峰印象深刻。

（二）对话式

对话式是导游员与一个或一个以上游客之间所进行的交谈。如问答、商讨等。在散客导游中，导游员常采用这种形式进行讲解。

**【小案例】武汉的热干面**

导游员："你们知道武汉最有名的风味小吃是什么吗？"

游客："好像是热干面吧。"

导游员："那你们知道哪里的热干面最好吃呢？"

游客："听说是汉口蔡林记的热干面最鲜美可口。"

导游员："那你们知道热干面的来历吗？"

游客："不太清楚，你能给我们讲讲吗？"

导游员："说起热干面，这里还有个有趣的故事呢。30年代初期，汉口长堤街有一个名叫李包的人，在关帝庙一带卖凉粉和汤面。一个夏天的晚上，李包还剩下许多面没卖完……"

由上例可看出对话式口头语言的特点：

第一，依赖性强，即对语言环境有较强的依赖性。对话双方共处同一语境，有些话不展开来说，只言片语也能表达一个完整的或双方都能理解的意思。

第二，反馈及时。对话式属于双向语言传递形式，其信息反馈既及时又明确。

## 二、口头语言表达的要领

### （一）音量大小适度

音量是指一个人讲话时声音的强弱程度。导游员在进行导游讲解时要注意控制自己的音量，力求做到音量大小适度。

一般说来，导游员音量的大小应以每位游客都能听清为宜，但在游览过程中，音量大小往往受到游客人数、讲解内容和所处环境的影响，导游员应根据具体情况适当进行调节。譬如，当游客人数较多时，导游员应适当调高音量，反之则应把音量调低一点；在室外嘈杂的环境中讲解，导游员的音量应适当放大，而在室内宁静的环境中则应适当放小一些；对于导游讲解中的一些重要内容、关键性词语或要特别强调的信息，导游员要加大音量，以提醒游客注意，加深游客的印象。如"我们将于六点三十分出发"就应强调出发的时间，以提醒游客注意。

### （二）语调高低有序

语调是指一个人讲话的腔调，即讲话时语音的高低起伏和升降变化。语调一般分为升调、降调和直调三种，高低不同的语调往往伴随着人们不同的感情状态。

（1）升调：多用于表示游客的兴奋、激动、惊叹、疑问等感情状态。譬如：

"大家快看，前面就是三峡工程建设工地！"（表示兴奋、激动）

"你也知道我们这里有个神秘的工程？"（表示惊叹、疑问）

（2）降调：多用于表示游客的肯定、赞许、期待、同情等感情状态。譬如：

"我们明天早晨八点准时出发。"（表示肯定）

"希望大家有机会再来我们湖北武汉，再来归元寺。"（表示期待）

（3）直调：多用于表示游客的庄严、稳重、平静、冷漠等感情状态。譬如：

"这儿的人们都很友好。"（表示平静状态）

"武汉红楼是中华民族推翻帝制、建立共和的历史里程碑。"（表示庄严、稳重）

语调除了达意之外，还有十分重要的表达情感的作用。在导游讲解中，如果能根据讲解的具体内容需要对语调进行创造性的处理，就会使讲解声情并茂。在一段导游讲解中，语调的安排要随着讲解内容的变化而变化，要有高潮、低潮的升降起伏。高潮时，语调要比较高亢激扬；低潮时要低沉平稳。要使语调抑扬高低，错落有致，从而使讲解带上比较强烈的感情色彩。

（三）语速快慢相宜

语速是指一个人讲话速度的快慢程度。导游员在导游讲解或同游客谈话时，要力求做到徐疾有致、快慢相宜。如果语速过快，会使游客感到听起来很吃力，甚至跟不上导游员的节奏，对讲解内容印象不深甚至遗忘；如果语速过慢，会使游客感到厌烦，注意力容易分散，导游讲解亦不流畅；当然，导游员如果一直用同一种语速往下讲，像背书一样，不仅缺乏感情色彩，而且使人乏味，令人昏昏欲睡。

在导游讲解中，较为理想的语速应控制在每分钟200字左右。但可视具体情况不同，适当调整。譬如，对中青年游客，导游讲解的速度可稍快些，而对老年游客则要适当放慢；对讲解中涉及的重要或要特别强调的内容，语速可适当放慢一些，以加深游客的印象，而对那些不太重要的或众所周知的事情，则要适当加快讲解速度，以免浪费时间，令游客不快。

（四）停顿长短合理

停顿是一个人讲话时语音的间歇或语流的暂时中断。这里所说的停顿是语句之间、层次之间、段落之间的有意间歇，目的是集中游客的注意力，增强导游语言的节奏感。常用的有：

（1）语义停顿：是指导游员根据语句的含义所作的停顿。一般来说，一句话说完要有较短的停顿，一个意思说完则要有较长的停顿。

如："武当山是我国著名的道教圣地，/是首批国家级重点风景名胜区和世界文化遗产。//武当山绵亘八百里，/奇峰高耸，险崖陡立，/谷涧纵横，云雾缭绕。//武当山共有七十二峰，/主峰天柱峰海拔高达1612米，/犹如擎天巨柱屹立于群峰之巅。//发源于武当山的武当拳是中国两大拳术流派之一，/素有'北宗少林，南尊武当'之称。//"

（2）暗示省略停顿：是指导游员不直接表示肯定或否定，而是用停顿来暗示，让游客自己去判断。

如："请看，江对面的那座山像不像一只巨龟？//黄鹤楼所在的这座山像不像一条长蛇？//这就是'龟蛇锁大江'的自然奇观。//"

（3）等待反应停顿：是指导游员先说出令人感兴趣的话，然后故意停顿下来以激起游客的反应。

如："三斗坪坝址的选择不是一帆风顺的，中外专家在三峡工程坝址的选择上曾发生过长时间的争论。"这时导游员故意停顿下来，看到游客脸上流露出急于知道答案的神情，再接着介绍将坝址定在三斗坪的原因。

(4) 强调语气停顿：是指导游员讲解时，每讲到重要的内容，为了加深游客内心的印象所作的停顿。

如："黄鹤楼外观为五层建筑，里面实际上有九层，为什么要这样设计呢?"导游员讲到这里，故意把问题打住，然后带团上楼参观，使游客在参观过程中思考这个悬念。

(五) 语气丰富多变

丰富语气是指通过调遣语气助词、语气副词、感叹词以及语调、轻重音甚至停顿等因素来使讲解语气丰富多变。这里指的调动语气不单指导游员根据讲解内容调整的语气，也包括导游员调动游客与游客心气一致的回应语气。讲解中，如能够根据需要巧妙地表达出各种恰当的语气，就会感染游客，调动游客的情绪，使游客与导游员之间形成一种和谐的感情共振。

## 三、口头语言表达方法

(一) 叙述法

叙述法主要是指运用叙述性语言，在对游览客体的讲解说明中，适当穿插进一些相关的神话传说、民间故事、历史掌故以及风土人情等内容，以使导游讲解更加具有魅力的方法。

1. 神话传说

神话传说，既多见于寺庙宫观、皇家建筑等人文景观，也多见于名山大川等自然名胜。

2. 民间传说

民间传说，主要是指那些在真人真事的基础上加以演义的故事，这些故事似真似假，似假非假，真假交混，亦真亦假。导游辞中对这类民间故事的引用，往往是将重点放在它们所具有的极大的人情魅力以及人文精神上。

3. 历史掌故

历史掌故，主要是指附着在游览景观之上的某一历史历程、历史事件、名人足迹等历史史实。这些史实使游览景观具有名人名事效应。

4. 风土人情

风土人情是一个民族或者一个地区的人们的历史文化以及社会生活习惯的缩影。这些穿插在导游辞中的风土人情世故，不是抽象的，而是具体可感知的，成为游客可以直接接触和观赏的对象，甚至会给游客提供直接参与的机会。

(二) 置疑法

置疑法就是巧妙地调遣技巧疑问句来设置疑问的办法。所谓技巧疑问句，就是指那些能够在特定导游辞中营造气氛，使讲解内容、讲解要点得到突出强调，加深沟通，使表达讲解生动别致，情趣盎然的疑问句。主要有设问、反问、正问、奇问、疑问等五种。

## 第三节 导游态势语言运用技巧

态势语言亦称体态语言、人体语言或动作语言，它是通过人的表情、动作、姿态等来表达语义和传递信息的一种无声语言。同口头语言一样，它也是导游服务中重要的语言艺术形式之一，常常在导游讲解时对口头语言起着辅助作用，有时甚至还能起到口头语言难以企及的作用。导游服务中常用的态势语言有：

### 一、首语

首语是通过人的头部活动来表达语义和传递信息的一种态势语言，它包括点头和摇头。一般说来，世界上大多数国家和地区都以点头表示肯定，以摇头表示否定。而实际上，首语有更多的具体含义，如点头可以表示肯定、同意、承认、认可、满意、理解、顺从、感谢、应允、赞同、致意，等等。另外，因民族习惯的差异，首语在有些国家和地区还有不同的含义，如印度、泰国等地某些少数民族奉行的是点头不算摇头算的原则，即同意对方意见用摇头来表示，不同意则用点头表示。

### 二、表情语

表情语是指通过人的眉、眼、耳、鼻、口及面部肌肉运动来表达情感和传递信息的一种态势语言。导游员的面部表情要给游客一种平滑、松弛、自然的感觉，要尽量使自己的目光显得自然、诚挚，额头平滑不起皱纹，面部两侧笑肌略有收缩，下唇方肌和口轮肌处于自然放松的状态，嘴唇微闭。这样，才能使游客产生亲切感。

对导游员来说，控制自己的脸部表情时要注意以下四点：

（1）灵敏。导游员面部表情的变化要随着讲解内容的需要迅速表现出来。特别是因为有时导游员所讲解的内容已经无数遍地重复过的情况下，导游员更要注意。

（2）鲜明。表情的鲜明是与敏感联系在一起的，先有了敏感的表情，进一步才是鲜明的表情。讲解的内容是明快的，就眉舒目展；是沉重的，就严肃凝重；是快乐的，就笑逐颜开；是郁闷的，就紧缩眉头；是愤怒的，就面色铁青……这样才能感动和感召游客。

（3）真诚。导游讲解时的面部表情要表现出真情实感，要让游客感到导游员的表情是真诚的，否则任何虚情假意或者故作的姿态都会引起游客的反感。

（4）有分寸。导游员在讲解过程中的各种表情还要有分寸。导游员的面部表情要自然、合理、和谐，千万不能夸饰。

总之，导游员的脸部整体表情在导游讲解中对游客有极大的影响。因为导游员在讲解过程中大多与游客面对面，其面部表情必须要随着具体讲解内容的需要或随着游客的反应而变化，与表达同步，要有真情实感。

## 三、目光语

目光语是通过人与人之间的视线接触来传递信息的一种态势语言。艺术大师达·芬奇说："眼睛是心灵的窗户。"意思是透过人的眼睛，可以看到他的心理情感。

目光主要由瞳孔变化、目光接触的长度及向度三个方面组成。瞳孔变化，是指目光接触瞳孔的放大或缩小，一般来说，当一个人处在愉悦状态时，瞳孔就自然放大，目光有神；反之，当一个人处在沮丧状态时，则瞳孔自然缩小，目光黯淡。目光接触的长度，是指目光接触时间的长短。导游员一般连续注视游客的时间应在1~2秒钟以内，以免引起游客的厌恶和误解。目光接触的向度是指视线接触的方向。一般来说，人的视线向上接触（即仰视）表示"期待"、"盼望"或"傲慢"等含义；视线向下接触（即俯视）则表示"爱护"、"宽容"或"轻视"等含义；而视线平行接触（即正视）表示"理性"、"平等"等含义。导游员常用的目光语应是"正视"，让游客从中感到自信、坦诚、亲切和友好。

导游在讲解时，运用目光的方法有很多，常用的主要有：

### （一）目光的联结

导游员在讲解时，应用热情而又诚挚的目光看着游客，应注意与游客目光的联结，切忌目光呆滞（无表情）、眼帘低垂（心不在焉）、目光向上（傲慢）、视而不见（轻视）和目光专注而无反应（轻佻）等不正确的目光联结方式。

### （二）目光的移动

导游员在讲解某一景物时，首先要用目光把游客的目光牵引过去，然后再及时收回目光，并继续投向游客。这种方法可使游客集中注意力，并使讲解内容与具体景物和谐统一，给游客留下深刻的印象。

### （三）目光的分配

导游员在讲解时，应注意自己的目光要统摄全部听讲解的游客，即可把视线落点放在最后面两端游客的头部，也可不时环顾周围的游客，但切忌只用目光注视面前的部分游客，使其他的游客感到自己被冷落，产生遗弃感。

（四）目光与讲解的统一

导游员在讲解传说故事和逸闻趣事时，讲解内容中常常会出现甲、乙两人对话的场景，需要加以区别，导游员应在说甲的话时，把视线略微移向一方，在说乙的话时，把视线略微移向另一方，这样可使游客产生一种逼真的临场感，犹如身临其境一般。

## 四、服饰语

服饰语是通过服装和饰品来传递信息的一种态势语言。一个人的服饰既是所在国家、地区和民族风俗与生活习惯的反映，也是个人气质、兴趣爱好、文化修养和精神面貌的外在表现。服饰语的构成要素很多，如颜色、款式、质地等，其中颜色是最重要的要素，不同的颜色给人的印象和感觉也不一样，深色给人深沉、庄重之感；浅色让人感觉清爽、舒展；蓝色使人感到恬静；白色让人感到纯洁。

导游员的衣着装饰要与自己的身材、气质、身份和职业相吻合，要与所在的社会文化环境相协调，这样才能给人以美感。如，着装不能过分华丽，饰物也不宜过多，以免给游客以炫耀、轻浮之感。在带团旅游时，男导游员不应穿无领汗衫、短裤和赤脚穿凉鞋；女导游员不宜戴耳环、手镯等。

## 五、姿态语

姿态语是通过端坐、站立、行走的姿态来传递信息的一种态势语言。可分为坐姿、立姿和走姿三种。

（一）坐姿

导游员的坐姿要给游客一种温文尔雅的感觉。其基本要领是：上体自然挺直，两腿自然弯曲，双脚平落地上，臀部坐在椅子中央，男导游员一般可张开双腿，以显其自信、豁达；女导游员一般两膝并拢，以显示其庄重、矜持。坐态切忌前俯后仰、摇腿跷脚或跷起二郎腿。

（二）立姿

导游员的立姿要给游客一种谦恭有礼的感觉。其基本要领是：头正目平，面带微笑，肩平挺胸，立腰收腹，两臂自然下垂，两膝并拢或分开与肩平。不要两手叉腰或把手插在裤兜里，更不要有怪异的动作，如抽肩、缩胸、乱摇头、擤鼻子、掐胡子、舔嘴唇、扯领带、不停地摆手，等等。

（三）走姿

导游员的走姿要给游客一种轻盈稳健的感觉。其基本要领是：行走时，上身自然挺直，立腰收腹，肩部放松，两臂自然前后摆动，身体的重心随着步伐前移，脚步要从容轻快、干净利落，目光要平稳，可用眼睛的余光（必要时可转身扭头）观察游客是否跟上。行走时，不要把手插在裤袋里。

导游员在讲解时多采用站立的姿态。若在旅游车内讲解，应注意面对游客，可适当倚靠司机身后的护栏杆，也可用一只手扶着椅背或护栏杆；若在景点站立讲解，应双脚稍微分开（两脚距离不超过肩宽），将身体重心放在双脚上，上身挺直双臂自然下垂，双手相握置于身前以示“谦恭”或双手置于身后以示“轻松”。如果站立时躬背、缩胸，就会给游客留下猥琐和病态的印象。

## 六、手势语

手势语是通过手的挥动及手指动作来传递信息的一种态势语言，它包括握手、招手、手指动作等。

### （一）握手语

握手是交际双方互伸右手彼此相握以传递信息的手势语，它包含在初次见面时表示欢迎，告别时表示欢送，对成功者表示祝贺，对失败者表示理解，对信心不足者表示鼓励，对支持者表示感谢等多种语义。

导游员在与游客初次见面时，可以握手表示欢迎，但只握一下即可，且不必用力。对年龄或身份较高的游客应身体稍微前倾或向前跨出一小步双手握住对方的手以示尊重和欢迎。在机场或车站送行与游客告别时，导游员和游客之间已建立起较深厚的友谊，握手时可适当紧握对方的手并微笑着说些祝愿的话语。对于给予过导游员大力支持和充分理解的海外游客及友好人士等更可加大些力度，延长握手时间，或双手紧握并说些祝福感谢的话语以表示相互之间的深厚情谊。

### （二）手指语

手指语是一种较为复杂的伴随语言，是通过手指的各种动作来传递不同信息的手势语。由于文化传统和生活习俗的差异，在不同的国家、不同的民族中手指动作的语义也有较大区别，导游员在接待工作中要根据游客所在国和民族的特点选用恰当的手指语，以免引起误会和尴尬。

在导游服务中，导游员要特别注意不能用手指指点游客，这在西方国家是很不礼貌的动作，譬如导游员在清点人数时用食指来点数，就会引起游客的反感。

**【小技巧】导游员不可用的手势**

1. 用手指数点游客人数——不尊重人的行为。

2. 用手指着谈话伙伴——这意味着破坏了谈话双方的距离，是对对方的挑衅。

3. 手掌心向下——表示贬低对方。
4. 攥紧拳头——表示进攻、自卫或愤怒。
5. 手掌贴在额头上——是对谈话对象的侮辱。
6. 背着手——表示消极等待和闲散。
7. 把手贴在嘴上——表示没有把握。
8. 摸头发或抓耳挠腮——表示没有把握。
9. 把手插进衣袋里——表示瞧不起对方，有时还包含着某种意图或威胁。
10. 用手摸脸——表示拒绝与疲惫。

(三) 讲解时的手势

导游在讲解时，手势不仅能强调或解释讲解的内容，而且能生动地表达口头语言所无法表达的内容，使讲解生动形象。导游讲解中的手势有以下三种：

1. 情意手势

是用来表达导游讲解情感的一种手势。譬如，在讲到“我们中国的社会主义现代化建设一定会取得成功”时，导游员用握拳的手有力地挥动一下，既可渲染气氛，也有助于情感的表达。

2. 指示手势

是用来指示具体对象的一种手势。譬如，导游员讲到黄鹤楼一楼楹联“爽气西来，云雾扫开天地撼；大江东去，波涛洗尽古今愁”时，可用指示手势来一字一字地加以说明。

3. 象形手势

是用来模拟物体或景物形状的一种手势。譬如，当讲到“有这么大的鱼”时，可用两手食指比一比；当讲到“四川有座峨眉山，离天只有三尺三；湖北有座黄鹤楼，半截插在云里头”时，也可用手的模拟动作来形容。

导游讲解时，在什么情况下用何手势，都应视讲解的内容而定。在手势的运用上必须注意简洁易懂、协调合拍、富有变化、节制使用；还要避免使用游客忌讳的手势。

(四) 服务时的手势

导游员为游客提供服务时要注意运用手势等体态语言。譬如说，当游客向导游员提出询问时，导游员脸上马上露出笑容，并且用手表示出一种关怀的姿态。即使游客没有能达到预期的目的，但是心里也是愉快的，因为他得到了导游员的尊重和关注；还有，游客询问导游员洗手间在何处？一般导游员都会用手指指明方向，如果能改用手掌（手心朝上）指明方向，岂不是更好更文明。

## 第四节 导游交际语言运用技巧

导游交际语言包含的内容很多，如见面时的语言、交谈时的语言、致辞（欢迎辞、欢送辞）的语言，导游员同游客交往中导游员对游客进行劝服、提醒、拒绝、道歉的语言等。

### 一、称谓的语言技巧

一般情况下，导游员对游客的称谓经常使用三种方式。

（一）交际关系型

交际关系型的称谓主要是强调导游员与游客在导游交际中的角色关系。如“各位游客”、“各位团友”、“各位嘉宾”等，这类称谓角色定位准确，宾主关系明确，既公事公办，又大方平和，特别是其中的“游客”称谓是导游语言中使用频率最高的一种。

（二）套用尊称型

套用尊称是在各种场合都比较适用，对各个阶层、各种身份也比较合适的社交通称。如“女士们、先生们”、“各位女士、各位先生”等，这类称谓尊称意味浓厚，适用范围广泛，回旋余地较大。但一般对入境团较好，对国内团有些太正规。

（三）亲密关系型

多用于比较密切的人际关系之间的称谓。如“各位朋友”、“朋友们”等，这类称谓热情友好，亲和力强，注重强化平等亲密的交际关系，易于消除游客的陌生感，建议在和游客熟悉了后再用此称谓。

### 二、自我介绍的语言技巧

在旅游团抵达时，导游员常常要与旅游团团长、领队及其游客接触见面，导游员即使佩戴了导游 IC 卡或社徽，也得作自我介绍。导游员能否迅速消除客人的陌生感，使他们迅速建立对本人的依赖感，在很大程度上靠自我介绍来起作用。导游员掌握自我介绍的语言艺术，必须注意以下技巧：

（一）态度要热情友善，充满自信

导游员自我介绍时要清晰地报出自己的姓名、单位、身份；面带微笑，用眼神表达友善、诚恳，并充满自信。如果嗫嚅含糊或态度冷淡、随便应付，就会使人产生疑虑和不信任感，与游客之间产生隔阂。

（二）根据不同的沟通目的，注意介绍的繁简

导游员与旅行团团长、领队或全陪接头时，自我介绍一般从简，讲清自己

的姓名、单位、身份即可，不便过多地自我介绍，因为旅行团初到一地，还有许多事情需要与团长、领队或全陪接洽协商。在游客集中后，或去下榻饭店的途中，导游员的自我介绍可以具体详细一些，以便于游客尽快熟悉自己。

（三）自我介绍要掌握方法

自我介绍不单纯是介绍自己的姓名、单位、年龄、身份等，往往还有一个自我评价的问题。恰如其分的自我评价是缩短与游客之间距离的重要途径。其方法有三：

（1）自谦式。譬如："我是去年从外语学院毕业的，导游经验不足，请各位多多关照。"对东方的客人用自谦式自我介绍未尝不可，但对西方客人大可不必用这种自谦式，不然"自我观念"的差异性会使游客对你产生不信任感。更有甚者，游客会提出调换导游。

（2）调侃式。譬如："十分荣幸能为各位导游，只是我的长相不太符合合格导游的标准。因为有名人说，导游员是一个国家的脸面。大家看，我这脸面能代表我们这个美丽的国家吗？……"其自我嘲讽中包含着自律、自慰，于诙谐幽默的自我揶揄之中露出一点自信和自得之意，既能增强言语风趣，又不流于自夸。

（3）自识式。譬如："我姓张，名曲，张是弯弓张，曲是弯弯曲曲的曲，但大家不要误会，我不是一个弯弯曲曲的人，而是一个十分正直的人。我为什么要取名'曲'呢？大概是我小时候特别爱唱一首好听的歌曲，所以父亲给我取名'张曲'。现在，对于唱歌，我还是名副其实的。等会儿有空，我将为大家演唱一两曲。"

## 三、交谈的语言技巧

在导游交际过程中，往往有大量的时间是属于同游客自由交谈的时候，这种情况下的交谈对导游员与游客的沟通、对游客情况的了解非常关键，因此导游员要注意交谈的技巧。

聊天是交谈的主要形式。聊天是至少两人共同参与的双向或多向的交际活动，是人们交往中最基本、最常见的现象。导游交际中的聊天与一般社交场合的聊天一样，话题往往是随意的，而且可以不时转换，内容也是海阔天空、无所不可的。但不同的是，导游员与游客的聊天意图是明确的，是为了达到协调双方关系、缩短双方心理距离、建立良好的交际基础为基本目的的。因此，导游员与游客聊天时主要是从对方感兴趣的或对方关心的话题切入。如对旅游目的地的提前了解，女性游客对时装、美容、小孩的关注，老年游客对身体健康、怀旧的兴趣等。

交谈是导游员与游客之间增进互相了解与友谊的重要途径之一，因此，导游员应注意讲究交谈的语言艺术。

（一）开头要寒暄

不寒暄就开始进入交谈，往往显得唐突而不礼貌。如：“你觉得刚才看到的怎么样?”冷不丁一句，对方要么就莫名其妙，要么就只能“嗯啊”几句，很难进入实质性的交谈。因此，交谈之前，先寒暄一番，则可以缩小彼此之间的感情距离，打破双方陌生的界限，亦即疏通信息传递的渠道，使彼此之间有些初步了解。

**【小技巧】主要的寒暄方法**

（1）问候式。如“你好，挺辛苦吧”，显得亲切自然。

（2）询问式。一般用于询问对方的姓名、职业。如“您贵姓”、“您从事什么工作（职业）呢”等。但切忌直接询问对方的履历、工资、收入、家庭财产、衣饰价格、女性年龄、婚姻状况等私人生活方面的问题。

（3）夸赞式。如“胡小姐，您的衣服真漂亮”，“王教授，您的身体比我们年轻人还棒啊”。诚心的赞美是一种活泼的寒暄方法。

（4）描述式。以友好的语气描述对方正在进行时的动态。如“您累了休息一下吧”，“您对此挺有兴趣呀”。

（5）言他式。用双方都认同的话打破沉默，引出话题。如“今天天气真热”，“唉，又下雨了”。

进入交谈的方法，不仅仅局限于寒暄，寒暄也不必拘泥于谈话的内容，但切忌干涉对方的事。如：“你这衣服穿着不怎么合身”，“你是大学毕业吗”，等等。

（二）说话要真诚

导游员要给游客留下良好的印象，不能忘记真诚。这绝不是出于说话策略的需要，而是做人的准则。所谓真诚，就是敢于把自己的思想开诚布公地说出来。同时，当对方真诚地对你时，你也要以诚相报。对人真诚，并不是毫无节制地说话，也不是无原则地什么话都谈，必须符合外事纪律和道德规范。

（三）内容要健康

导游员与游客交谈的内容一般不要涉及疾病、死亡等不愉快的事情，不要说荒唐离奇、耸人听闻、黄色淫秽的事情，不要说他人的坏话，更不要谈有损国格、人格的事情。

（四）言语要中肯

喋喋不休、夸夸其谈或吞吞吐吐、欲言又止，或故弄玄虚、矫揉造作等，都是交谈时的禁忌，导游员必须特别注意。

（五）要“看”人说话

在不同的场合，对不同的人要说不同的话，这是交谈的一个基本准则。日本经营评论家创立了一种“实用会话法”，把说话能力分解成五个因素：语气（S）、用词（W）、内容（I）、感情（E）、技巧（T）。只要对五个因素做适当调整，就能获得良好的交谈效果。

（六）善于把握谈话过程

交谈既有始就有终。在交谈过程中，要注意以下几点：

（1）切忌在对方谈兴正浓时戛然中止交谈，应待交谈告一段落时，再设法收场。

（2）不要勉强延长交谈。当发现自己或对方交谈的内容临近枯竭，应及时结束交谈，对方谈兴已衰时，不要无话找话。故意延长话题是最不明智的。

（3）要留意对方的暗示。若对方已无交谈兴趣，大多会利用身体或言语来做希望结束谈话的暗示，如，故意看表，如坐针毡地改变坐姿或心不在焉地游目四周等，遇到这种情况，就要知趣地结束谈话。

（4）结束交谈要恰到好处。准备结束谈话之前，可先预定一段时间，以便从容游刃地停止，突然中止交谈，匆匆离开，显得粗鲁无礼。若因别的事需要打断对方的谈话，可说一句道歉的话，然后再离开。

（5）结束交谈时，要给对方留下一个愉快的印象。微笑往往是结束交谈的最佳“句号”，几句幽默的话语更是结束交谈的“尾声”。

## 四、劝服的语言技巧

在导游服务过程中，导游员常常会面临各种问题，需要对游客进行劝服，如旅游活动日程被迫改变需要劝服游客接受；对游客的某些越轨行为需要进行劝说等。劝服一要以事实为基础，即根据事实讲明道理；二要讲究方式、方法，使游客易于接受。

（一）诱导式劝服

诱导式劝服即循循善诱，通过有意识、有步骤的引导，澄清事实，讲清利弊得失，使游客逐渐信服。

**【小案例】交通工具变更的解释**

某旅游团原计划自武汉飞往深圳，因未订上机票只能改乘火车，游客对此意见很大。这时导游员首先要十分诚恳地向游客致歉，然后耐心地向游客说明原委并分析利弊。导游员说：“没有买上机票延误了大家的旅游行程，我很抱歉，对于大家急于赴深圳的心情我很理解。但是如果乘飞机去深圳还得等两天，这样你们在深圳只能停留一天，甚至一天还不到；如果现在乘火车，大家可在深圳停留两天，可以游览深圳的一些主要景点。另外，大家一路旅途都非常辛苦，乘火车一方面可以观赏沿途的自然风光，一方面也可以得到较好的休息。”导游员的这席话使游客激动的情绪开始平静了下来，一些游客表示愿意乘坐火车，另一些游客在他们的影响下也表示认可。

对这类问题的劝服，导游员一是要态度诚恳，使游客感到导游员是站在游客的立场上帮助他们考虑问题；二是要善于引导，巧妙地使用语言分析其利弊得失，使游客感到上策不行取其次也是最好的选择。

（二）迂回式劝服

迂回式劝服是指不对游客进行正面、直接地说服，而采用间接或旁敲侧击的方式进行劝说，即通常所说的“兜圈子”。这种劝服方式的好处是不伤害游客的自尊心，而又使游客较易接受。

（三）暗示式劝服

暗示式劝服是指导游员不明确表示自己的意思，而采用含蓄的语言或示意的举动使人领悟的劝说。如，有一位游客在旅游车内抽烟，使得车内空气混浊。导游员不便当着其他游客的面伤了这位游客的自尊，在其面向导游员又欲抽烟时，导游员向他摇了摇头（或捂着鼻子轻轻咳嗽两声），使游客熄灭了香烟。这里导游员运用了副语言——摇头、捂鼻子咳嗽，暗示在车内“请勿吸烟”，使游客产生了自觉的反应。

导游员劝服的方式要因人而异、因事而异，要根据游客的不同性格、不同心理或事情的性质和程度，分别采用不同的方法见表 11-1。

表 11-1　**不同类型游客的待客方法**

| 游客类型 | 特 征 | 待 客 方 法 |
|---|---|---|
| 傲慢型 | 瞧不起人 | 让其充分亮相后以谦虚态度耐心说服 |
| 腼腆型 | 内向性格，说话声小 | 亲切相待，忌用粗鲁语言 |
| 难伺候型 | 爱挑毛病 | 避免陷入争论，板着面孔 |
| 唠叨型 | 说话啰嗦，不得要领 | 在不伤害该人感情的前提下耐心说服 |
| 散漫型 | 不遵守时间 自由散漫 | 有礼貌地耐心说明 |

## 五、提醒的语言技巧

在导游服务中，导游员经常会碰到少数游客由于个性或生活习惯的原因表现出群体意识较差或丢三落四的行为，如迟到、离团独自活动、走失、遗忘物品等。对这类游客，导游员应从关心游客安全和旅游团集体活动的要求出发给予特别关照，在语言上要适时地予以提醒。提醒的语言方式很多，除了直截了当的命令式（这种方式切忌使用）之外，还有其他的委婉方式。由于导游员处在为游客服务的位置，导游员对游客首先应予尊重，其次要有服务意识，对游客的安全负责，对游客中某些行为需要提醒时，应使用委婉的语言。导游员提醒的语言要富有情感，要体现对游客的关心，使提醒能在愉悦的气氛中被游客所接受。

提醒的语言方式具体有：

（一）敬语式提醒

敬语式提醒是导游员使用恭敬口吻的词语，对游客直接进行提醒，如"请"、"对不起"等。导游员在对游客的某些行为进行提醒时应多使用敬语，这样会使游客易于接受，如"请大家安静一下"，"对不起，您又迟到了"。

（二）协商式提醒

协商式提醒是导游员以商量的口气间接地对游客进行的提醒方式，以取得游客认同的方式。协商将导游员与游客置于平等的位置上，导游员主动同游客进行协商，是对游客尊重的表现。一般说来，在协商的情况下，游客是会主动配合的。

（三）幽默式提醒

幽默式提醒是导游员用有趣、可笑而意味深长的词语对游客进行的提醒方式。导游员运用幽默的语言进行提醒，既可使游客获得精神上的快感，又可使游客在欢愉的气氛中受到启示或警觉。

如，几位年轻游客在浏览时，纷纷爬到一尊大石象的背上照相，导游员见了连忙上前提醒他们："希望大家不要欺负这头忠厚老实的大象！"这比一脸严肃地说"你们这样做是损坏文物，是要罚款的"效果要好得多。

## 六、回绝的语言技巧

回绝即对别人的意见、要求予以拒绝。在导游服务中，导游员常常会碰到游客提出的各种各样的问题和要求，除了一些通常的问题和一些合理的但经过努力可以办到的要求可予以解释或满足外，也有一些问题和要求是不合理或不可能办到的，对这类问题或要求导游员需要回绝。但是，导游员不便于直接回答"不"，而必须运用回绝的语言表达方式和技巧。

（一）柔和式回绝

柔和式回绝是导游员采用温和的语言进行推托的回绝方式。采取这种方式回绝游客的要求，不会使游客感到太失望，避免了导游员与游客之间的对立状态。

如，某领队向导游员提出是否可把日程安排得紧一些，以便增加一两个旅游项目。导游员明知道这是计划外的要求不可能予以满足，于是采取了委婉的拒绝方式："您的意见很好，大家希望在有限的时间内多看看的心情我也理解，如果有时间能安排的话我会尽力的。"这位导游员没有明确回绝领队的要求，而是借助客观原因（时间），采用模糊的语言暗示了拒绝之意。

（二）迂回式回绝

迂回式回绝是指导游员对游客的发问或要求不正面表示意见，而是绕过问题从侧面予以回应或回绝。

如，一次某导游员在同游客交谈时谈到了西藏，这时一位美国游客突然发问："你们1959年进攻西藏是否合法？"该导游员想了想说："你认为你们在19世纪60年代初期派兵进攻密西西比河南方的奴隶主是否合法？"美国游客一时语塞。

对这类政治性很强的问题，尤其是西方游客长期受资本主义宣传的影响，一时难以和他们讲清楚，采取这种迂回式的反问方式予以回绝也是一种选择。

（三）引申式回绝

引申式回绝是导游员根据游客话语中的某些词语加以引申而产生新意的回绝方式。

如，某游客在离别之前把吃剩的半瓶药送给导游员并说："这种药很贵重，治疗我的病很管用，现送给你作个纪念。"导游员谢绝说："既然这种药贵重，对您又很管用，送给我这没病的人太可惜了，还是您自己带回去慢慢用更好。"这里导游员用客人的话语进行的引申十分自然，既维护了自己的尊严，又达到了拒绝的目的。

（四）诱导式回绝

诱导式回绝是指导游员针对游客提出的问题进行逐层剖析，引导游客对自己的问题进行自我否定的回应方式。

如，有位法国游客问导游员："有人说，西藏应是一个独立的国家，对此你是怎样看的？"这位导游员反问他："您知道西藏政教领袖班禅、达赖的名字是怎么来的吗？"该游客摇摇头说："不知道。"导游员接着说："我告诉您吧，他们的名字是清朝皇帝册封的，可见西藏早就是中国的一部分。正如布列塔尼是法国的一部分一样，您能因为那里的居民有许多自己的风俗就说它是一个独立的国家吗？"这位游客摇摇头笑了。

总之，导游员无论用哪种回绝方式，其关键都在于尽量减少游客的不快。导游员应根据游客的情况、问题的性质、要求的合理与否，分别采用不同的回绝方式和语言表达技巧。

## 七、道歉的语言技巧

在导游服务中，不管造成游客不愉快的原因是主观还是客观的，也不论责任在导游员自身还是在旅行社方面，甚至相关接待单位，导游员都应妥善处置，需要采用恰当的语言表达方式向游客致歉或认错，以消除游客的误会和不满情绪，求得游客的谅解，缓和紧张关系。

### （一）微笑式道歉

微笑是一种润滑剂，微笑不仅可以对导游员和游客之间产生的紧张气氛起缓和作用，而且它是向游客传递歉意信息的载体。如某导游员回答游客关于武当山的提问时，将武当山说成建于清朝，其他游客纠正后，导游员觉察到这样简单的回答是错误的，于是对这位游客抱歉地一笑，使游客不再计较了。

### （二）迂回式道歉

迂回式道歉是指导游员在不便于直接、公开地向游客致歉时，而采用其他的方式求得游客的谅解。如某导游员在导游服务中过多地接触和关照部分游客，引起了另一些游客的不悦，导游员觉察后，便主动地多接触这些游客，并给予关照和帮助，逐渐使这部分游客冰释前嫌。在这里，导游员运用体态语言表示了歉意。

导游员除了采用迂回道歉方式改进导游服务外，导游员还可请示旅行社或同相关接待单位协商后，采用向游客赠送纪念品、加菜或免费提供其他服务项目等方式向游客道歉。

### （三）自责式道歉

由于旅游供给方的过错，使游客的利益受到较大损害而引起强烈不满时，即使代人受过，导游员也要勇于自责，以缓和游客的不满情绪。

不管采用何种道歉方式，道歉首先必须是诚恳的；其次必须是及时的，即知错必改，这样才能赢得游客的信赖；最后，道歉要把握好分寸，不能因为游客某些不快就道歉，要分清深感遗憾与道歉的界限。

## 八、答问的语言技巧

来自不同国家和地区的游客出于各种动机，常常要提出各种各样的甚至是稀奇古怪的问题，需要导游员给予回答。这时，避而不答和率直的表态是两种反应形式，但这两种反应都是机械条件的反射，由于仅仅是不加处理的条件反射，它们有时会加深问题的严峻程度，如果讲究答问的语言技巧，那么不仅会降低问题的严峻程度，同时又不会削弱表达效果。因此，导游员有必要掌握以下答问的技巧。

（一）是非分明

导游员在回答游客的提问时，能够给予明确回答的，就要是非分明、毫无隐讳地予以回答，以澄清对方的误解和模糊认识。

如，有批西方游客在参观河北承德时，有客人问："承德以前是蒙古人住的地方，因为它在长城以外，对吗？"导游员答："是的。现在还有一些村落是蒙古名字。"游客又问："那么，是不是可以说，现在汉人侵略了蒙古人的地盘呢？"导游员说："不应该这么讲，应该叫民族融合。中国的北方有汉人，同样南方也有蒙古人。就像法国的阿拉伯人一样，是由于历史的原因形成的，并不是侵略。现在的中国不是哪一个民族的中国，而是一个统一的多民族的中国。"客人们听了都连连点头。

这位导游员在回答提问时，沉着冷静，是非分明，有理有据，因而具有一定的说服力。

（二）以问为答

导游员对客人的有些问题，不直接给予肯定或否定的回答，而是以反问的形式，使对方从中得到答案。

（三）曲语回避

有的客人提的问题很刁，导游员答问时容易陷入"两难境地"，无论你是回答肯定或否定，都会被抓住把柄。这时只能以曲折含蓄的语言予以回避，不给予正面回答。

如，有位美国游客问一位导游员："你认为是毛泽东好，还是邓小平好？"这位导游员很机智，立即用曲语回避道："您是否能先告诉我，是华盛顿好还是林肯好？"这位客人顿时哑然。

（四）诱导否定

对方提出问题之后，不马上回答，先讲一点理由，提出一些条件或反问一个问题，诱使对方自我否定，自我放弃原来提出的问题。此方法类同于前述"诱导式回绝"。

**【实训项目1】容易发音错误的字**

实训目的：养成正确的发音习惯。

实训内容：将学生分别分成不同的小组，提供一些容易发音错误的字、句纸条，互相之间纠音。

教师主要观测点：

（1）观察学生发音在哪些声母、韵母上容易错误。

（2）考查参与学生普通话的标准程度。

**【实训项目 2】导游示范讲解**

实训目的：掌握常用的态势语言。

实训内容：鼓励学生在全体同学面前进行示范讲解，重点引导学生对讲解者姿态语言的观测、评价。

教师主要观测点：

（1）观察参与学生对态势语言运用的意识。

（2）观察其他学生对示范者态势语言运用优缺点的评价、认识。

**【思考题】**

1. 导游语言的内容构成？
2. 导游员的口语表达要注意掌握哪些要领？
3. 举例说明导游讲解中常用的修辞手法。
4. 导游讲解中常用的运用目光的方法有哪些？
5. 简述导游讲解中手势的运用方法？

# 第十二章　导游员的讲解技能

【学习思考】

❖了解带团讲解的原则

❖熟悉导游讲解的具体要求

❖掌握常用导游讲解方法和技巧

## 第一节　导游讲解的原则和要求

导游讲解是导游员工作中的一个重要环节。准确生动的讲解语言，既能有效地传播景点知识，又能巧妙地联络感情，并对游客产生较强的感染力。

### 一、导游讲解应遵循的原则

（一）客观性

客观事实是指独立于人的意识之外，又能为人的意识所反映的客观存在，它包括自然界的万事万物和人类社会的各种事物，其中有的是有形的，如名山大川、文物古迹；有的则是无形的，如社会制度、旅游目的地居民对游客的态度等，这些都是客观存在的。导游进行讲解时，无论采用何种方法或技巧，都必须以客观存在为依据，即导游讲解必须建立在自然界或人类社会某种客观现实的基础上。

（二）针对性

导游每次带团面对的游客都不一样，游客所感兴趣的内容也都不一样，导游以一成不变的导游辞面对不同的游客是行不通的，因此，导游讲解必须要有针对性。针对性是指导游员从游客的实际情况出发，因人而异、有的放矢地进行导游讲解。导游员要根据不同游客的具体情况，在接待方式、服务形式、导游内容、语言运用、讲解的方式方法上有所区别；导游讲解时，导游词内容的广度、深度及结构应该有较大的差异。通俗地说，就是要看人说话，投其所好，导游员讲的正是游客希望知道的、有能力接受的并且感兴趣的内容。

（三）计划性

计划性就是要求导游员在特定的工作对象和时空条件下发挥主观能动性，

科学地安排游客的活动日程，有计划地进行导游讲解。

周密的计划是导游服务成功的保证，旅游团在目的地的活动日程和时间安排是计划性原则的中心。一般的旅游团在目的地的逗留时间只有短短的几天，这就需要导游员对旅游团的活动做出周密的安排，使游客在有限的时间里获得最大的满足。遇到因某种原因需缩短或延长在目的地游览的时间时，导游员更应制定出适应变化的、尽量使游客满意的新日程。

导游员在按照接待计划带领旅游团进行每一天的旅游活动时，还要特别注意科学地分配时间。如饭店至各参观游览点的距离及行车所需时间、出发时间、各条参观游览线所需时间、途中购物时间、午间就餐时间，等等。如果在时间安排上缺乏计划性，就会出现“前松后紧”或“前紧后松”的被动局面，甚至有的活动被挤掉，影响计划的实施而导致游客的不满甚至投诉。

计划性的另一个具体体现是每个参观游览点的导游方案。导游员应根据游客的具体情况合理安排在景点内的活动时间，选择最佳游览路线，导游讲解内容也要作适当取舍。什么时间讲什么内容、什么地点讲什么内容以及重点介绍什么内容都应该有所计划，这样才能达到最佳的导游效果。

**【小参考】黄鹤楼的讲解计划**

武汉黄鹤楼的讲解一般以一、三、五楼为重点，导游员通过一楼大厅《白云黄鹤图》的壁画可向游客介绍黄鹤楼“因仙得名”的传说故事；通过三楼的陶板瓷画《文人荟萃》来再现历代文人墨客到黄鹤楼吟诗作赋的情景；登上五楼，既可通过《江天浩瀚》的组画向游客介绍长江的古老文化和自然风光，也可引导游客登高望远，欣赏武汉三镇的秀丽景色。当然，如果游客对历史和古建筑有兴趣，导游员就应该以二楼为重点，为游客讲解《黄鹤楼记》，介绍历代黄鹤楼的模型和建筑特色。

（四）灵活性

所谓灵活性是指导游讲解要因人而异、因时制宜、因地制宜。旅游活动往往受到天气、季节、交通以及游客情绪等因素的影响，我们所讲的最佳时间、最佳线路、最佳景点都是相对而言的，客观上的最佳条件若缺乏主观上完美导游艺术的运用就不可能有很好的导游效果。因此，导游员在导游讲解时要根据游客的具体情况以及天气、季节的变化和时间的不同，灵活地运用导游知识，采用切合实际的导游内容和导游方法。如介绍梁子湖水质纯净、清澈见底的特点，导游员拟通过“分明看见青山顶，船在青山顶上行”的诗句来说明，但如果游览中下起了小雨，还按计划讲解显然不合时宜，这时，导游员就要随机应变，可改用“水光潋滟晴方好，山色空濛雨亦奇”

的诗句进行讲解。

导游讲解以客观现实为依托，客观性、针对性、计划性和灵活性体现了导游活动的本质，也反映了导游方法的规律。导游员应灵活运用这四个基本原则，自然而巧妙地将其融于导游讲解之中，这样才能不断提高自己的讲解水平。

## 二、导游讲解应符合的具体要求

导游讲解是为了向游客有效地传播知识、联络感情的一种服务方式。一方面，导游员讲解的知识要能够为游客所理解；另一方面，也要使游客在心理上或行为上产生认同，在情感上与导游员趋同。导游员在讲解时应符合以下十项具体要求：

### （一）言之有物

导游讲解要有具体的指向，不能空洞无物。讲解资料应突出景观特点，简洁而充分。可以充分准备，细致讲解，不要东拉西扯，缺乏主题，缺乏思想，满嘴空话、套话。导游员应把讲解内容最大限度地“物化”，使所要传递的知识深深地烙在游客的脑海中，实现旅游的最大价值。

### （二）言之有理

导游员讲解的内容、景点和事物等必须要以事实为依据，要以理服人，不要言过其实和弄虚作假，更不要信口开河。那种违反事实的讲解，一旦游客得知事实真相，即会感到自己受了嘲弄和欺骗，导游员的形象在游客的心目中一落千丈。

言之有理不仅在讲道理的“理”，另一层含义是导游讲解要符合一定的生活和风俗习惯，符合人们的欣赏习惯，符合法律法规。

### （三）言之有据

导游员讲话要有根据，不能道听途说，更不能没有根据的胡乱瞎说。对游客讲话，谈问题，讲解游览的景点，对外宣传都要从实际出发，要有真凭实据。

### （四）言之有趣

导游员讲解要生动形象、幽默风趣，要使游客紧紧地以导游员为核心，在听讲解的过程中，感受到一种享受和满足。需要指出的是，导游员在制造风趣幽默时，比拟要自然、贴切，千万不可牵强附会，不正确的比拟往往会伤害游客的自尊心，并对其他游客产生不良的影响。

### （五）言之有神

导游讲解应尽量突出景观的文化内涵，使游客领略其内在的神采。其讲解内容要经过综合性的提炼并成为一种艺术，让游客得到一种艺术享受。同时，导游员要善于掌握游客的神情变化，分析和掌握哪些内容游客感兴趣，哪些内容游客不愿听，游客的眼神是否转移，游客中是否有人打呵欠……这些情况要随时掌握，并灵活调整所讲内容。

（六）言之有力

导游员在讲解时要正确掌握语音、语气和语调，既要有鲜明生动的语言，又要注意语言的音乐性和节奏感。此外，导游员在讲解结尾时，声音要响亮，让游客有心理的准备。

（七）言之有情

导游员要善于通过自己的语言、表情、神态等传情达意。讲解时，应充满激情和热情，又充满温情和友情，富含感情和人情的讲解更容易被游客接受。

（八）言之有喻

导游员应结合游客的欣赏习惯，用游客熟悉的事物来介绍，要恰当地运用比喻手法，减少游客理解的难度，增加旅游审美中的形象和兴趣。

（九）言之有礼

导游员的讲解用语和动作、行为要文雅、谦恭，让游客获得美的享受。

（十）言之有时

导游员讲解的时间安排要注重实效性，一般讲解时间不宜太长太久，需要进行较长的讲解时，中间穿插一些适当的对话形式，避免给游客"一言堂"的感觉。讲解的时间要与游客的观赏时间相交叉，以方便游客观赏、理解。

## 第二节　常用导游讲解方法和技巧

导游员为了使自己成为游客的注意中心并将他们吸引在自己周围，必须讲究导游讲解的方式、方法，要善于编织讲解的故事情节，结合游览活动的内容，释疑解惑，创造悬念，引人入胜；要有的放矢、启发联想、触景生情；要有选择地介绍，采用有问有答的交流式对话，引导游客领会旅游的意境。

### 一、概述法

概述法是导游员就旅游城市或景区的地理、历史、社会、经济等情况向游客进行概括性的介绍，使其对即将参观游览的城市或景区有一个大致的了解和轮廓性认识的一种导游方法。这种方法多用于导游员接到旅游团后坐车驶往下榻饭店的首次沿途导游中，它好比是交响乐中的序曲，能起到引导游客进入特定的旅游意境，初步领略游览地奥秘的作用。它的特点是言简意赅、重点突出，给游客以深刻印象并由游客参观游览后去评价和感受。

**【小参考】概述法——黄麻起义和鄂豫皖苏区革命烈士陵园**

各位朋友：

大家好！欢迎各位参观全国重点烈士陵园——红安黄麻起义和鄂豫皖苏区革命烈士陵园。我叫丁××，很高兴为大家服务。

说起红安，那可是全国闻名的“将军县”。如果说地跨鄂豫皖三省37县（市）的大别山是中国革命的一个大舞台的话，红安就是这个大舞台的中心。大别山的红色革命传奇深深凝聚在红安这片红色的土地之上。

红安原来不叫红安，而叫“黄安”。1952年9月，为了表彰黄安人民革命斗争业绩，经中央人民政府政务院批准，将黄安县正式改名为红安县。我党以“红”命名褒奖的县，全国可是唯此一例。

那么，红安，到底红在哪里呢？小丁可不敢卖关子。我们一起进园游览，一起在游览中体会吧。

各位游客，黄麻起义和鄂豫皖苏区革命烈士陵园，建于1956年，占地面积510亩。大家看，陵园背倚稞子山，青山簇拥，面向红安新城区，地势开阔平坦。园区的苍松翠柏之中，主要有革命历史纪念碑、革命历史纪念馆、革命烈士纪念馆、董必武纪念馆、李先念纪念馆和将军馆等建筑。

同其陵园一样，我们眼前的这座纪念碑也是整个陵园的主体建筑。碑身高27.11米，正面有“黄麻起义和鄂豫皖苏区革命烈士纪念碑”17个大字，碑的两侧分别是董必武、叶剑英、徐向前、李先念同志的题词。我们现在看到的这两尊雕塑，左边是红军战士手握钢枪，象征着革命根据地的军民坚持武装斗争。右边是农民身背大刀、手举铜锣，再现了黄麻起义战斗时的场景。

关于黄麻起义和鄂豫皖苏区呀，我想还是要给大家说上几句。

1927年汉口八七会议确定，党的中心任务是号召并发动农民举行秋收起义。1927年11月，中共湖北省委派代表到黄安成立了黄麻起义总指挥部，11月13日，黄麻起义爆发。李先念、詹才芳、王树声、陈再道分别率领农民武装参加了暴动，次日凌晨，攻克黄安县城，18日宣布成立黄安县农民政府。黄麻起义，在大别山区首先树起了武装斗争的旗帜，为创建鄂豫皖根据地和红四方面军起到了先导作用。起义攻克黄安城时，本县有位文人写了一副对联贴在县衙大门上，下联是“克复黄安城，试看碧云紫气，苍生济济拥红军”。这是对我党军队第一次给予“红军”的称号。

黄麻起义后，革命风暴进一步席卷大别山区，1929年，党领导人民又开辟了豫东南、皖西根据地。为统一领导根据地的武装斗争，鄂豫皖特委在黄安县成立，并将鄂豫皖三块根据地连成一片，成立了中共鄂豫皖边特委和鄂豫皖边区苏维埃政府，从此形成了鄂豫皖革命根据地。黄安县是鄂豫皖革命根据地的中心区域，这里诞生了了中国工农红军的三大主力部队——红四方面军、红二十五军和红二十八军。走出了董必武、李先念两位国家主席和200多位将军，在中国革命史上写下了极其崇高悲壮的一页。

红安红，是因为在中国革命的红色火焰在这里熊熊燃烧；红安红，是因为无数红安革命先烈把一腔热血洒在了中华大地上。参观完了革命历史纪念馆，让我们进入革命烈士纪念馆吧。红安有多少革命烈士？“黄安谣”是这样说的：“小小黄安，人人好汉；铜锣一响，四十八万；男将打仗，女将送饭。”为了新中国的诞生，红安26年革命红旗不倒，先后有14万优秀儿女为国捐躯。土地革命战争时期，每3个红军战士中就有一个红安人，每4个牺牲的红军战士中就有一个红安籍烈士。在红安，夫妻忠烈、父子忠烈、兄妹忠烈、满门忠烈的故事比比皆是。戴克敏烈士一家两代，先后14人走上革命道路，11人献出了生命。戴克敏的妹妹被敌人残酷折磨，仍然坚贞不屈，最后被砍下头颅。牺牲时，年仅22岁。

红安，无愧于这个伟大的名称。在我们的游览就要结束之际，小丁希望大家牢记先烈、记住红色的红安。

## 二、分段讲解法

分段讲解法就是对那些规模较大、内容较丰富的景点，导游员将其分为前后衔接的若干部分来逐段进行讲解的导游方法。一般来说，导游员可首先在前往景点的途中或在景点入口处的示意图前介绍景点概况（包括历史沿革、占地面积、主要景观名称、观赏价值等），使游客对即将游览的景点形成初步的印象，达到“见树先见林”的效果。然后带团到景点按顺序游览，进行导游讲解。在讲解一个景物时注意不要过多涉及下一个景物，但要在快结束这一部分的游览时适当地讲一点下一景点的内容，目的是引起游客对下一景点的兴趣，并使导游讲解环环相扣、景景相连。

**【小参考】：分段讲解法——以湖北恩施腾龙洞为例**

由腾龙洞洞口至洞内游览，导游员可将其分为六个部分来讲解。

1. 在腾龙洞前介绍腾龙洞概况：“腾龙洞位于清江上游利川市区近郊，它北依长江三峡，南连张家界，东距恩施100公里。如诗如画般的800里清江在起源处做个简单的汇集后就钻入腾龙洞巨大的‘腹中’，而后直流而下，汇入长江。今天的腾龙洞分水洞和旱洞两部分，呈上下交错状。旱洞就是过去清江的伏流古道。在几百万年地壳运动的影响下，奔腾不息的清江水在它的底部又冲击出新的一条通道，这也就是今天人们俗称的腾龙洞水洞。腾龙洞在世界已探明的最长的洞穴中排名世界第七、亚洲第一，巨大、险胜、怪诞、和谐、新奇是腾龙洞突出的五个美学特点。腾龙洞风景区由水洞、旱洞、鲇鱼洞、凉风洞、独家寨及三个龙门、化仙坑等景区组成，整个洞穴系统十分庞大复杂，容积总量居世界第一，是中国旅游洞穴的极品，2005 年 10 月被《中国国家地理》杂志评为'中国最美的地方'、'中国最美的六大旅游洞穴'。"

2. 在腾龙洞的水洞口时，导游员介绍："朋友们，现在我们已经到了'卧龙吞江'落水洞瀑布，它是腾龙洞水洞入口，在这里，清江转为伏流段。每秒数十立方米的清江河水陡跌 30 米，声势浩大，气势磅礴。水洞洞高一般在 30~50 米，洞底呈阶梯状，存在多处跌水、急流、深潭，洞中有 18 处天窗与溢洪支洞及旱洞相连，构成地表与地下水流互相转化的复杂排水系统。腾龙洞之所以能形成这么庞大的地下迷宫，很大程度上是拜'天然雕刻家'——清江所赐。清江是湖北境内的第三大河，腾龙洞就处于其上游的伏河段。清江流入利川市境内，至落水洞口处猛跌 30 米，浩浩荡荡的江水垂直扑下，浪沫翻滚，飞流成瀑，碎玉喷雾，声震九渊。其洞后群山苍茫起伏，宛若一条巨龙张开大口，一口吞掉清江，故此地称之为'卧龙吞江'……"

3. 在腾龙洞的旱洞口时，导游员介绍："现在我们已经到了腾龙洞旱洞的主洞口，洞口呈纺锤形，主洞口大身长，形若巨龙起舞，故名。该洞洞口高 74 米，宽 64 米，洞内最高处 235 米，初步探明洞穴总长度为 52. 8 公里，其中水洞伏流 16. 8 公里。山中有洞不足为奇，洞中有山堪称一绝。腾龙洞洞中有山，山中有洞，洞中有 5 座山峰，10 个大厅，地下瀑布 10 余处，水洞旱洞相连，主洞支洞相通，洞内终年恒温 14~18 摄氏度，空气流畅……"

4. 电瓶车到校场坝时，导游员介绍："现在我们来到的就是校场坝，这里又宽又平，'沙场秋点兵'，活脱脱一个古时练武阅兵的校场。仔细察看，地上有许多奇特的'大脚印'，长达一米左右，甚至能分辨得出脚趾。据当地人讲，传说古时候有一条孽龙横行利川大地，一位美丽善良的牟慧仙姑见此情景，率百姓占据此地，练兵习武，以期降伏孽龙。只是不知后事如何，想必也该如愿以偿吧，否则人们怎么会至今念念不忘仙姑大名？再往前就是凉风垭。真是地如其名，一进入就觉得冷飕飕的。之后是白沙槽，顾名思义，这里遍地白沙，犹如龙宫沙滩，水滴在上面镌刻出一片片波浪状的白花，精致玲珑，远望却又似来到了雪域高原……"

5. 游客游览到妖雾山时，导游员进一步介绍："现在我们已经来到了'妖雾山'下。相传，最初洞中并无此山，是孽龙与牟慧仙姑争斗时从洞外移入的，并在山上布满了水精、怪兽和妖气，以为屏障，所谓'山上怪兽出没，妖光化人'。据县志记载，清光绪年间，有采硝人举火把入洞，行十数里，见妖雾山，惧而返，从此再无涉足者。直至利川县人武部组织的两次勘探，才有人越过了山去，妖雾山到底有何可怕呢？跟随我们的脚步上山，您就知道了……”

6. 最后再向游客介绍洞中大型情景歌舞：“景区内有斥资近千万打造的全国最大的原生态洞穴剧场，由国内顶级导演精心编排的以土家文化为背景的大型情景歌舞《夷水丽川》。《夷水丽川》是一台反映土家的历史、民风、民俗的情景歌舞，让您在感受腾龙洞震撼之美的时候，还可领悟到原始而又古老的乡土歌舞风情并与之同乐。”

### 三、突出重点法

突出重点法就是避免在导游讲解中面面俱到，而是突出某一方面的导游方法。一处景点，要讲解的内容很多，导游员必须根据不同的时空条件和对象区别对待，有的放矢，做到轻重搭配，重点突出，详略得当，疏密有致。导游讲解时一般要突出以下四个方面：

（一）突出景点的独特之处

游客来到目的地旅游，要参观游览的景点很多，其中不乏一些与国内其他地方类似的景点。导游员在讲解时必须讲清这些景点的特征及与众不同之处，尤其在同一次旅游活动中参观多处类似景观时，更要突出介绍其特征。如，湖北钟祥的明显陵之所以能在众多的明陵中脱颖而出，被联合国教科文组织列为世界文化遗产，主要就在于它的独特性。其陵寝建筑中金瓶形的外罗城、九曲回环的御河、龙鳞神道、琼花双龙琉璃影壁和内外明塘等都是明陵中仅见的孤例，尤其是“一陵两冢”的陵寝结构为历代帝王陵墓绝无仅有。显陵是明嘉靖初期重大历史事件“大礼仪”的产物，其规划布局和建筑手法亦很独特，在明代帝陵中具有承上启下的作用。导游员在讲解中应突出这些独特之处。

（二）突出具有代表性的景观

游览规模大的景点，导游员必须事先确定重点景观。这些景观既要有自己的特征，又能概括全貌，实地参观游览时，导游员主要向游客讲解这些具有代表性的景观。如，长江三峡由瞿塘峡、巫峡、西陵峡组成，而巫峡十二峰分别是登龙峰、圣泉峰、朝云峰、神女峰等。神女峰是最有代表性的景观。因此介绍巫峡十二峰时应该将神女峰作为最有代表性的景点进行讲解。

（三）突出游客感兴趣的内容

投其所好的讲解方法往往能起到很好的讲解效果。游客的兴趣爱好各不相同，但从事同一职业的人、文化层次相同的人往往有共同的爱好。导游员在研究旅游团的资料时要注意游客的职业和文化层次，以便在游览时重点讲解旅游团内大多数成员感兴趣的内容。如，游览湖北神农架，对华侨及港澳台胞应重点介绍神农祭坛，讲解炎帝遍尝百草、搭架采药的壮举；对青年学生则把重点放在神农架自然博物馆，向他们介绍珙桐、金丝猴等珍稀动植物；对喜欢逐新猎奇的游客，多给他们讲一讲神农架“野人”之谜、神奇的白化动物、冬水夏冰的岩洞、闻雷涌鱼的暗泉等。

（四）突出“……之最”

面对某一景点，导游员可根据实际情况，介绍这是世界或中国最大（最长、最古老、最高，甚至可以说是最小）的……因为这也是在介绍景点的特征，很能引起游客的兴致。如，三峡工程是世界上施工期最长、建筑规模最大的水利工程；三峡水电站是世界上最大的水电站；三峡工程泄洪闸是世界上泄洪能力最强的泄洪闸；三峡工程对外专用公路是国内工程项目最齐全的公路。

这样的导游讲解突出了三峡工程的价值，使国内游客产生自豪感、外国游客产生敬佩感，从而留下深刻的印象。不过，在使用“……之最”进行导游讲解时，必须实事求是，言之有据，绝不能杜撰，也不要张冠李戴。

**【小参考】突出重点法——以湖北黄石国家矿山公园为例**

在讲解湖北黄石国家矿山公园时，导游员应把讲解的重点放在“第一”上。

从近代开采至今，我们黄石国家矿山公园有十个“第一”是全国任何矿山无法比拟的：

1. 中国第一家用机器开采的大型露天铁矿；
2. 亚洲最大、最早的钢铁联合企业——汉冶萍公司的一个主要组成部分；
3. 张之洞创办洋务企业唯一保留下来、仍在正常运作的一家；
4. 一代伟人毛泽东视察过的唯一一座铁矿山；
5. 中国第一支大型地质勘探队——429地质勘探队在这里成立，中国第一批女地质队员在这里诞生；
6. 中国最早聘请外国专家运用地质科学勘探发现的一家大型铜铁矿床；
7. 1923年1月，大冶铁矿矿工举行的下陆大罢工是中国历史上第一次以胜利结束的大罢工，为京汉铁路“二七”大罢工提供了组织经验；
8. 见证日本军国主义掠夺中国矿产资源的第一家铁矿山；
9. 经过多年开采，东露天采场形成落差444米的世界第一高陡边坡；
10. 坚持不懈地进行绿化复垦，大冶铁矿形成面积达247万平方米的亚洲最大的硬岩绿化复垦基地。

在黄石矿山公园的评审会上，专家们感叹：这里是一部中国千年采矿史、近现代中国采矿业的缩影。

## 四、问答法

问答法是在导游讲解时，导游员有意识地向游客提问题或启发他们提问题的导游方法。使用问答法是为了活跃游览气氛，激发游客的想象，促使游客和导游员之间产生思想交流，使游客获得参与感或自我成就感。同时，还可避免导游员唱独角戏，加深游客对所游览景点的印象。

问答法包括自问自答法、我问客答法、客问我答法和客问客答法四种形式。

### （一）自问自答法

导游员自己提出问题，并作适当停顿，让游客猜想，但并不期待他们回答，只是为了吸引他们的注意力，促使他们思考，激起兴趣，然后做简洁明了的回答或生动形象的介绍，还可以借题发挥，给游客留下深刻的印象。

### （二）我问客答法

导游员要善于提问题，但要从实际出发，适当运用。希望游客回答的问题要提得恰当，估计他们不会毫无所知，也要估计到会有不同答案。导游员要诱导游客回答，但不要强迫他们回答，以免使游客感到尴尬。游客的回答不论对错，导游员都不应打断，更不能笑话，而要给予鼓励。最后由导游员讲解，并引出更多、更广的话题。

### （三）客问我答法

导游员要善于调动游客的积极性和他们的想象思维，欢迎他们提问题。游客提出问题，证明他们对某一景物产生了兴趣，进入了审美角色。对他们提出的问题，即使是幼稚可笑的，导游员也绝不能置若罔闻，千万不要笑话他们，更不能显示出不耐烦，而是要善于将回答和讲解有机地结合起来。不过，对游客的提问，导游员不要他们问什么就回答什么，一般只回答一些与景点有关的问题，注意不要让游客的提问冲击你的讲解，打乱你的安排。

### （四）客问客答法

导游员对游客提出的问题并不直截了当地回答，而是有意识地请其他游客来回答问题，亦称“借花献佛法”。导游员在为“专业团”讲解专业性较强的内容时可运用此法，但前提是必须对游客的专业情况和声望有较深入的了解，并事先打好招呼，切忌安排不当，引起其他游客的不满。如果发现游客回答问题时所讲的内容有偏差或不足之处，导游员也应见机行事，适当指出，但注意不要使其自尊心受到伤害。此外，这种导游方法不宜多用，以免游客对导游员的能力产生怀疑，产生不信任感。

【小参考】问答法——以游览泰山为例

如导游员在带游客游览泰山时，可以提问："各位游客，大家知道五岳是指哪五座山?"一般情况下，游客都能够回答出来，即使回答不完全或回答有误，游客的兴趣也会因此调动起来，导游员可根据情况进行纠正或补充。

"岳在古今汉语中均为高大的山的意思，五岳就绝对海拔高度和山体规模而言，并不是我国最高大的山，但由于五岳之名是中国古代帝王封赐的，这些山地都曾是历代帝王登基后举行盛大封禅活动的场所，故闻名天下。一般是指东岳山东泰山，西岳陕西华山，北岳山西恒山，南岳湖南衡山，中岳河南嵩山。"然后，导游员进一步提问："五岳各自的特点是什么?"提问后可稍作停顿，观察游客的反应，如游客踊跃回答，应待游客回答后做总结或补充；如游客回答不出，再予以讲解。"东岳泰山以雄闻名，西岳华山以险闻名，南岳衡山以秀闻名，北岳恒山以幽闻名，中岳嵩山以峻闻名。"

### 五、虚实结合法

虚实结合法就是在导游讲解中将典故、传说与景物介绍有机结合，即编织故事情节的导游方法。所谓"实"是指景观的实体、实物、史实、艺术价值等，而"虚"则指与景观有关的民间传说、神话故事、趣闻逸事等。"虚"与"实"必须有机结合，但以"实"为主，以"虚"为辅，"虚"为"实"服务，以"虚"烘托情节，以"虚"加深"实"的存在，努力将无情的景物变成有情的导游讲解。

在实地导游讲解中，导游员一定要注意不能"为了讲故事而讲故事"，任何"虚"的内容都必须落到"实"处。

导游员在讲解时还应注意选择"虚"的内容要"精"、要"活"。所谓"精"，就是所选传说故事是精华，与讲解的景观密切相关；所谓"活"，就是使用时要灵活，见景而用，即兴而发。

### 六、触景生情法

触景生情法就是在导游讲解中见物生情、借题发挥的一种导游方法。在导游讲解时，导游员不能就事论事地介绍景物，而是要借题发挥，利用所见景物制造意境，引人入胜，使游客产生联想，从而领略其中之妙趣。如引导游客从东湖的水杉引申到武汉市的市树，再联想到武汉市的市花。

触景生情法的第二个含义是导游讲解的内容要与所见景物和谐统一，使其情景交融，让游客感到景中有情，情中有景。如引导游客从九宫山观音崖的石床联想到“道士争死”的趣事。

触景生情贵在发挥，并且是自然、正确、切题的发挥。导游员要通过生动形象的讲解、有趣而感人的语言，赋予景物以生命，注入情感，引导游客进入审美对象的特定意境，从而使他们获得更多的知识和美的享受。

## 七、制造悬念法

制造悬念法就是导游员在导游讲解时提出令人感兴趣的话题，但故意引而不发，产生悬念，激起游客急于知道答案的欲望的导游方法，俗称“吊胃口”、“卖关子”。通常是导游员先提起话题或提出问题，激起游客的兴趣，但不告知下文或暂不回答，让他们去思考、去琢磨、去判断，最后才讲出结果。这种“先藏后露、欲扬先抑、引而不发”的手法，一旦“发（讲）”出来，会给游客留下特别深刻的印象。

制造悬念是导游讲解的重要手法，在活跃气氛、制造意境、激发游客游兴等方面往往能起到重要作用，所以导游员都比较喜欢用这一手法。但是，再好的导游方法都不能滥用，“悬念”不能乱造，以免起反作用。

**【小参考】悬念法——以钟祥明显陵为例**

参观世界文化遗产——湖北明显陵，游客看到陵前的外明塘往往会困惑不解，导游员不失时机地介绍：“明塘是显陵的独特设置，不仅有外明塘，里面还有内明塘，那么显陵为什么要在陵前设置明塘呢？请大家边参观边思考，等到了明楼我再告诉大家答案。”这就给游客留下了一个悬念。游客登上明楼后，导游员再告诉游客：“一方面，按风水理论：山为龙的骨肉，水为龙的气血，水有界止龙气流逝的作用。于陵前设置明塘，就满足了吉壤中穴对水的基本要求。另一方面，明塘含有龙珠喻义，如果说神道犹如一条旱龙，那么九曲河就好似一条水龙，两龙交汇于明塘，构成了双龙戏珠的奇特景观。”

## 八、类比法

类比法就是在导游讲解中用风物对比，以熟喻生，以达到触类旁通的一种导游方法。导游员将游客熟悉的事物与眼前景物进行比较，既便于游客理解，又使他们感到亲切，从而达到事半功倍的导游效果。

（一）同类相似类比

同类相似类比是将相似的两个事物进行比较，便于游客理解并使其产生亲切感。

（二）同类相异类比

同类相异类比是将两种同类但有明显差异的风物进行比较，比出规模、质量、风格、水平、价值等方面的不同，以加深游客的印象。

正确、熟练地使用类比法，要求导游员掌握丰富的知识，熟悉客源国，对相比较的事物有比较深刻的了解。面对来自不同国家和地区的游客，要将他们知道的风物与眼前的景物相比较，切忌胡乱、不相宜地比较。正确运用类比法，可提高导游讲解的层次，加强导游效果，反之，则会让游客耻笑。

**【小参考】类比法——以武汉归元寺为例**

现今的归元寺占地70多亩，建筑面积达2万平方米，现存殿堂楼阁28栋，殿舍200余间，庄严雄伟、井然有序。那么，首先映入我们眼帘的是这座高大的杏黄色的三门，佛教寺院的大门常被称作“三门”。此寺的三门八字朝阳开，象征广结善缘，普度众生，寓意吉祥。三门上方正中镶着一块长方形的直匾，直书“归元禅寺”四个大字。这里，可能有的朋友会问了：“这寺名怎么不是横着写的呢?”确实，全国佛教古刹不少，可寺名为直书的却不多见，因为直书寺名只有皇帝御赐玉玺的寺庙才可以使用，可见归元禅寺这座民间寺庙在佛教丛林中的地位了。

走进寺内，不知大家是否觉得此寺的布局有点与众不同呢?

寺院是讲究一定格局的。一般说来，我国明清寺院建筑的传统格局是在中轴线上，最前面是三门，进三门左右为钟楼和鼓楼，迎面为天王殿，进而是大雄宝殿，其后是藏经楼，其他殿堂则分布于两侧。然而归元寺却并非如此格局，这是由它独特的建造历史决定的。顺治十七年（1660年）禅院落成，第二年修建大雄宝殿，康熙三年（1664年）祖堂、韦驮殿和方丈室完工，康熙八年，藏经阁等建筑落成，道光三十年（1850年）增修了罗汉堂,从而形成了目前东、西、南、北、中五个院落的独特布局,俨然成“袈裟”形状。东边迎面可见三门,北院有藏经阁、念佛堂等,中院是大雄宝殿、韦驮殿,南院有四大天王殿、地藏王殿、罗汉堂等建筑。

### 九、妙用数字法

妙用数字法就是在导游讲解中巧妙地运用数字来说明景观内容，以促使游客更好地理解的一种导游方法。导游讲解中离不开数字，因为数字是帮助导游员精确地说明景物的历史、年代、形状、大小、角度、功能、特性等方面内容的重要手段之一，但是使用数字必须恰当、得法，如果运用得当，就会使平淡的数字发出光彩，产生趣味；否则，就会令人产生索然无味的感觉。运用数字忌讳平铺直叙，因为导游讲解不同于教师上课，一味地多大、多小、多宽等，大量的枯燥数字会使游客厌烦，所以使用数字要讲究“妙用”。

在实地导游中，导游员常用数字换算来帮助游客了解景观内容或运用数字分析更准确地说明景观内容，还可以通过数字来暗喻中国传统文化。

**【小参考】妙用数字法——以武汉磨山为例**

各位游客：呈现在各位眼前的是磨山楚文化游览区的标志——铜铸凤标。

凤是楚人的图腾，楚人认为，人的灵魂只有在凤的引导下，才能飞登九天，周游八极。因此，凤的形象大都是雍容华贵、伟岸英武的。眼前的双凤翘首相对，拱成半圆弧造型，您看，像不像一团熊熊燃烧的火焰呢？在此，正表现了楚人崇火尚凤的习俗。至今，在湖北的很多地方仍然沿袭着这一古老的传统。例如武汉人说：“您今天真走火。”意思就是说：您今天交上了好运气。眼前的两只铜凤脚踏猛虎，立于湖畔山前，表现了楚人希望拥有权力，实现民族的腾飞，同时它也体现了楚文化中“凤水合一，与日同辉”的艺术内涵。

从凤标上345级台阶可到楚天台，有谁知道这“345”的用意呢？现在我就给大家讲讲，看是否和您想象的一样。楚国王室建筑多以“台”命名，而不称其为“楼”。而“楼”字恰好与湖北人说“6”这个数字同音，因此设计者希望避免“6”字，所以根据山势将台阶设计成345级，同时它也寓意着步步高。好，希望大家登上这345级台阶，不论是生活，还是工作都是步步登高。

## 十、画龙点睛法

画龙点睛法就是导游员用精练的词句概括所游览景点的独特之处，给游客留下突出印象的导游方法。游客听了导游讲解，观赏景观时，一般都会有一番议论。导游员可趁机给予适当的总结，以简练的语言，甚至几个字，点出景物精华之所在，帮助游客进一步领略其奥妙，获得更多更高的精神享受。

除上述十种导游方法外，我国导游员还总结出了简述法、详述法、联想法、猜谜法、引而不发法、引人入胜法、专题讲解法、点面结合法等多种技法，这里不再一一介绍。导游方法和技巧虽多，但在具体工作中，各种导游方法和技巧都不是孤立的，而是相互渗透、相互依存、互相联系的。导游员在学习众家之长的同时，必须结合自己的特点融会贯通，在实践中形成自己的导游风格和导游方法，并视具体的时空条件和对象，灵活、熟练地运用，这样才能获得良好的导游效果。

【阅读资料】

各位来宾、各位朋友：

大家好！欢迎您来到武当山游览观光，我是您此行的导游。今天，我将陪同您走进千年道教名山——武当山，一同去领略她的古风今韵！

武当山又名太和山、参上山，位于湖北省十堰市境内，是中国著名的道教圣地，是首批国家级重点风景名胜区，又是世界文化遗产。相信它美丽的自然风光、精美的古建筑、博大精深的道教文化、神秘的武当武术会给您留下深刻的印象。

武当山绵延800里，其自然风光以雄为主，兼有险、奇、幽、秀等多重特色。主峰天柱峰海拔1612米，环绕其周围的群山，从四面八方向主峰倾斜，形成独特的“七十二峰朝大顶，二十四涧水长流”的天然奇观。被誉为“自古无双胜境，天下第一仙山”。

武当山是道教信众心目中的神山，在建筑的规模上，甚至超过了五岳。早在1300年前的唐代贞观年间，武当山就兴建五龙祠，宣扬道教。武当山的道教，敬奉“玄天真武上帝”，据说，武当山就是因“非真武不足以当之”而名。元朝末年，武当山上的古建筑大部分毁于兵乱，目前山上的宫观多为明代所建。据史料记载，明成祖夺取政权后，为巩固政权，安抚民心，自称是武当真武神，保佑他和父亲朱元璋取得天下。在明永乐十年下令在修建北京皇城也就是故宫的同时，重修武当宫观。因此也就有了“北建故宫，南修武当”的说法。12年时间里，明朝的皇帝在这里建造了净乐宫、紫霄宫、元和观等33处庞大的建筑群，一共有殿堂房宇20000余间，建筑面积达到160万平方米，使武当山成为著名的皇家宫观。

武当山最负盛名的宫殿当属金顶，它耸立在海拔1612米高的武当主峰天柱峰之巅，是武当山古建筑群中的精华。金顶高5.5米，宽5.8米，进深4.2米。除基石是用花岗岩石铺垫外，全部铜铸鎏金，故称金殿。据说，金殿是当年在北京铸造完成之后，整体搬运到武当山上的。金殿内有“真武”披发跣足的鎏金铜像，神像和殿内香案供桌与整个金殿都是铸为一体，虽然历经沧桑，仍完好无损。

另一座有代表性的要算紫霄宫。宫内的紫霄大殿是武当山唯一幸存下来的重檐歇山式木结构殿宇，这座在全国屈指可数的抬梁式大木结构的道教古建筑，利用其地形落差，建在三层崇台之上，更显其宏伟壮观，气势轩然。紫霄宫初建于宋宣和年间，此后，紫霄宫遭遇兵火，两建两毁。直到成祖朱棣夺取皇位后，大兴武当，重建并赐额为“大圣紫霄宫”。它是宋、元、明、清四朝道教法事活动的重要场所，举办大型斋醮仪式的主要目的是祈求天下太平，皇帝长寿无疆。

武当山道教文化博大精深，源远流长。自宋朝到清朝，历代皇帝极力推崇武当山真武神，奉为“社稷家神”。明朝皇帝直接控制武当道场，因此，武当山被称为“皇室家庙”。武当山道教文物闻名遐迩，除古建筑群外，历代统治者及四方信士，特别在明朝鼎盛时期，曾制造数以万计的金、银、铜、铁、锡、玉、珠、石、泥、丝、木等质地的神像法器安放在武当山，使武当山各宫观陈设富丽堂皇，被誉为“黄金白玉世界”。虽然大多珍品已流失，但全山至今仍存注册文物总计7000多件。武当道教音乐，是武当道教文化的一个重要组成部分，它别具神韵，融宫廷、民间、宗教音乐于一体，具有庄严肃穆，神秘飘逸的独特风格。

武当武术历史悠久。元末明初武当道士张三丰集大成，被尊为武当武术的开山祖师。后经历代武术家不断创新、充实、积累，形成中华武术一大流派，素有“北崇少林，南尊武当”之称。武当拳，亦名内家拳，这种拳法以养身练功、防身保健为宗旨。具有尚意不尚力，四两拨千斤，以柔克刚，后发制人，延年益寿，抵御疾病，增长智慧等多种特点和功能。目前，武当武术已流传到海内外，并成为人们养身保健、祛病延年的体育活动。爱好武术的朋友请注意了，我公司为了让大家更尽兴，今晚特安排武当武术表演，到时千万别错过。

俗话说，百闻不如一见，我给大家说了这么多，还是让我们乘车去看看吧。武当山风景，古建筑主要集中在玄武门、太子坡、南岩、五龙宫、金顶、琼台六大风景区，到时我会给大家做具体的讲解，谢谢大家！

请分析该篇导游辞采用了哪几种导游讲解方法？

**【实训项目】用不同的方法讲解同一景点**

实训目的：掌握导游讲解的基本方法和技巧。

实训内容：设定一个景点，分别用“概述法”、“分段讲解法”、“突出重点法”等进行讲解。

教师主要观测点：

（1）观察学生对导游讲解各种方法的基本把握。

（2）考查参与学生对同一场景或资源的不同表达和讲解能力。

**【思考题】**

1. 导游讲解应遵循哪些原则？
2. 导游讲解时一般应突出哪些方面？
3. 问答法包括哪几种形式？
4. 简述溶洞中洞穴景观的成因。
5. 导游员运用虚实结合法应注意什么问题？

# 第十三章 导游员的应变技能

【学习目标】

❖掌握应变处理的基本原则

❖熟悉游客个别要求的具体内容

❖掌握处理游客个别要求的具体方法和工作规范

❖了解导游员在带团过程中可能出现的各种事故

❖分析带团过程中事故发生的原因

❖掌握处理事故的原则和方法以及如何做好事故发生的预防工作

## 第一节 应变处理的基本原则

应变能力是指对意外性事件、突发性事件进行应急处理的能力，是导游员所具备的各种能力的综合体现。这不仅要求导游员具有冷静的头脑和随机应变的能力，更需要其在最短的时间内迅速作出反应，形成应变方案。

### 一、"游客至上"原则

"游客至上"源自服务行业的座右铭"宾客至上"。它不单单是一句口号，更是导游服务的宗旨，是导游员处理问题的出发点。"游客至上"强调的是永远把游客放在第一位，游客处于高于、重于一切的位置。导游员必须树立"游客是我们的衣食父母"的观念，游客需要导游员，导游员更需要游客，游客是导游员存在的理由，是旅行社最大的无形资产。

### 二、"服务至上"原则

"服务至上"强调的是在导游服务中要遵循的基本准则，游客满意就是导游员的工作标准，导游员就是要用真心来创造感动。坚持服务至上原则，就是要时时、处处关心游客，向游客提供完美的生活和导游服务。服务至上，一要"真心"、"诚心"，只有用真心、用真诚去传情达意，才能使彼此的交流更为顺畅、更为高效、更为精彩；二要"倾心"、"热心"，即倾注全部心血和精力全心全意为游客服务，实心实意替游客着想；三要"细心"、"耐心"，即细微处见真情，长期坚持见功夫。

## 三、“AIDA”原则

AIDA由四个英文单词组成：Attraction（吸引力）、Interest（兴趣）、Desire（愿望）、Action（行为）。这四个单词表示四个环节，它们之间是相互联系的。AIDA原则就是导游员的工作方法。当导游员在处理游客的要求和投诉时，首先要注意倾听，这可以使游客觉得你比较重视他，从而赢得他的理解与认同，在你提出自己的想法和意见时，也容易引起对方的共鸣，并产生协助你的愿望，这样问题就比较容易解决了。

## 四、“合理而可能”原则

“合理而可能”强调的是在导游服务中要把握的尺度。游客在旅游过程中，一般都有求全心理，希望自己的旅游经历既圆满又愉快，会提出一些额外的要求。碰到这种情况，导游员首先要冷静仔细地分析哪些要求是合理的，哪些是不合理的；然后考虑哪些要求是合理而可能的，哪些是不可能满足的。对合理而可能的要求尽可能地满足，对不可能满足的要求也要一一向游客解释清楚。对某些并非出于真正需要而无理取闹的个别游客，导游员也应该待之以礼，做到有礼、有理、有节，不卑不亢，不损害游客自尊。若这种游客的无理取闹影响到整个旅游团的正常活动，导游员可请领队出面协助解决；或直接请全体游客主持公道。

“合理”还包括导游员应变处理时要符合法律、道德。《导游员管理条例》和《旅行社管理条例》中规定了游客、导游员、旅行社三者之间的权利和义务，导游员在处理游客个别要求时，要符合法律对这三者的权利和义务的规定。同时，还要考虑游客的个别要求是否符合我国法律的其他规定，如果相违，应断然拒绝。

## 五、“规避风险”的原则

旅游服务是一项跨地区、跨行业、跨部门的系统工程，各子系统必须加强配合与协作，稍有失误就会出现日程变更甚至发生事故；游览活动中除交通安全、景区安全、游客人身安全等不可控因素之外，还会出现许多意想不到的突发事件。因此，导游员要对可能发生的影响服务质量、产生安全隐患的各个方面有所预防，要对可能发生的事件、问题，预先准备，不临事而乱，作出恰当处置，以保护游客的利益，维护旅行社和导游员的声誉，将各类损失控制到最小范围。

## 第二节　个别要求的应变技能

游客个别要求是指参加团体旅游的游客提出的各种计划外的特殊要求，一般会涉及生活、娱乐、购物、自由活动等许多方面，导游员应高度重视游客的个别要求，认真、热情、耐心地设法予以解决。

### 一、餐饮和住房方面个别要求的处理

食、住是旅游活动的主要组成部分，也是游程顺利进行的基本保证。吃得放心，住得舒心，是游客所希望的。游客会因为生活习惯不同、性格不同等原因提出各种各样的要求。

（一）餐饮方面个别要求的处理

“民以食为天”，跨国界、跨地区的游客对餐饮的要求各不相同，因餐饮问题引起的游客投诉屡见不鲜。下面就常见的六种情况讲述导游员面对此类要求的处理方法：

1. 对特殊饮食要求的处理

由于宗教信仰、生活习惯、身体状况等原因，有些游客会提出饮食方面的特殊要求，例如，不吃荤，不吃油腻、辛辣食品，不吃猪肉或其他肉食，甚至不吃盐、糖、味精等。对游客提出的特殊要求，要区别对待：

（1）事先有约定。若所提要求在旅游协议书有明文规定的，接待方旅行社须早作安排，地陪在接团前应检查落实情况，不折不扣地兑现。

（2）抵达后提出。若旅游团抵达后或到定点餐厅后临时提出要求，则需视情况而定。一般情况下地陪应立即与餐厅联系，在可能的情况下尽量满足其要求；如情况复杂，确实有困难满足不了其特殊要求，地陪则应说明情况，协助游客自行解决。如：建议游客到餐厅临时点菜或带他去附近餐馆（最好是旅游定点餐馆）用餐，餐费自理。

2. 要求换餐的处理

部分外国游客不习惯中餐的口味，在几顿中餐后要求改换成西餐；有的外地游客想尝尝当地小吃，要求换成风味餐。诸如此类要求，应从以下几个方面考虑处理：

（1）首先要看是否有充足的时间换餐。如果旅游团在用餐前3个小时提出换餐的要求，地陪应尽量与餐厅联系，但需事先向游客讲清楚，如能换妥，差价由游客自付。

（2）询问餐厅能否提供相应服务。若计划中的供餐单位不具备供应西餐或风味餐的能力，应考虑换餐厅。

（3）如果是在接近用餐时间或到餐厅后提出换餐要求，应视情况而定：若该餐厅有该项服务，地陪应协助解决；如果情况复杂，餐厅又没有此项服务，一般不应接受此类要求，但应向游客做好解释工作。

（4）若游客仍坚持换餐，地陪可建议其到餐厅自己点菜或单独用餐，费用自理并告知原餐费不退。

3. 要求单独用餐的处理

由于旅游团的内部矛盾或其他原因，个别游客要求单独用餐。对此类情况，导游员要耐心解释，并告诉领队请其调解；如游客坚持，导游员可协助与餐厅联系，但餐费自理，并告知综合服务费不退。

由于游客外出自由活动、访友、疲劳等原因不随团用餐，导游员应同意其要求，但要说明餐费不退。

4. 要求在客房内用餐的处理

若游客生病，导游员或饭店服务员应主动将饭菜端进房间以示关怀。若是健康的游客希望在客房用餐，应视情况办理；如果餐厅能提供此项服务，可满足游客的要求，但须告知服务费标准。

5. 要求自费品尝风味的处理

旅游团要求外出自费品尝风味，导游员应予以协助，可由旅行社出面，也可由游客自行与有关餐厅联系订餐；风味餐订妥后旅游团又想不去，导游员应劝他们在约定时间前往餐厅，并说明若不去用餐须赔偿餐厅的损失。

6. 要求推迟就餐时间的处理

由于游客的生活习惯不同，或由于在某旅游地游兴未尽等原因要求推迟用餐时间，导游员可与餐厅联系，视餐厅的具体情况处理。一般情况下，导游员要向旅游团说明餐厅有固定的用餐时间，劝其入乡随俗，过时用餐需另付服务费。若餐厅不提供过时服务，最好按时就餐。

（二）住房方面个别要求的处理

旅游过程中，饭店是游客主要的休息场所。对于在住房方面的要求，游客是相当重视的，导游员一定要尽力协助解决，满足游客的要求。

1. 要求调换饭店的处理

团体游客到一地旅游时，享受什么星级饭店的住房在旅游协议书中有明确规定，有的在什么城市下榻于哪家饭店都写得清清楚楚。所以，如果接待旅行社向旅游团提供的客房低于标准，即使用同星级的饭店替代协议中标明的饭店，游客都会提出异议。

如果接待社未按协议安排饭店或协议中的饭店确实存在卫生、安全等问题而致使游客提出换饭店，地陪应随时与接待社联系，接待社应负责予以调换。如确有困难，按照接待社提出的具体办法妥善解决，并向游客给出有说服力的理由，提出补偿条件。

2. 要求调换房间的处理

根据客人提出的不同原由，有不同的处理方法：

（1）若由于房间不干净，如有蟑螂、臭虫、老鼠等，游客提出换房应立即满足，必要时应调换饭店。

（2）由于客房设施尤其是房间卫生达不到清洁标准，应立即打扫、消毒，如游客仍不满意，坚持调房，应与饭店有关部门联系予以满足。

（3）若游客对房间的朝向、层数不满意，要求调换另一朝向或另一楼层的同一标准客房时，若不涉及房间价格并且饭店有空房，可与饭店客房部联系，适当予以满足，或请领队在团队内部进行调整。无法满足时，应做耐心解释，并向游客致歉。

（4）若游客要住高于合同规定标准的房间，如有，可予以满足，但游客要交付原定饭店退房损失费和房费差价。

3. 要求住单间的处理

团队旅游一般安排游客住双人间或三人间。但可能会有个别游客由于生活习惯不同或因同室游客之间闹矛盾而要求住单人间。导游员应先请领队调解或内部调整，若调解不成，饭店如有空房，可满足其要求。但导游员必须事先说明，房费由游客自理（一般由提出方付房费）。

4. 要求延长住店时间的处理

由于某种原因（生病、访友、改变旅游日程等）而中途退团的游客提出延长在本地的住店时间，可先与饭店联系，若饭店有空房，可满足其要求，但延长期内的房费由游客自付。如原住饭店没有空房，导游员可协助联系其他饭店，房费由游客自理。

5. 要求购买房中物品的处理

如果游客看中客房内的某种摆设或物品，要求购买，导游员应积极协助，与饭店有关部门联系，满足游客的要求。

## 二、购物和娱乐方面个别要求的处理

购、娱是旅游活动的重要组成部分。导游员应高度重视游客的此类个别要求，认真、热情、耐心地设法予以解决。

### （一）购物方面个别要求的处理

购物是旅游活动的重要组成部分，游客往往会有各种各样的特殊要求，导游员要不怕麻烦、不图私利，设法予以满足。

1. 要求单独外出购物的处理

游客要求在自由活动时间单独外出购物，导游员要尽力帮助，当好购物参谋。如建议去哪家商场、联系出租车、写中文便条等。但在离开本地当天的要劝阻，以防误机（车、船）。

2. 要求退换商品的处理

游客购物后发现是残次品、计价有误或对物品不满意，要求导游员帮其退换，导游员应积极协助，必要时陪同前往。

3. 要求再次前往某商店购物的处理

游客欲购买某一商品，出于“货比三家”的考虑或对于商品价格、款式、颜色等犹豫不决，当时没有购买。后来经过考虑又决定购买，要求地陪帮助。对于这种情况，地陪应热情帮助；如有时间可陪同前往，车费由游客自理。若因故不能陪同前往可为游客写张便条，写清商店地址及欲购商品的名称，请其乘出租车前往。

4. 要求购买古玩或仿古艺术品的处理

海外游客希望购买古玩或仿古艺术品，导游员应带其到文物商店购买，买妥物品后要提醒其保存发票，不要将物品上的火漆印（如有的话）去掉，以便海关查验；游客要在地摊上选购古玩，导游员应劝阻，并告知中国的有关规定；若发现个别游客有走私文物的可疑行为，导游员须及时报告有关部门。

5. 要求购买中药材的处理

有些游客想买些中药材，并携带出境。导游员应告知中国海关有关规定（数量、品种、限量等，有关内容见第六章）。

6. 要求代办托运的处理

外汇商店一般都经营托运业务，导游员应告诉购买大件物品的游客。若商店无托运业务，导游员要协助游客办理托运手续。

游客欲购买某一商品，但当时无货，请导游员代为购买并托运，对游客的这类要求，导游员一般应婉拒；实在推托不掉时，导游员要请示旅行社，一旦接受了游客的委托，导游员应在旅行社指示下认真办理委托事宜：收取足够的钱款（余额事后由旅行社退还委托者），发票、托运单及托运费收据寄给委托人，旅行社保存复印件，以备查验。

（二）娱乐活动方面个别要求的处理

1. 要求调换计划内的文娱节目的处理

凡在计划内注明有文娱节目的旅游团，一般情况下，地陪应按计划准时带游客到指定娱乐场所观看文艺演出。若游客提出调换节目，地陪应针对不同情况，本着“合理而可行”的原则，做出如下处理：

（1）如全团游客提出更换，地陪应与接待社计调部门联系，尽可能调换，但不要在未联系妥当之前许诺；如接待社无法调换，地陪要向游客耐心作解释工作，并说明票已订好，不能退换，请其谅解。

（2）部分游客要求观看别的演出，处理方法同上。若决定分路观看文艺演出，在交通方面导游员可作如下处理：如两个演出点在同一线路，导游员要与司机商量，尽量为少数游客提供方便，送他们到目的地；若不同路，则应为他们安排车辆，但车费自理。

2. 要求自费观看文娱节目的处理

在时间允许的情况下，导游员应积极协助。以下两种方法地陪可酌情选择：

（1）与接待社有关部门联系，请其报价。将接待社的对外报价（其中包括节目票费、车费、服务费）报给游客，并逐一解释清楚。若游客认可，请接待社预定，地陪同时要陪同前往，将游客交付的费用上交接待社并将收据交给游客。

（2）协助解决，提醒客人注意安全。地陪可帮助游客联系购买节目票，请游客自行乘出租车前往，一切费用由游客自理。但应提醒游客注意安全、记好饭店地址。必要时，地陪可将自己的联系电话告诉游客。如果游客执意要去大型娱乐场所或情况复杂的场所，导游员须提醒游客注意安全，必要时陪同前往。

3. 要求前往不健康的娱乐场所的处理

游客要求去不健康的娱乐场所和过不正常的夜生活，导游员应断然拒绝。若接待外国游客，还应向其介绍中国的传统观念和道德风貌，严肃指出不健康的娱乐活动和不正常的夜生活在中国是明令禁止的，是违法行为。

## 三、要求自由活动和代为传递物品的处理

### （一）要求自由活动方面的处理

旅游线路安排中往往有自由活动时间，在集体活动时间内也有游客要求单独活动的情况。导游员应根据不同情况，妥善处理。

1. 应劝阻游客自由活动的几种情况

（1）如旅游团计划去另一地游览，或旅游团即将离开本地时，导游员要劝其随团活动，以免误机（车、船）。

（2）如地方治安不理想，环境复杂、混乱，导游员要劝阻游客外出活动，更不要单独活动，但必须实事求是地说明情况。

（3）不宜让游客单独骑自行车去人生地不熟、车水马龙的街头游玩。

（4）游览河（湖）时，游客提出希望划小船或在非游泳区游泳的要求，导游员不能答应，不能置旅游团于不顾而陪少数人去划船、游泳。

（5）游客要求去不对外开放的地区、机构参观游览，导游员不得答应。

2. 允许游客自由活动时导游员应做的工作

（1）要求全天或某一景点不随团活动的处理。由于有些游客已来多次，或已游览过某一景点不想重复，因而不想随团活动，要求不游览某一景点或一天、数天离团自由活动。如果其要求不影响整个旅游团的活动，导游员可以满足并提供必要帮助。但必须提前说明不随团活动，无论时间长短，所有费用不退，需增加的各项费用自理；告诉游客用餐的时间和地点，以便其归队时用餐；提醒其注意安全，保护好自己的财物；提醒游客带上饭店卡片（卡片上有中英文饭店名称、地址、电话）备用；用中英文写张便条，注明客人要去的地点名称、地址等，以备不时之需；必要时将自己的手机号告诉游客。

（2）到游览点后要求自由活动的处理。到某一游览点后，若有个别游客希望不按规定的线路游览而是自由游览或摄影，若环境许可（游人不太多，秩序不乱），可满足其要求。导游员要提醒其集合的时间和地点及旅游车的车号，必要时留下字条，写上集合时间、地点和车号以及饭店名称和电话号码，以备不时之需。

（3）自由活动时间或晚间要求单独行动的处理。导游员应建议游客不要走得太远，不要携带贵重物品（可寄存在前台），不要去秩序乱的场所，不要太晚回饭店等。

（4）少数人要求一起活动的处理。少数人自由活动时，导游员应与大多数游客在一起，不可置大多数人于不顾只陪少数人单独活动。导游员要确保旅游计划的全面贯彻实施。

（5）游客要求去不对外开放地方的处理。游客要求去不对外开放的地区、机构和单位参观游览，导游员应婉言拒绝，不得自作主张答应游客的这种要求，必要时，须提醒对方尊重中国方面的有关规定。

（6）离开某城市或地区前要求自由活动的处理。在即将离开某城市或地区之前，为了避免误机（车，船），一般应提醒游客不要自由活动，特别是需要较长时间的活动，如到热闹的地方购物，以免影响整个团队准时抵达机场（车站，码头）。

*（二）游客要求为其转递物品的处理*

由于种种原因游客要求旅行社或导游员帮其转递物品。一般情况下，导游员应建议游客将物品或信件亲手交给或邮寄给收件部门或收件人，若确有困难，可予以协助。转递物品和信件，尤其是转递重要物品和信件，或向外国驻华使、领馆转递物品和信件，手续要完备。

（1）必须问清何物。若是应税物品，应促其纳税。若转交物品是食品应婉言拒绝，请其自行处理。

（2）请游客书写委托书，注明物品名称、数量，并当面点清、签字并留下详细通讯地址及电话。

(3) 将物品或信件交给收件人后，请收件人写收条并签字盖章。

(4) 将委托书和收条一并交旅行社保管，以备查用。

(5) 若是转递给外国驻华使、领馆及其人员的物品或信件，原则上不能接收。在推托不了的情况下，导游员应详细了解情况并向旅行社领导请示，经请示同意后将物品和信件交旅行社有关部门，由其转递。

## 四、要求探视亲友、要求亲友随团活动的处理

### (一) 要求探视亲友活动的处理

游客到达某地后，希望探望在当地的亲戚朋友（这可能是其旅游目的之一），导游员应设法予以满足，并根据以下情况进行处理：

(1) 如果游客知道亲友的姓名、地址，导游员应协助联系，并向游客讲明具体的乘车路线。

(2) 如果游客只知道亲友姓名或某些线索，地址不详，导游员可通过旅行社请公安户籍部门帮助寻找，找到后及时告诉游客并帮其联系；若旅游期间没找到，可请游客留下联系电话和通信地址，待找到其亲友后再通知他(她)。

(3) 如果海外游客要会见中国同行洽谈业务、联系工作或进行其他活动，导游员应向旅行社汇报，在领导指示下给予积极协助。

(4) 如果导游员发现个别中国人与游客之间以亲友身份作掩护进行不正常往来，或游客会见人员中有异常现象，应及时汇报。

(5) 如果外国游客要求会见在华外国人或驻华使、领馆人员，导游员不应干预；如果游客要求协助，导游员可给予帮助；若外国游客盛情邀请导游员参加使、领馆举办的活动，导游员应先请示领导，经批准后方可前往。

### (二) 要求亲友随团活动的处理

游客到某地希望会见亲友，但时间有限又不舍得放弃旅游活动，因此向导游员提出亲友随团的要求，导游员要做到：

(1) 首先要征得领队和旅游团其他成员的同意。

(2) 与接待社有关部门联系，如无特殊情况可请随团活动的人员准备好有效身份证件到接待社填写表格，缴纳费用；办完随团手续后方可随团活动。

(3) 如因时间关系无法到旅行社办理相关手续，可电话与接待社有关部门联系，得到允许后代为查阅证件，收取费用；尽快将收据交给游客。

(4) 若是外国驻华使馆人员或游客的在华亲友以记者身份要求随团活动，应请示接待社，按照我国政府的有关规定办理。

## 五、要求中途退团和延长旅游期限的处理

（一）游客要求中途退团的处理

1. 因特殊原因提前离开旅游团

游客因患病，或因家中出事，或因工作上急需，或因其他特殊原因，要求提前离开旅游团、中止旅游活动，经接待方旅行社与组团社协商后可予以满足，至于未享受的综合服务费，按旅游协议书规定，或部分退还，或不予退还。

2. 无特殊原因执意退团的

游客无特殊原因，只是某个要求得不到满足而提出提前离团。导游员要配合领队做说服工作，劝其继续随团旅游；若接待方旅行社确有责任，应设法弥补；若游客提出的是无理要求，要做耐心解释；若劝说无效，游客仍执意要求退团，可满足其要求，但应告知其未享受的旅游项目的综合服务费不予退还。

外国游客不管因何种原因要求提前离开中国，导游员都要在领导指示下协助游客进行重订航班、机座，办理分离签证及其他离团手续，所需费用游客自理。

（二）延长旅游期限的处理

游客要求延长旅游期限一般有两种情况：

（1）由于某种原因中途退团，但本人继续在当地逗留需延长旅游期。对无论何种原因中途退团并要求延长在当地旅游期限的游客，导游员应帮其办理一切相关手续。对那些因伤病住院，不得不退团并需延长在当地居留时间者，除了办理相关手续外，还应前往医院探视，并帮助解决患者或其陪伴家属在生活上的困难。

（2）不随团离开或出境。旅游团的游览活动结束后，由于某种原因，游客不随团离开或出境，要求延长逗留期限，地陪应酌情处理：若不需办理延长签证的一般可满足其要求；无特殊原因游客要求延长签证，原则上应予婉拒；若确有特殊原因需要留下但需办理签证延期的，地陪应请示旅行社领导，向其提供必要的帮助。

①办理延长签证手续的具体做法是：先到旅行社开证明，然后陪同游客持旅行社的证明、护照及集体签证到公安局外国人出入境管理处办理分离签证手续和延长签证手续，费用自理。

②如果离团后继续留下的游客需要帮助，一般可帮其做以下工作：协助其重新订妥航班、机票或火车票、饭店等，并向其讲明所需费用自理；如其要求继续提供导游或其他服务，则应与接待社另签合同。

③离团后的一切费用均由游客自理。

## 第三节 常见事故的应变技能

旅游事故是指在旅游过程中突然出现的可能影响旅游活动正常进行的问题、差错或事故。如导游未接到游客、预订客房无法入住、游客突发疾病、游客行李丢失或游客走失等。

旅游事故按不同的标准可划分为不同的类型，见表13-1：

表13-1 旅游事故的分类

| 划分标准 | 内容 | 定义 | 示例 |
| --- | --- | --- | --- |
| 事故性质 | 安全性事故 | 危及游客、导游员等有关人员人身和财产安全的旅游事故。分为轻微事故、一般事故、重大事故、特大事故 | 交通事故、火灾、食物中毒 |
| | 业务性事故 | 由于旅游服务企业自身运转机制的原因导致的旅游事故 | 计划变更、行程变更误机、漏接、空接、错接 |
| 事故原因 | 责任性事故 | 由于旅游服务人员的疏忽或旅游接待部门的原因所造成的旅游事故。这类事故多系人为，因而可以预见、控制和避免 | 证件丢失、漏订返程票 |
| | 非责任性事故 | 由于不可抗力的原因导致发生的旅游事故。该类事故多是外力所致，往往难以预见、控制和避免 | 地震导致旅游无法继续进行、气候骤变导致航班误点 |
| 事故严重程度 | 一般事故 | 经常发生、对旅游活动影响较小、容易处理的旅游事故 | 游客患病、火车晚点、游客物品丢失 |
| | 重大事故 | 泛指严重危害旅游活动正常进行的旅游事故，往往表现为造成极大的经济损失和重大社会影响的事故 | 食物中毒、重大交通事故 |

注：1. 轻微事故：一次事故造成游客轻伤，或经济损失在1万元以下者；

2. 一般事故：一次事故造成游客重伤，或经济损失在1万（含1万）至10万元者；

3. 重大事故：一次事故造成游客死亡或重伤致残，或经济损失在10万（含10万）至100万元者；

4. 特大事故：一次事故造成游客死亡多名，或经济损失在100万元以上，或性质特别严重，产生重大影响者。

## 一、旅游计划和日程变更的处理

（一）旅游团（者）要求变更计划或日程

旅游过程中，游客提出变更计划或活动日程的要求时，导游员原则上应该按合同执行；遇有特殊情况要上报组团社。根据组团社的指示和具体要求照常进行或变更。

（二）客观原因需要变更计划和日程

因天气、自然灾害、交通问题等客观原因和不可预料的因素，需要变更旅游计划、路线和活动日程安排，一般会出现三种情况：一是缩短或取消在某地的游览时间；二是延长在一地的游览时间；三是在一地的游览时间不变，但被迫取消某一活动，由另一活动代替。

1. 导游员应采取的一般应变措施

（1）制订应变计划并报告旅行社。导游员要认真分析形势，对问题的性质、严重性和后果作出正确的判断；分析游客因情况变化可能出现的心理状态和情绪，迅速就以上情况制订出应变计划并报告旅行社。

（2）做好游客的工作。地陪、全陪应先就有关问题进行协商取得一致意见，然后找准时机向领队及团中有影响力的游客实事求是地说明困难，诚恳地道歉，以求得谅解，并将应变计划安排向他们解释清楚，争取他们的认可和支持，然后分头做其他游客的工作。

（3）适当地给予物质补偿。必要时经旅行社领导同意可采取加菜、加酒、赠送小纪念品等物质补偿的方法，或者由旅行社领导出面向游客表示歉意。

2. 导游员应采取的具体措施

（1）延长在一地的游览时间。旅游团提前抵达或推迟离开都会延长在一地的游览时间，此时地陪应该：

与旅行社的有关部门联系，重新落实该团用餐、用房、用车的安排。

调整活动日程，酌情增加游览景点。

适当延长在主要景点的游览时间。

晚上安排娱乐活动，尽量使活动内容充实。

如系推迟离开本站，要及时通知下一站（也可提醒旅行社有关部门与下一站联系）。

（2）缩短在一地的游览时间。旅游团推迟抵达或提前离开都会缩短在一地的游览时间，此时地陪应该：

尽量抓紧时间将计划内的参观游览安排完成。若确有困难，要有应变计划，突出本地最有代表性、最具特色的旅游景点，以求游客对本地旅游景观有基本的了解。

如系提前离开，要及时通知下一站（也可提醒旅行社有关部门与下一站联系）。

向旅行社领导及有关部门报告，与饭店、车队联系，及时办理退餐、退房、退车等事宜。

（3）被迫改变部分旅游计划。减少一地的游览时间（超过半天）或取消一地的游览项目时，全陪应该报告组团社，由组团社作出决定并通知有关地方接待社。

被迫取消当地的某一活动由另一活动代替时，地陪要以精彩的介绍、新奇的内容和最佳的安排激起游客的兴趣，使新的安排得到游客认可。

（三）因旅行社工作疏忽安排不周，需要调整计划日程

在旅游计划安排过程中，可能出现因旅行社的工作疏忽（如游客预订节目没安排等）造成旅游活动安排不周，需要进行临时调整。出现这种情况时应首先对计划进行合理安排，尽量不影响日程，然后将安排后的计划与领队及游客沟通，获取他们的谅解，再按照新计划安排游览。

## 二、漏接、空接、错接事故的处理

### （一）漏接事故的处理

漏接是指旅游团抵达后，无导游员迎接的现象。

1. 漏接事故的原因

（1）主观原因造成的漏接

由于导游员自身工作得不够细致，没有认真阅读接待计划，把旅游团（者）抵达的日期、时间、地点搞错。

导游员迟到，没有按预定的时间提前抵达接站地点。

由于某种原因，班次变更，旅游团提前到达，接待社有关部门在接到上一站通知后，在接待计划上注明，但导游员没有认真阅读，仍按原接待计划接站。

没查对新的航班时刻表，特别是新、旧时刻表交替时，“想当然”地仍按旧时刻表的时间接站，因而造成漏接事故。

导游员举牌接站的地方选择不当。

（2）客观原因造成的漏接

由于种种原因，上一站接待社将旅游团原定的班（车）次变更而使其提前抵达，但漏发变更通知，造成漏接。

接待社已接到变更通知，但有关人员没有及时通知该团地陪，造成漏接。

司机迟到，未能按时到达接站地点，造成漏接。

由于交通堵塞或其他预料不到的情况发生，未能及时抵达机场（车站），

造成漏接。

由于国际航班提前抵达或游客在境外中转站乘其他航班而漏接。

2. 漏接事故的处理

（1） 由于主观原因所造成的漏接处理方法：

实事求是地向游客说明情况，诚恳地赔礼道歉，求得谅解。

如果有费用问题（如：游客乘出租车到饭店的车费），应主动将费用赔付游客。

提供更加热情周到的服务，高质量地完成计划内的全部活动内容，以求尽快消除因漏接而给游客造成的不愉快情绪。

（2） 由于客观原因造成的漏接处理方法：

立即与接待社联系，告知现状，查明原因。

耐心向游客作解释工作，消除误解。

尽量采取弥补措施，使游客的损失减少到最低。

必要时请接待社领导出面赔礼道歉，或酌情给予游客一定的物质补偿。

3. 漏接事故的预防方法

（1） 认真阅读计划。导游员接到任务后，应了解旅游团抵达的日期、时间、接站地点（具体是哪个机场、车站、码头）并亲自核对清楚。

（2） 核对交通工具到达的准确时间。旅游团抵达的当天，导游员应与旅行社有关部门联系，弄清楚班次或车次是否有变更，并及时与机场（车站、码头）联系，核实抵达的确切时间。

（3） 提前抵达接站站点。导游员应与司机商量好出发时间，保证按规定提前 30 分钟到达接站地点。

（二） 空接事故的处理

空接是指由于某种原因旅游团推迟抵达某站，导游员仍按原计划预定的班次或车次接站而没有接到旅游团。

1. 空接事故的原因

（1） 接待社没有接到上一站通知。由于天气原因或某种故障，旅游团（者）仍滞留在上一站或旅途中，而上一站旅行社并不知道这种临时的变化，没有通知下一站接待社，此时，全陪或领队也无法通知接待社，因此造成空接。

（2） 上一站忘记通知。由于某种原因，上一站旅行社将该团原定的航班或车次变更，变更后该团推迟抵达，但上一站有关人员由于工作疏忽，没有通知下一站接待社，而造成空接。

（3） 没有通知地陪。接到了上一站的变更通知，但接待社有关人员没有及时通知该团地陪，造成空接。

（4）游客本身原因。由于游客本人生病、有急事或其他原因，临时决定取消旅游，没能前往下一站，但又没及时通知下一站接待社，造成空接。

2. 空接事故的处理方法

（1）导游员应立即与本社有关部门联系，查明原因。

（2）如推迟时间不长，可留在接站地点继续等候，迎接旅游团的到来，同时要通知各接待单位。

（3）如推迟时间较长，导游员按本社有关部门的安排，重新落实接团事宜。

**【小案例】董勇该怎么办？**

某旅游团计划于2月5日16：30分乘WU3243航班由A市飞抵B市，导游员董勇按接待计划上的时间前往机场接团。乘坐该航班的客人都已经走完了，还没有见到该团。经与有关方面联系，才得知由于该团在从某景点返回的途中，遇上道路塌方，未能赶上飞机，准备乘坐第二天上午的航班。试分析造成董勇空接的可能原因；如果该团推迟到第二天上午抵达，董勇该怎么办？

**◎分析：**

1. 董勇没接到该团的主要可能原因有三点：

（1）旅游团由于道路塌方而误机，A市的接待社在该团误机后，没有及时通知B市的接待社。

（2）B市接待社已经接到更改通知，但值班人员忘记通知或没能找到导游员。

（3）地陪董勇接到了更改通知，但他粗心大意，没有将其记住；或是前往机场接团前，他没有去旅行社了解是否有传真、电话记录、更改通知等。

2. 如该团推迟到第二天上午抵达，董勇应：

（1）马上与旅行社联系，请其通知饭店退掉当天的餐饮、住宿，预定第二天的餐饮、住宿。

（2）重新安排在B市的活动日程。

（3）与司机商定第二天接团的时间。

### （三）错接事故的处理

错接是指导游员接了不应由他接的旅游团的现象。

1. 错接的原因

错接旅游团一般是责任事故，是因导游员责任心不强造成的。错接事故容易发生在旅游热点地区和旅游旺季。有的旅行社同时派出一个以上的团队前往同一地；或在旺季时，多个团队和游客会乘同一航班抵达目的地。

2. 错接事故的处理方法

(1) 报告旅行社。发现错接后马上向接待社有关人员报告，查明两个错接团的情况，再做具体处理。

(2) 将错就错。如果经调查核实，错接发生在本社的两个旅游团之间，两个导游员又同是地陪，那么就将错就错，两名地陪将接待计划交换之后就可继续接团。

(3) 必须交换。经核查，错接的团是两家接待社的团，必须交换旅游团。另外，如果两个团都属于一个旅行社接待，但两个导游员中有一名是地陪兼全陪，也应该交换旅游团。团队交换后，地陪要实事求是地向游客说明情况，并诚恳地道歉，以求得游客的谅解。

(4) 如发生其他人员非法将游客带走，应马上与饭店联系，找到旅游团，实事求是地向游客说明情况，并诚恳道歉，以求游客的谅解，并继续提供旅游服务。

3. 错接的预防

(1) 导游员应该提前到达接站地点迎接旅游团。

(2) 接团时认真核对。导游员要认真逐一核实旅游客源地派出方旅行社的名称、旅游目的地组团旅行社的名称、旅游团代号、人数、领队姓名（无领队的团要核实游客的姓名）、下榻饭店。

(3) 提高警惕，严防社会其他人员非法接走旅游团。

## 三、误机（车、船）事故的处理

误机（车、船）事故是指因故造成旅游团没有按原定航班（车次、船次）离开本站而导致暂时滞留。

### （一）误机（车、船）事故的原因

一般此类事故的发生有两种情况：

(1) 由于导游员工作上的差错和不负责任造成的，如安排日程不当或过紧，没能按时抵达机场（车站，码头）；没有认真核实票据，将时间或地点搞错。

(2) 由于游客走失，不听安排没准时集合或发生意外事件（如交通事故、天气变化、自然灾害等）而造成误机（车、船）事故。

### （二）误机（车、船）事故的预防

杜绝误机（车、船）事故发生的关键在于预防，地陪应做到以下几点：

(1) 认真核实机（车、船）票的班次（车次、船次）日期、时间及在哪个机场、车站、码头乘机（车、船）等。

(2) 如果票据未落实，接团期间应随时与接待社有关人员保持联系。没有行李车的旅游团在拿到票据核实无误后，地陪应立即将其交到全陪或游客手中。

（3）离开当天不要安排旅游团到地域复杂、偏远的景点参观游览，不要安排自由活动。

（4）留有充足的时间去机场、车站、码头，要考虑到交通堵塞或突发事件等因素。

（5）保证按规定的时间到达机场、车站或码头。

（三）误机（车、船）事故的处理

1. 将成事故的应急措施

旅游团正在去往机场（车站、码头）路途中，误机（车、船）尚处于将成事故状态时，导游员应采取如下应急措施：与机场取得联系，请求等候，讲明旅游团的名称、人数、现在何处、大约何时能够抵达机场。如取得同意，导游员要立即组织游客尽快赶赴机场，同时向旅行社汇报情况，请求帮助协调。同时还需要向各个有关部门、有关人员（如海关、交通车队、行李员、旅游车司机等）讲清游客误机情况和补救办法，并说明请求协助的事项。

2. 已成事故的处理办法

（1）导游员应立即向旅行社领导及有关部门报告并请求协助。

（2）地陪和旅行社尽快与机场（车站、码头）联系，争取让游客乘坐最近班次的交通工具离开本站，或采取包机（车厢、船）或改乘其他交通工具前往下一站。

（3）稳定旅游团（者）的情绪，安排好在当地滞留期间的食宿、游览等事宜。

（4）及时通知下一站，对日程作相应的调整。

（5）向旅游团（者）赔礼道歉。

（6）写出事故报告，查清事故的原因和责任，责任者应承担经济损失并受相应的处分。

## 四、遗失问题的处理

遗失事故属于安全性事故，多为证件、财物和行李的丢失。一般是由于游客个人粗心大意造成的，也有由于相关部门或人员的工作失误造成的。它们往往会给游客带来经济损失，影响游客的情绪，还会给游客的旅游活动带来诸多不便，严重时甚至耽误游客离境。

（一）证件、钱物、行李遗失的预防

（1）多做提醒工作。参观游览时，导游员要提醒游客带好随身物品和提包；在热闹、拥挤的场所和购物时，导游员要提醒游客保管好自己的钱包、提包和贵重物品；离开饭店时，导游员要提醒游客带好随身行李物品，检查是否带齐了旅行证件；下车时提醒游客不要将贵重物品留在车上。

（2）不代为游客保管证件。导游员在工作中需要游客的证件时，要经由领队收取，用毕立即如数归还，不要代为保管；还要常提醒游客保管好自己的证件。

（3）切实做好每次行李的清点、交接工作。

（4）每次游客下车后，导游员都要提醒司机清车、关窗并锁好车门。

（二）证件丢失处理

证件，如护照、签证（集体签证）等是游客必备的旅行证明。

1. 丢失外国护照的处理

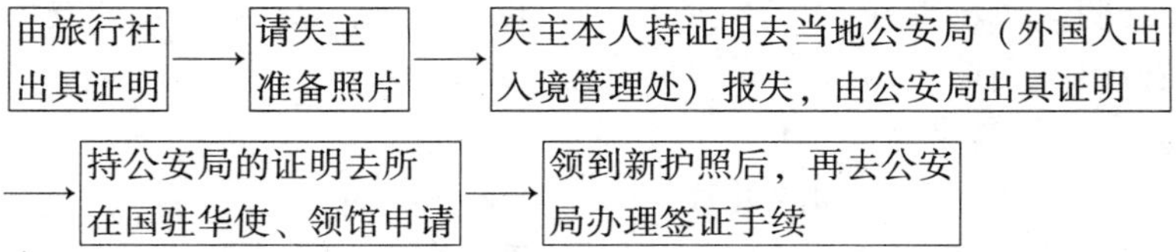


2. 丢失团体签证的处理

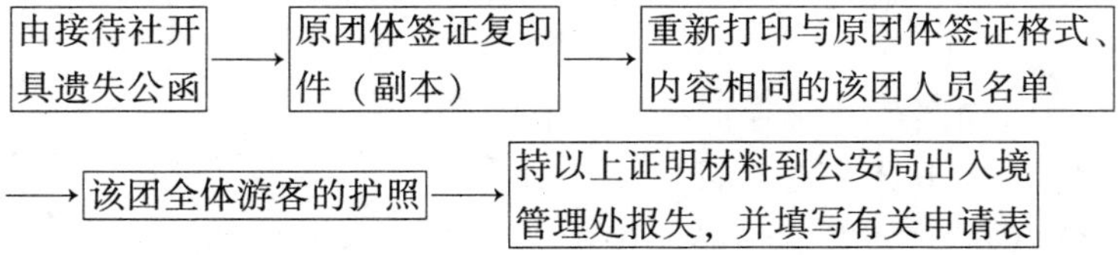


3. 丢失中国护照和签证处理

（1）华侨丢失护照和签证的处理：①接待社开具遗失证明；②失主准备照片；③失主持证明、照片到公安局出入境管理处报失并申请办理新护照；④持新护照到其居住国驻华使、领馆办理入境签证手续。

（2）中国公民出境旅游时丢失护照、签证的处理：①请当地陪同协助在接待社开具遗失证明，持遗失证明到当地警察机构报案，并取得警察机构开具的报失证明；②持当地警察机构的报失证明和有关材料到我国驻该国使、领馆领取《中华人民共和国旅行证》；③回国后，可凭《中华人民共和国旅行证》和境外警方的报失证明，申请补发新护照。

4. 丢失港澳居民来往内地通行证的处理

（1）向公安局派出所报失，并取得报失证明；或由接待社开具遗失证明。

(2) 持报失证明或遗失证明到公安局出入境管理处申请领取赴港澳证件。

(3) 经出入境管理部门核实后，给失主签发一次性《中华人民共和国入出境通行证》。

(4) 失主持该入出境通行证回港澳地区后，填写《港澳居民来往内地通行证件遗失登记表》和申请表，凭本人的港澳居民身份证，向通行证受理机关申请补发新的通行证。

5. 丢失台湾同胞旅行证的处理

失主向遗失地的中国旅行社或户口管理部门或侨办报失，核实后发给一次性有效的入出境通行证。

6. 丢失中华人民共和国居民身份证的处理

由当地接待社核实后开具证明，失主持证明到公安局报失，经核实后再开具身份证明，机场安检人员核准放行。回到居住所在地后，凭公安局报失证明和有关材料到当地派出所办理新身份证。

(三) 钱物丢失处理

1. 外国游客丢失钱物的处理

(1) 稳定失主情绪，详细了解物品丢失的经过，物品的数量、形状、特征、价值。仔细分析物品丢失的原因、时间、地点，并迅速判断丢失的性质：是不慎丢失还是被盗。

(2) 立即向公安局或保安部门以及保险公司报案（特别是贵重物品的丢失）。

(3) 及时向接待社领导汇报，听取领导指示。

(4) 接待社出具遗失证明。

(5) 若丢失的是贵重物品，失主持证明、本人护照或有效身份证件到公安局出入境管理处填写《失物经过说明》，列出遗失物品清单。

(6) 若失主遗失的是入境时向海关申报的物品，要出示《中国海关行李申报单》。

(7) 若将《中国海关行李申报单》遗失，要在公安局出入境管理处申请办理《中国海关行李申报单报失证明》。

(8) 若遗失物品已在国外办理财产保险，领取保险时需要证明，可以向公安局出入境管理处申请办理《财物报失证明》。

(9) 若遗失物品是旅行支票、信用卡等票证，在向公安机关报失的同时也要及时向有关银行挂失。

(10) 失主持以上由公安局开具的所有证明，可供出海关时查验或向保险公司索赔。

发生证件、财物特别是贵重物品被盗是治安事故，导游员应立即向公安机关及有关部门报警，并积极配合有关部门早日破案，挽回不良影响；若不能破案，导游员要提供更加周到热情的服务，尽力安慰失主，缓解其低落的情绪并按上述步骤办理。

2. 国内游客丢失钱物的处理

（1）立即向公安局、保安部门或保险公司报案。

（2）及时向接待社领导汇报。

（3）若旅游团结束时仍未破案，可根据失主丢失钱物的时间、地点、责任方等具体情况做善后处理。

（四）行李遗失处理

1. 来华途中丢失行李

海外游客行李在来华途中丢失，并不是导游员的责任，但导游员也应帮助游客追回行李。

（1）带失主到机场失物登记处办理行李丢失和认领手续。失主须出示机票及行李牌，详细说明始发站、转运站，说清楚行李件数及丢失行李的大小、形状、颜色、标记、特征等，并一一填入失物登记表；将失主下榻饭店的名称、房间号和电话号码（如果已经知道的话）告诉登记处并记下登记处的电话和联系人，记下有关航空公司办事处的地址、电话，以便联系。

（2）游客在当地游览期间，导游员要不时打电话询问寻找行李的情况，一时找不回行李，要协助失主购置必要的生活用品。

（3）离开本地前行李还没有找到，导游员应帮助失主将接待旅行社的名称、全程旅游线路以及各地可能下榻的饭店名称转告有关航空公司，以便行李找到后及时运往相宜地点交还失主。

（4）如行李确系丢失，失主可向有关航空公司索赔或按国际惯例取得赔偿。

2. 在中国境内丢失行李

（1）仔细分析，找出差错的线索或环节。如果游客在机场领取行李时找不到托运行李，则很有可能是上一站行李交接或机场行李托运过程中出现了差错。此时导游员可带领失主凭机票和行李牌到机场行李查询处登记办理行李丢失或认领手续，并由失主填写行李丢失登记表。同时，地陪立即向接待社领导或有关人员汇报，安排有关人员与机场、上一站接待社、有关航空公司等单位联系，积极寻找。

如果抵达饭店后，游客告知没有拿到行李，问题可能出现在以下四个方面：

其一，本团游客误拿。其二，饭店行李员送错了房间。其三，旅行社行李员与饭店行李员交接时有误。其四，在往返运送行李途中丢失。出现这种情况，地陪应立即与全陪、领队一起先在本团内寻找。如果不是以上原因，应立即与饭店行李部取得联系，请其设法查找。如果仍找不到行李，地陪应马上向接待社领导或有关部门汇报，请其派人了解旅行社行李员有关情况，设法查找。

（2）做好善后工作。主动关心失主，对因丢失行李给失主带来的诸多不便表示歉意，并积极帮助其解决因行李丢失而带来的生活方面的困难。

（3）随时与有关方面联系，询问查找进展情况。

（4）若行李找回，及时将找回的行李归还失主。若确定行李已丢失，由责任方负责人出面向失主说明情况，并表示歉意。

（5）帮助失主根据有关规定或惯例向有关部门索赔。

（6）事后写出书面报告（事故的全过程：行李丢失的原因、经过，查找过程、赔偿情况及失主和其他团员反映的情况）。

### 五、游客走失的处理

在参观游览或自由活动时，时常有游客走失的情况。一般说来，造成游客走失的原因有三种：一是导游员没有向游客讲清车号、停车位置或景点的游览路线；二是游客对某种现象和事物产生兴趣，或在某处摄影滞留时间较长而脱离团队自己走失；三是在自由活动、外出购物时游客没有记清饭店地址和路线而走失。

#### （一）游客走失的预防

（1）做好提醒工作。提醒游客记住接待社的名称，旅行车的车号和标志，下榻饭店的名称、电话号码，带上饭店的店徽等。团体游览时，地陪要提醒游客不要走散；自由活动时，提醒游客不要走得太远，不要回饭店太晚，不要去热闹、拥挤、秩序混乱的地方。

（2）做好各项活动的安排和预报。在出发前或旅游车离开饭店后，地陪要向游客预告一天的行程，上、下午游览点和吃中、晚餐餐厅的名称和地址。到游览点后，在景点示意图前，地陪要向游客介绍游览线路，告知旅游车的停车地点，强调集合时间和地点，再次提醒游客记住旅游车的特征和车号。

（3）时刻和游客在一起，经常清点人数。

（4）地陪、全陪和领队应密切配合，全陪和领队要主动负责做好旅游团的断后工作。

（5）导游员要以高超的导游技巧和丰富的讲解内容吸引游客。

#### （二）游客走失的处理

1. 游客在旅游景点走失的处理

（1）了解情况，迅速寻找。导游员应立即向其他游客、景点工作人员了解情况并迅速寻找。地陪、全陪和领队要密切配合，一般情况下是全陪、领队分头去找，地陪带领其他游客继续游览。

（2）寻求帮助。在经过认真寻找仍然找不到走失者后，应立即向游览地的派出所和管理部门求助，特别是面积大、范围广、地段复杂、进出口多的游览点。

（3）与饭店联系。在寻找过程中，导游员可与饭店前台、楼层服务台联系，请他们注意该游客是否已经回到饭店。

（4）向旅行社报告。如采取了以上措施仍找不到走失的游客，地陪应向旅行社及时报告并请示帮助，必要时请示领导，向公安部门报案。

（5）做好善后工作。找到走失的游客后，导游员要做好善后工作，分析走失的原因。如属导游员的责任，导游员应向游客赔礼道歉；如果责任在走失者，导游员也不应指责或训斥对方，而应对其进行安慰，讲清利害关系，提醒以后注意。

（6）写出事故报告。若发生严重的走失事故，导游员要写出书面报告，详细记述游客走失经过、寻找经过、走失原因、善后处理情况及游客的反映等。

2. 游客在自由活动时走失

（1）立即报告接待社和公安部门。导游员在得知游客自己在外出时走失，应立即报告旅行社领导，请求指示和帮助；通过有关部门向公安局管区派出所报案，并向公安部门提供走失者可辨认的特征，请求帮助寻找。

（2）做好善后工作。找到走失者，导游员应表示高兴；问清情况，安抚因走失而受惊吓的游客，必要时提出善意的批评，提醒其引以为戒，避免走失事故再次发生。

（3）若游客走失后出现其他情况，应视具体情况作为治安事故或其他事故处理。

## 六、游客患病、死亡问题的处理

游客因旅途劳累、气候变化、水土不服或饮食起居不习惯，尤其是年老体弱者难免会感到身体不适，导致患病，甚至出现病危情况。有些游客在出游之前就已患某种疾病；有些游客在旅途中突然患病或意外受伤，伤病的程度不同，导游员的处理方法也有所不同：

### （一）游客患病的预防

1. 游览项目选择要有针对性

在做准备工作时，应根据旅游团的信息资料，了解旅游团成员的年龄和旅游团其他情况，做到心中有数，选择合适这一年龄段游客的游览路线。如游磨山时，老年人多的团可选择坐缆车下山而不要用滑道下山。

2. 安排活动日程要留有余地

做到劳逸结合，使游客感到轻松愉快。不要将一天的游览活动安排太多、太满，更不能将体力消耗大、游览项目多的景点集中安排，要有张有弛。晚间活动的时间不宜安排过长。

3. 随时做好提醒工作

多提醒游客注意饮食卫生，不要买小贩的食品。应提醒游客随着天气的变化及时增减衣服，带雨具等；气候干燥的季节，提醒游客多喝水、多吃水果，不喝生水；尤其是炎热的夏季要注意防暑。

（二）游客患一般疾病的处理

游客在旅游期间感到身体不适或患一般疾病，如感冒、发烧、水土不服、晕车、失眠、便秘、腹泻等，导游员应关心患病的游客，劝其及早就医，注意休息，不要强行游览；必要时，导游员可陪同患者前往医院就医，但应向患者讲清楚，所需费用自理；提醒其保存诊断证明和收据；严禁导游员擅自给患者用药。

（三）游客突患重病的处理

1. 在前往景点途中突然患病的处理

（1）在征得患者、患者亲友或领队同意后，立即将患重病游客送往就近医院治疗，或拦截其他车辆将其送往医院。必要时，暂时中止旅行，用旅游车将患者直接送往医院。

（2）及时将情况通知接待社有关人员。

（3）一般由全陪、领队、病人亲友同往医院。如无全陪和领队，地陪应立即通知接待社请求帮助。

2. 在参观游览时突然患病的处理

（1）不要搬动患病游客，让其就地坐下或躺下。

（2）立即拨打电话叫救护车（医疗急救电话：120）。

（3）向景点工作人员或管理部门请求帮助。

（4）及时向接待社领导及有关人员报告。

3. 在饭店突然患病的处理

游客在饭店突患重病，先由饭店医务人员抢救，然后送往医院，并将其情况及时向接待社领导汇报。

4. 在向异地转移途中突患重病

在乘飞机、火车、轮船前往下一站的途中游客突患重病：全陪应请求乘务员帮助，在乘客中寻找从医人员。同时，通知下一站旅行社做好抢救的各项准备工作。

**【小技巧】游客患病处理的要点**

(1) 游客病危，需要送往急救中心或医院抢救时，需由患者家属、领队或患者亲友陪同前往。

(2) 如果患者是国际急救组织的投保者，导游员应提醒其亲属或领队及时与该组织的代理机构联系。

(3) 在抢救过程中，需要领队或患者亲友在场，并详细记录患者患病前后的症状及治疗情况，并请接待社领导到现场或与接待社保持联系。随时汇报患者情况。

(4) 如果需要做手术，须征得患者亲属的同意，如果亲属不在，需由领队同意并签字。

(5) 若患者病危，但亲属又不在身边时，导游员应提醒领队及时通知患者亲属。如果患者亲属系外国人士，导游员要提醒领队通知所在国使、领馆。患者亲属到后，导游员要协助其解决生活方面的问题；若找不到亲属，一切按使、领馆的书面意见处理。

(6) 有关诊治、抢救或动手术的书面材料，应由主治医生出具证明并签字，要妥善保存。

(7) 地陪应请求接待社领导派人帮助照顾患者、办理医院的相关事宜，同时安排好旅游团继续按计划活动，不得将全团活动中断。

(8) 患者转危为安但仍需要继续住院治疗，不能随团继续旅游或出境时，接待社领导和导游员（主要是地陪）要不时去医院探望，帮助患者办理分离签证、延期签证以及出院、回国手续及交通票证等事宜。

(9) 患者住院费用和医疗费用自理。如患者没钱看病，请领队或组团社与境外旅行社、其家人或保险公司联系解决其费用问题。

(10) 患者在离团住院期间未享受的综合服务费由中外旅行社之间结算后，按协议规定处理。患者亲属在当地期间的一切费用自理。

资料来源：湖北省旅游局人教处：《导游业务》，华中师范大学出版社2006年版。

（四）游客因病死亡的处理

游客在旅游期间因病死亡，导游员应沉着冷静，立即向接待社领导和有关人员汇报，按有关规定办理善后事宜。同时要稳定其他游客的情绪，并继续做好导游服务工作。

1. 一般处理措施

(1) 如果死者的亲属不在身边，导游员必须立即通知其亲属。如果死者的亲属系外籍人士，应该提醒领队或经由外事部门及早通知死者所属国驻华使、领馆。

（2）由参加抢救的医师向死者的亲属、领队以及死者的好友详细报告抢救过程，并写出《抢救经过报告》、《死亡诊断证明书》等，由主治医师签字后盖章复印，分别交给死者的亲属、领队和旅行社。

（3）对死者一般不做尸体解剖，如果死者亲属要求解剖尸体，应由死者的亲属或领队提出书面申请，经医院同意后方可进行。

（4）死者的遗物由其亲属或领队、死者生前好友代表、全陪、接待社代表共同清点，列出清单，上述人员签字后分别保存。遗物由死者的亲属、领队带回或交由使、领馆转交。

（5）如果有必要，可以请领队向全团宣布对死者的抢救经过。

（6）遗体的处理一般以在当地火化为宜。遗体火化前，应该由死者的亲属、领队写出遗体火化申请书，交我方保存。死者的亲属要求将遗体运送回国的，除需办理上述手续外，还应该由医院对尸体进行防腐处理，由殡仪馆盛殓，并发给装殓说明书。灵柩要用铁皮密封，外廓要包装结实。

（7）如果游客死亡的地点不是出境口岸，应该由地方检疫机关发给死亡地点至出境口岸的检疫证明"外国人运带灵柩（骨灰）许可证"，然后由出境口岸检疫机关发给中华人民共和国××检疫站"尸体（灵柩）进（出）境许可证"，再由死者所属国驻华使、领馆办理一张遗体灵柩经由国家的通行护照，随灵柩同行。

2. 处理要点提示

导游员在处理死亡事故时，应注意：

（1）须有死者的亲属、领队、使、领馆人员及旅行社有关领导在场，导游员和我方旅行社人员切忌单独行事。

（2）在有些环节还需公安局、旅游局、保险公司的有关人员在场。每个重要环节应经得起事后查证并有文字依据。

（3）口头协议或承诺均属无效。事故处理后，将全部报告、证明文件、清单及有关材料存档备案。

## 七、旅游安全事故的处理

国家旅游局在《旅游安全管理暂行办法实施细则》中规定：凡涉及游客人身、财产安全的事故均为旅游安全事故。旅行社接待过程中可能发生的旅游安全事故，主要包括交通事故、治安事故、火灾事故、食物中毒等。

### （一）交通事故

交通事故在旅游活动中时有发生，有海、陆、空三种，最常见的是汽车事故。交通事故的发生，一般不是导游员的责任，但导游员必须参与处理。

1. 交通事故的现场处理

（1）立即组织抢救。导游员应立即组织现场人员迅速抢救受伤的游客，特别是抢救重伤员进行止血，包扎，上夹板等初步处理。立即打电话叫救护车（医疗急救中心电话：120）或拦车将重伤员送往距出事地点最近的医院抢救。

（2）立即报案，保护好现场。事故发生后，不要在忙乱中破坏现场，要设法保护现场，并尽快通知交通、公安部门（交通事故报警台电话：122），如果有两个以上导游员在场，可一个指挥抢救，一个留下保护现场。如果只有一名导游员，可请司机或其他熟悉情况的人协助处理，并尽快让游客离开事故车辆。争取尽快派人来现场调查处理。

（3）迅速向接待社报告。地陪应迅速向接待社领导和有关人员报告，讲清交通事故的发生和游客伤亡情况，请求派人前来帮助和指挥事故的处理，并要求派车把未伤和轻伤的游客接走送至饭店或继续旅游活动。

2. 交通事故的善后处理

（1）做好安抚工作。事故发生后，交通事故的善后工作将由交通运输企业和旅行社的领导出面处理。导游员在积极抢救、安置伤员的同时，应做好其他游客的安抚工作，力争按计划继续进行参观游览活动。待事故原因查清后，请旅行社领导出面向全体游客说明事故原因和处理结果。

（2）办理善后事宜。请医院开出诊断和医疗证明书，并请公安局开具交通事故证明书，以便向保险公司索赔。

（3）写出书面报告。交通事故处理结束后，需有关部门出具有关事故证明、调查结果，导游员要立即写出书面报告。内容包括：事故的原因和经过；抢救经过和治疗情况；人员伤亡情况和诊断结果；事故责任及对责任者的处理结果；受伤者及其他旅行者对处理的反映等。书面报告力求详细、准确、清楚、实事求是，最好和领队联署报告。

（二）治安事故

在旅游活动过程中，遇到坏人行凶、诈骗、偷窃、抢劫，导致游客身心及财物受到不同程度的损害的事故，统称治安事故。

1. 治安事故的处理

导游员在陪同旅游团（者）参观游览的过程中，遇到此类治安事件的发生，必须挺身而出，全力保护游客的人身安全。决不能置身事外，更不能临阵脱逃。发现不正常情况，立即采取行动：

（1）全力保护游客。遇到歹徒向游客行凶、抢劫，导游员应做到临危不惧，毫不犹豫地挺身而出，奋力与歹徒拼搏，勇敢地保护游客。同时，立即将游客转移到安全地点，力争在群众和公安人员的帮助下缉拿罪犯，追回钱物，但也要防备犯罪分子携带凶器狗急跳墙。所以，切不可鲁莽行事，要以游客的安全为重。

(2) 迅速抢救。如果有游客受伤，应立即组织抢救，或送伤者去医院。

(3) 立即报警（电话：110）。治安事故发生后，导游员应立即向公安局报警，如果罪犯已逃脱，导游员要积极协助公安局破案。要把案件发生的时间、地点、经过、作案人的特征，以及受害人的姓名、性别、国籍、伤势及损失物品的名称、数量、型号、特征等向公安部门报告清楚。

2. 善后事宜的处理

(1) 及时向接待社领导报告。导游员在向公安部门报警的同时要向接待社领导及有关人员报告。如情况严重，可请求领导前来指挥处理。

(2) 安抚游客。治安事件发生后，导游员要采取必要措施稳定游客情绪，尽力使旅游活动继续进行下去。并在领导的指挥下，准备好必要的证明、资料，处理好受害者的补偿、索赔等各项善后事宜。

(3) 写出书面报告。事后，导游员要按照有关要求写出详细、准确的书面报告。包括案件整个经过以及案件的性质，采取的应急措施和受害者及其他游客的情况等。

(三) 火灾事故

饭店、景点、娱乐购物等场所发生火灾，会威胁到游客的生命和财产安全。导游员平常就应熟悉饭店或游客常去场所的防火措施，了解安全出口、太平门、安全楼梯的位置，学习好火灾避难和救护的基本常识，才可能遇事不慌、妥善处理。

1. 火灾事故的处理

一旦发生了火灾，导游员要冷静，沉着镇定，做到以下几点：

首先，立即报警；

其次，迅速通知领队及全团游客；

再次，配合工作人员，听从统一指挥，迅速通过安全出口疏散游客；

最后，判断火情，引导游客自救。

**【小技巧】火灾中的自救技巧**

(1) 千万不能搭乘电梯或慌乱跳楼。尤其是在三层以上的楼房，切记不要跳楼。

(2) 用湿毛巾捂住口、鼻，尽量身体重心下移，使面部贴近墙壁、墙根或地面。

(3) 必须穿过浓烟时，可用水将全身浇湿或披上浸湿的衣被，捂住口鼻，贴近地面蹲行或爬行。

(4) 若身上着火了，可就地打滚，将火苗压灭，或用厚重衣物压灭火苗。

(5) 大火封门无法逃脱时，可用浸湿的衣物、被褥将门封堵塞严，或泼水降温，等待救援。

(6) 当见到消防队来灭火时，可以摇动色彩鲜艳的衣物为信号，争取救援。

资料来源：湖北省旅游局人教处编：《导游业务》，华中师范大学出版社 2006 年版。

2. 协助处理善后事宜

游客得救后，导游员应立即组织抢救受伤者；若有重伤者应迅速送医院；若有人死亡，按有关规定处理；采取各种措施安定游客的情绪，解决因火灾造成的生活方面的困难，设法使旅游活动继续进行；协助领导处理好善后事宜；写出翔实的书面报告。

(四) 食物中毒

游客因食用变质或不干净的食物常会发生食物中毒。其特点是：潜伏期短，发病快，且常常集体发病，若抢救不及时会有生命危险。

发现游客食物中毒，导游员应设法催吐，让食物中毒者多喝水以加速排泄，缓解毒性；立即将患者送医院抢救，请医生开具诊断证明；迅速报告旅行社并追究供餐单位的责任。

## 八、游客越轨言行的处理

越轨行为一般是指游客侵犯一个主权国家的法律和世界公认的国际准则的行为。外国游客在中国境内必须遵守中国的法律，否则必将受到中国法律的制裁。

(一) 预防措施

导游员应积极向游客介绍我国的有关法律、宗教、习俗、景点管理的有关规定等方面的注意事项，多做提醒工作，以免个别游客无意中做出越轨、犯法行为。发现可疑现象，导游员要有针对性地给予必要的提醒和警告，迫使预谋越轨者知难而退；对顽固不化者，其越轨行为一经发现应立即汇报，协助有关部门调查，分清性质。处理这类问题要严肃认真，实事求是，合情、合理、合法。

(二) 几种典型情况的处理办法

1. 对攻击和诬蔑言论的处理

对于海外游客来说，由于其国家的社会制度与我国的不同，政治观点也会有差异，因此，他们中的一些人可能对中国的方针政策及国情有误解或不理解，在一些问题的看法上产生分歧也是正常现象，可以理解。此时，导游员要积极友好地介绍我国的国情，认真地回答游客的问题，阐明我国对某些问题的立场、观点。

对于个别游客站在敌对的立场上进行恶意攻击、蓄意诬蔑挑衅，作为一名中国的导游员要严正驳斥，驳斥时要理直气壮，观点鲜明，导游员应首先向其阐明自己的观点，指出问题的性质，劝其自制。如果游客一意孤行，影响面大，或有违法行为，导游员应立即向有关部门报告。

2. 对违法行为的处理

对于海外游客的违法行为，首先要分清是由于对我国的法律缺乏了解，还是明知故犯。对前者，应讲清道理，指出错误之处，并根据其违法行为的性质、危害程度确定是否报有关部门处理。对那些明知故犯者，导游员要提出警告，明确指出其行为是中国法律和法规所不允许的，并报告有关部门严肃处理。

中外游客中若有从事窃取国家机密和经济情报、宣传邪教、组织邪教活动、走私、贩毒、偷窃文物、倒卖金银、套购外汇、贩卖黄色书刊及录像录音带、嫖娼、卖淫等犯罪活动的，一旦发现应立即汇报，并配合司法部门查明罪责，严正处理。

3. 对散发宗教宣传品行为的处理

游客若在中国散发宗教宣传品，导游员一定要予以劝阻，并向其宣传中国的宗教政策，指出不经我国宗教团体邀请和允许，不得在我国布道、主持宗教活动和在非正式活动场合散发宗教宣传品。处理这类事件要注意政策界限和方式方法，但对不听劝告并有明显破坏活动者，应迅速报告，由司法、公安有关部门处理。

4. 对违规行为的处理

（1）一般性违规的预防及处理。在旅游接待中，导游员应向游客宣传、介绍、说明旅游活动中涉及的具体规定，防止游客不知而误犯。例如：参观游览中某些地方禁止摄影，禁止进入等，都要事先讲清，并随时提醒。若在导游员已讲清、提醒的情况下明知故犯，当事人要按规定由管理部门和司法机关处理。

（2）对异性越轨行为的处理。对于游客中举止不端，行为猥亵的任何表现，都应向其郑重指出其行为的严重性，令其立即改正。导游员遇到此类情况，为了自卫要采取断然措施；情节严重者应及时报告有关部门依法处理。

（3）对酗酒闹事者的处理。游客酗酒，导游员应先规劝并严肃指明可能造成的严重后果，尽力阻止其酗酒。不听劝告、扰乱社会秩序、侵犯他人、造成物质损失的肇事者必须承担一切后果，直至承担法律责任。

【经典案例】

8 月 19 日早上，某国外旅游团的全陪小宋发现卡特先生没来吃早餐，他是团里一位每天用餐非常准时的游客，集合登车时也没有看见他。由于他住单间，小宋就找领队询问是怎么回事，领队也不知道。小宋给他的房间打电话，铃响了好长时间也没人接。小宋请领队和他一起寻找，他们找遍了饭店的所有公共场所，都没有见到那位游客。他们一起来到客人的房间前，敲门也没有应答。他们试着推了推门，门是锁着的。于是他们问楼层服务员见到这位游客外出没有，服务员回答说没见他外出。最后他们决定请服务员打开门。一进门，他们发现该游客还睡在床上。领队叫了他几声，他也毫无反应，待他们走近床前，才发现他已死在床上。两人吓得跑到前厅，惊恐地告诉大家该游客死亡的消息。地陪小李当即决定取消当天的游览活动，并赶紧打电话向地接社报告，请领导前来处理问题，打完电话他就在前厅走来走去，紧张地等待领导。

请问：在上述描述中，全陪导游员在哪些方面做得不对？应该怎样做？地陪导游员呢？

◎**分析：**

1. 全陪导游员行动的不妥之处：

（1）发现游客死在床上，全陪和领队不应该都跑出来。

（2）不应该惊恐地当众宣布死讯。

2. 地陪导游员的不妥之处：

（1）地陪不应该立即宣布取消当天的游览活动。

（2）地陪不应只打电话向旅行社报告游客死亡的消息。

（3）不应该在大厅焦急地等待旅行社领导而不管其他游客。

3. 导游员正确的做法是：

（1）全陪和领队应有一人留在原地与楼层服务员一起保护现场。

（2）应与领队、地陪商量后再向全团宣布该游客的死讯。

（3）应安定其他游客的情绪。

（4）地陪（或由旅行社另派地陪）应继续带团到预定地点游览。

（5）在通知旅行社的同时要通知公安局外事处及饭店保卫部门。

（6）向旅行社领导作翔实报告。

（7）有关部门来调查时，应积极配合。

**【实训项目 1】游客特殊要求的处理**

实训目的：掌握处理原则，并能根据实际情况妥善处理。

实训内容：学生分不同场景（餐饮、住房、娱乐、购物、自由活动、中途退团等）情况下，进行针对性模拟。

教师主要观测点：

（1）观察学生对处理原则与步骤的把握；

（2）考查学生处理过程中的规范性、合理性和艺术性。

**【实训项目2】事故的预防与处理训练**

实训目的：强化安全意识，培养学生掌握处理各种易发事故的能力。

实训内容：教师进行知识讲授和各类事故处理的规范要求，学生模拟进行接送过程中事故处理、客人走失事故处理、安全事故处理、游客患病处理等，然后对比分析，相互评断。

教师主要观测点：

（1）观察学生良好的职业素养，沉着冷静的应变能力。

（2）考查学生对常见事故处理原则、步骤、方法的把握情况。

**【思考题】**

1. 游客要求自费观看文娱节目，导游员应提供哪些服务？
2. 游客购买古玩时，导游员应提醒其一些什么内容？
3. 哪些情况下不允许游客自由活动？
4. 游客有亲友要求随团活动时，导游员如何处理？
5. 游客因多次不合理要求被拒绝而要求退团，导游员如何处理？
6. 什么是“错接事故”？怎样处理错接事故？如何避免？
7. 怎样预防误机（车、船）事故的发生？
8. 比较丢失外国护照和中国护照处理方法的不同。
9. 怎样避免游客走失事故的发生？

# 第十四章　导游服务的其他技能

【学习目标】

❖了解话筒啸叫的原因和处理方法

❖掌握使用数码照相机的注意事项

❖熟悉旅游卫生保健常识

❖了解各类交通工具的相关知识

❖掌握度量衡、时差等换算技能

现代旅游业需要导游员的知识多样化、服务手段多样化，需要导游员掌握更多的技能。譬如旅游器材、速算技能、医疗急救工具的使用技能等。如在前往景点的途中导游员会在车上使用话筒对游客进行景点介绍和唱山歌、讲故事，在景区进行导游讲解时会使用扩音器，根据游客的需求在其自由活动时帮忙拍照等。

## 第一节　导游器材的使用技能

### 一、话筒

话筒又称传声器，一种电声器材，属传声器，是声电转换的换能器，通过声波作用到电声元件上产生电压，再转化为电能，用于各种扩音设备中。人们又称其为麦克风，由 Microphone 翻译而来。

（一）有线麦克风

有线麦克风就是麦克风本身再接上一条信号线，与各种扩音设备连接。导游员在致欢迎辞、欢送辞、首次接团、沿途讲解等环节都会使用到车载有线麦克风，有线麦克风的稳定性通常会比无线麦克风高。

导游员使用时一般嘴与话筒的距离为 10 厘米并呈 45 度角时，频响最好，音质较圆润。如果讲解时出现口齿声或呼吸声，可将话筒与嘴远离或偏离。有时候话筒使用不当会造成自激啸叫声，会影响导游员的讲解效果，同时也会使游客产生厌烦感。发生自激啸叫的原因往往有：

（1）话筒距音箱太近，话筒正向指向音箱。

（2）调音台上混响调节过大。

（3）话筒音量调节过大。

（4）没有接通压限器。

针对以上原因可采取以下措施：

（1）在行程开始前进行调试。

（2）导游员手持话筒不应使话筒正确指向音箱。

（3）接通压限器，其压缩比应设置为≤2∶1，动作时间为10毫秒，释放时间为0.3秒。

（4）以上措施不能奏效时，可通过调节均衡器，对易产生啸叫的频率加以衰减。

（二）无线麦克风

有的旅游车中的车载话筒是手握式无线麦克风。导游员在操作使用中应注意：

（1）若要测试麦克风是否有作用时，直接发音即可，不宜敲打麦克风或对麦克风吹气，以免损坏话筒；另外这也是不礼貌的行为。

（2）为使无线话筒发挥最佳效果，必须在行程开始前进行调试，处理好发射机输出电平增益、接收机输出增益和调音台输入增益三者间的关系，处理不当的话可能会出现声音压抑、没有穿透力或声音失真，甚至过激。如果出现自激啸叫的现象可以使用上面的方法进行调试解决。

（3）不使用时必须将话筒电源关闭，延长电池使用时间，以及预防出现不必要的杂音。

（4）在移动话筒过程中，请将话筒电源关闭，以免造成不必要的杂音。

（5）在使用话筒过程中，注意要与话筒保持一定距离，如果距离太近，演说者的低音部分会因音量过大而失真。并会产生“近场效应”。其表现是增加了过多的低音，讲话含混不清，严重的则完全听不清。

（6）为避免在使用无线话筒过程中出现干扰，使用话筒人勿带手机之类有干扰功能的物品。

（7）在使用无线话筒时应该对准嘴部呈一直线。由于指向性麦克风接收来自直线方向的声音灵敏度最大，所以演说者在说话时最好将麦克风对准嘴部呈一直线，以避免音效变差。

（8）在使用话筒过程中注意自身音量的控制。

## 二、扩音器

在景点、景区讲解时，导游员使用的扩音器一般有腰挂机和手持扩音器两种，又以腰挂机为最常见和发展趋势。

（一）腰挂机的特点

腰挂机优点：轻巧方便，喇叭别在腰间，头戴麦克风即可以使用，非常简单。

腰挂机缺点：只能用头戴麦克风，由于喇叭较小，声音还原性差，音量较小，只适合在较小的范围使用。

（二）腰挂机的使用

常见的问题也是啸叫，解决啸叫的办法有：

（1）这种话筒都是驻极体话筒，指向性极强，使用时一定要将话筒的正面朝上（背向喇叭），并尽量靠近嘴边，最佳距离为3厘米。

（2）话筒和喇叭的距离尽量远一些。

（3）适当调小音量，自己听到的声音不太真实，最好请他人确认一下声音是否够大。

（4）长时间不使用则应取出电池，以防止引起电池盒损坏。

（5）当音量变小时应及时更换电池，以免影响讲解效果。

（6）为了达到良好的效果，应对准发音，以避免方向不正而引起啸叫。

## 三、数码照相机

一般游客出外旅游都希望留下美好的回忆，摄影照相成为他们游览过程中的一个重要行为，导游员经常会被游客邀请帮助拍摄。导游员需要掌握基本的拍摄方法和相机使用技巧。

数码照相机简称数码相机，是一种利用电子传感器把光学影像转换成电子数据的照相机。与普通照相机在胶卷上靠溴化银的化学变化来记录图像的原理不同，数码相机的传感器是一种光感应式的电荷耦合器件（CCD）或互补性氧化金属半导体（CMOS）。在图像传输到电脑以前，通常会先储存在数码存储设备中（通常是使用闪存）。

这种摄影方式比传统照相机优越的地方在于：拍照之后可以立即看到图片，从而提供了对不满意的作品立刻重拍的可能性，减少了遗憾的发生；只需为那些想冲洗的照片付费，其他不需要的照片可以删除；色彩还原和色彩范围不再依赖胶卷的质量；感光度也不再因胶卷而固定。所以，数码相机是一般游客出游的必携物品。导游员在使用数码相机需注意的地方有：

（一）正确使用快门

使用数码相机，与过去的傻瓜化的相机或光学相机是有所不同的，由于数码相机采用的是电子感光器件CCD或CMOS感光成像的原理，因此，当快门按下后，存在一个比较短的延迟时间。在这段约半秒钟的时间里，要保持手的稳定，如果手稍有抖动，便会使图像变虚，从而影响拍摄质量。这种情况在近距拍摄或微距拍摄时更为明显。因此，当按下快门时，需要用手将相机机身端稳，并保持几秒钟的静止；拍摄近距或微距的作品时，最好使用三脚架。

### （二）地平线法和三分法

地平线法是指在风景类的照片中，地平线应该置于两条横线之一的位置上（例如上横线），被摄体或者镜头焦点应在下横线和纵向线之一的交叉处。使用这种方法拍照可以形成一种和谐的构图。

还有另外一种处理地平线的规则，即不要把地平线放在画面中间的位置，因为这样会把画面切割为二。如果天空景致特别迷人，就给它大部分画面，如果不是这样，就把地平线移到上方，以避免平淡无味的天空占有更多的画面。

三分法是一种最常用最基本的摄像构图法，即将一张图片按比例分为三等份，在取景构图时，有意识地把被摄主体安排在右 1/3 或左 1/3 的等分线上，无论主体是人物还是物体都是如此。

### （三）正确布局被摄体位置

摄影中要学会处理被摄体的位置，要思考把主要被摄体放在画面中什么位置上，把能用来改善并增加画面趣味性的衬景放在什么位置上。拍摄人物时，通常要想到把人物放在画面中间，或者把人物移到画面一侧，再配以有趣的背景，如让人物站着或靠着一个有趣的物体，如景观物体、门柱或背靠树木等。

### （四）充分考虑背景和前景

导游员要认识到，最终得到的照片将包括你在取景器里所见到的一切，画面将不仅仅只有你所要拍摄的主题，还必须考虑到背景和前景，主要被摄体应与照片上其他物体保持和谐，注意背景不要破坏或转移人们对主要被摄体的注意，而应尽可能完美地烘托主要被摄体。如果背景太繁杂，可以用更换镜头或变换拍摄角度的方法以改变背景。要避免被摄体后面出现高大物体；画面边缘出现的其他游客也应该尽量不摄入背景中去。

## 四、数码摄像机

数码摄像机一般被称为 DV，是英语 Digital Video 的缩写，它与传统录像带摄像机的一个最大区别就是它拥有一个可以及时浏览视频的液晶结构显示屏（LCD）。数码摄像机具有体积小、重量轻、摄像清晰度高、色彩更加纯正、可无损复制等优点，它逐渐成为一般游客的必携物品。

### （一）明确拍摄主题

旅游摄影要突出游玩过程中愉快轻松的心情和记录秀美迷人的景色这个主

题，以此来设定拍摄方案，确定拍摄内容，从而把最有意义的场景记录下来。要把握好人物与景色拍摄的比例和结合问题，既不能光有人物游玩的场景而忽略景色的拍摄，也不能光有景色而没有人物游玩过程和场景的拍摄。拍摄时，要利用不同的景别和拍摄手法来突出主题，比如利用大场面镜头（全景）或摇镜头拍摄介绍景区的大概面貌，用中景或特写表现重点景色和人物活动，用跟镜头拍摄家人朋友游玩的过程等。另外，游玩途中常会碰到一些意外的花絮，要及时抢镜头拍下来，对当地独特的风俗、奇闻奇事也要尽可能拍摄，以增加片子的趣味性和可观赏性。

（二）保持画面稳定

DV 摄像上手容易，但拍好不易，其中最容易出现的问题是拍摄的画面抖动。造成画面不稳定的原因，一是没有握稳机身，人的呼吸和肌肉颤抖会造成机身的抖动，特别是一手拿着摄像机，边走边拍摄，更容易造成画面的不稳定；二是使用长焦或数字放大功能时容易造成画面抖动，因为焦距越长视角越小，轻微的晃动就会使画面颤抖厉害。要保持画面稳定，关键是要用两只手拿稳摄像机，两手肘部贴紧胸肋处，尽量屏住呼吸。摇镜头拍摄转动时要扭动腰部而不是手部，跟镜头拍摄时尽量降低重心，步子要平稳均匀。一般不要用数字放大功能，实在要使用时，最好放在墙、石头等固定物上，先调好放大倍数，再按摄录按钮。当然，最好的办法是使用三脚架。

（三）合理运用技巧

推拉移摇是 DV 摄像中常用的拍摄技巧，推拉主要用在景别的调整上，如将全景推到近景，要点是推拉变焦杆时速度要均匀，一次性调整到位，中间不能有停顿，推镜头的落幅应是需要特别强调的场景，而不是变焦杆推到长焦端为止；摇镜头常用于拍摄大的场景，有上下摇镜头拍摄和左右摇镜头拍摄之分，如从下往上拍摄陡峭的山峰。在摇镜头拍摄时要注意不要来回反复地摇，摇过去就不要再摇回来了，只做一次上下或左右的全景拍摄；移镜头是指通过移动摄像机进行拍摄，比如坐在火车上拍摄窗外的田园风光，旅游中常见的边走边拍也是移镜头拍摄。

在进行推拉移摇时，要明确目的，有情景需要，不为推拉移摇而推拉移摇，不要反复使用同一种手法，避免摇来晃去。拍摄动作要平稳滑顺，画面流畅，中间无停顿，不能忽快忽慢。每个场景要有起幅和落幅，即在开拍处固定画面拍摄几秒钟，然后开始推拉移摇，到结束点再固定画面拍摄一段时间。

（四）防止 DV 损坏

野外旅游摄像容易遇到雨雾等天气，要注意保护摄像机，不要让摄像机被雨淋到。在海边拍摄时要防止海水或水雾溅到摄像机镜头上，海水对镜头有腐蚀性，应立即擦干净。不要直接对着太阳等强光源拍摄，那样很容易损坏数码摄像机的感光器件CCD。当发现镜头粘水或灰尘时，最好用专用的镜头清洗液清洁，不要用手纸擦，也不要用嘴去吹，那样容易损坏镜头镀膜层。

## 第二节 处理旅游常见疾病的技能

人们外出旅游，由于环境变化，加之大脑亢奋、身体疲劳、饮食不调等因素，容易生病或不适，甚至突发急症，有时还会受伤。因此，导游员应该向游客介绍一些旅游保健知识和简单易行的方法，掌握应对旅游常见疾病的技能，以降低这种潜在的风险。但须强调的是，任何紧急情况发生后，导游员都要及时报告旅行社，并根据情况将患者送至附近医院治疗、抢救。

### 一、旅游卫生保健常识

#### （一）一般保健常识

1. 导游员自用常备药品

导游员在带团期间因工作繁忙、精神紧张、起居不定、休息不好等，较平日容易患病，从而影响工作。故带团前要根据自己的身体状况，带些常用的药品，以备自己不时之需。一般可携带的常用药品有：速效伤风胶囊、感冒清、黄连素、乘晕宁、创可贴等，夏季还应带上十滴水、清凉油等。

2. 旅游衣物

旅游时的着装，在保暖、有利身体健康的前提下，衣着越少、越轻越好。旅游着装的选择，应具有材质轻、通风好、吸热少、吸水性强、耐脏、易洗等特点。旅游时最好穿旅游鞋或休闲鞋，有利于登山和长途行走。

3. 保持旅行中的身心健康

出门旅游，一定要量力而行，要保持良好的身心健康。旅行计划应量力而行，注意劳逸结合，避免过度劳累。努力缩小旅行生活与平时生活之间的差距。要尽可能维持正常的生活规律，如定时休息、睡眠与起床，定时进食与排便，使人体内存在的（或建立起来的）饮食起居节律（条件反射）不遭破坏。饮食要讲求营养。

4. 注意缓解旅游疲劳

消除疲劳，除了合理安排旅游计划，量力而行外，合理饮食也非常重要。人们在疲劳的时候，应该适当多吃一些碱性的食物，如海带、紫菜，各种新鲜蔬菜，各种水果，豆制品、乳类等，这些可缓解疲劳。

（二）饮食卫生

旅途中保持身体健康的首要问题就是时刻注意饮食卫生，防止“病从口入”。旅行中的饮食卫生，主要有以下几个方面：

1. 注意饮水卫生

旅途饮水以开水和消毒净化过的自来水最为理想，其次是山泉和深井水，江、河、塘、湖水千万不能生饮。无合格水可饮时，可取瓜果代水。

2. 瓜果一定要洗净或去皮吃

吃瓜果一定要去皮。瓜果除了受农药污染外，在采摘与销售过程中也会受到病菌或寄生虫的污染，因此一定要去皮吃。

3. 慎重对待每一餐，饥不择食要不得

高中档的饮食店一般可放心去吃，大排档可有选择地吃，摊位或沿街摆卖（推车卖）的不要去吃。

4. 学会鉴别饮食店卫生是否合格

合格的一般标准应是：有卫生许可证，有清洁的水源，有消毒设备，食品原料新鲜，无蚊蝇，有防尘设备，周围环境干净，收款人员不接触食品且钱票与食品保持相当距离。

5. 在车船或飞机上要节制饮食

乘车船飞机时，由于没有运动条件，食物的消化过程延长、速度减慢，如果不节制饮食，必然增加肠胃的负担，引起肠胃不适。

## 二、旅游常见疾病的处理

（一）晕车、晕船、晕机

晕车、晕船和晕机一样，医学上统称为运动病。导游员在出团前要了解游客当中是否有晕车、晕船、晕机的游客，以便早作准备，采取相应的措施。

对晕车、晕船和晕机的游客，可建议他们旅行前保证足够的睡眠；乘坐交通工具前半小时口服晕车药或用止痛膏贴于肚脐上（药品由游客自备）；乘坐前不宜过饥或过饱，只吃到七八分饱即可，尤其不能吃高蛋白和高脂肪食品，否则容易出现恶心、呕吐等症状；乘坐交通工具时要注意保持精神放松，不要总想着会晕。导游员要跟他们适当地聊天或是在交通工具上开展一些放松性的活动以分散注意力；尽量安排他们坐比较平稳且与行驶方向一致的座位，头部适当固定，避免过度摆动；同时使交通工具内适当通风，保持空气流通和新鲜；在旅行途中应提醒游客尽量不要看窗外快速移动的景物；有恶心、呕吐等征兆时，可做深呼吸；有条件的，可用热毛巾擦脸或在额头放置凉的湿毛巾。

发生晕车、晕船和晕机时，导游员应让游客最好静卧休息或尽量将座椅向后放平、闭目养神，千万不能在车厢内走动，否则会加重症状。

老人在乘坐交通工具时发生头昏、呕吐、恶心、出冷汗等征兆，切勿考虑为运动症，因为老年人前庭器官功能较迟钝，对运动反应不太敏感，一般不会发生运动症。同时，心脑血管急症（如心肌梗死、中风）患者也有以上症状，所以，应就近寻找医院处理治疗。

（二）腹泻

出门旅行中腹泻，会给旅途生活带来很大麻烦。因此，要提醒游客注意饮食卫生，养成良好的个人卫生习惯。建议游客在旅途中牢记“防止病从口入”这一警语并严格遵守。

腹泻的病因很多，常见的有：食物中毒、痢疾、情绪压力、病毒细菌感染和腹寒等。黄连素片是预防和治疗腹泻的良药，如果在旅途中感到进食后有肠胃不适，或对饮食店的卫生觉得不尽如人意，或进食的食物不太新鲜，均可立即服用黄连素片2~3片（药品由游客自备），能起到防治作用。如果不慎染上急性腹泻，就应立即采取治疗措施。必须注意的是，腹泻者应多补充水分。

（三）失眠

游客在旅游中出现失眠现象，原因多为初到一地，入睡环境有所改变，再加上温度、湿度的变化，噪音的影响，光感和气味的变化，造成入睡困难，这就是平常所说的“择床”。也有的是由于过度兴奋、疲劳以及慢性病引起的不适影响睡眠。

要克服旅游失眠，应建议游客保持情绪愉快，尽可能保持平时的饮食、起居、睡眠的时间和习惯。不要过度疲劳和兴奋。每到一处新地方，应尽快地适应当地的气候环境，克服生疏感。

如果条件允许而又没有高血压病和肝病，可建议游客睡前喝少量啤酒或一杯热牛奶以帮助入睡。不要在睡前喝浓茶和咖啡。如果仍然无效，可遵医嘱睡前服用一些镇静安眠药（药品由游客自备）。

（四）中暑

中暑的主要症状有：头痛、晕眩、烦躁不安、脉搏强而有力，呼吸有杂音，体温可能上升至40摄氏度以上，皮肤干燥泛红。人长时间在暴晒、高热、高湿环境中容易中暑。

导游员在夏季带团时要注意劳逸结合，避免游客长时间在骄阳下活动。如有人中暑，应尽快将其移至阴凉通风处，平躺，解开衣领，放松裤带；可以让其饮用含盐饮料，发烧者还须采取降温措施，服用必要的防暑药物（药品由游客自备）；缓解后让其静坐或平躺休息。严重者在必要的处理后应该立即送医院治疗。

# 第三节　旅游交通的相关技能

## 一、航空客运

(一) 航空旅行常识

1. 航班、班次、时刻

民航的运输飞机主要有三种形式，即班期飞行、加班飞行和包机飞行。其中，班期飞行是按照班期时刻表和规定的航线，定机型、定日期、定时刻的飞行；加班飞行是根据临时需要在班期飞行以外增加的飞行；包机飞行是按照包机单位的要求，在现有航线上或以外进行的专用飞行。此外，还有不定期航班与季节性航班之分。

在国际航线上飞行的航班称为国际航班，在国内航线上飞行的航班称为国内航班。航班又分为去程航班和回程航班。

班次是指在单位时间内（通常用一个星期计算）飞行的航班数（包括去程航班与回程航班）。班次是根据往返量需求与运能来确定的。

班期表上用阿拉伯字母 1~7 表示星期一到星期日，用“ * ”号表示次日的航班时刻，“BW”表示该航班隔周飞行。

世界各国对航班飞机的出发和到达时刻统一使用 24 小时制，用连写四个阿拉伯数字来表示。如，“1020”，即指上午 10 点 20 分。到达时刻指抵达当地的地方时刻。在中转换乘飞机时，需要问清时间，以免订错衔接航班。

2. 我国各航空公司代码

中国国际航空公司（Air China）　代码：CA

中国东方航空公司（China Eastern Airlines）　代码：MU

中国南方航空（集团）公司（China Southern Airlines）　代码：CZ

3. 客舱等级和餐饮供应

国际航空运输中，通常用英文字母表示客舱等级。

F = 头等舱 First Class

C = 公务舱 Business Class

Y = 经济舱 Economy Class

K = 平价舱 Thrift

国际航空运输中，通常用符号表示餐饮供应。如刀叉图案，表示在该航段飞行期间供应正餐；杯碟图案，表示在该航段飞行期间有早餐或点心供应。

(二) 机票的有关事项

1. 订购机票

我国旅客购票，须凭本人居民身份证或其他有效身份证件，外国旅客，华侨，港、澳、台胞购票，须凭有效护照、回乡证、台胞证、居留证、旅行证或公安机关出具的其他有效身份证件。机票只限票上所列姓名的旅客本人使用，不得转让和涂改，否则客票无效，票款不退。

2. OK 票和 OPEN 票

旅客在购买机票后，还必须预订座位。凡是确定好座位的机票，都被称为"OK"票。旅客持有确定好座位的机票，即可按上边的日期和航班号登机启程。"OPEN"机票是相对"OK"机票而言的。凡是机票上没有确定起飞的具体时间，即没有预订妥座位的有效机票，都被称为"OPEN"票。

3. 电子机票

作为信息时代纸质机票的一种替代产品，电子机票是目前世界上最先进的客票形式，它依托现代信息技术，实现无纸化、电子化的订票、结账和办理乘机手续等全过程，给旅客带来诸多便利以及为航空公司降低成本。在世界主要发达国家和地区的民航运输领域得到广泛使用。中国民航的电子客票项目于1999 年正式启动，目前在国内，国航、南航、东航、上航、海航等七家航空公司已经开始了电子机票业务的推广。

随着电子客票项目服务系统的完善，购买电子机票的全过程都可以通过互联网在异地完成，无须再到柜台去付款、取票。乘客在线购买成功后，会得到一个电子票号，在机场凭该电子票号和有效证件到值机柜台换取乘机凭证，并可在值机柜台获得报销凭证。

4. 儿童票

已满 2 周岁未满 12 周岁的儿童按成人全票价 50%购票。未满 2 周岁的婴儿按成人全票价的 10%购票，不单独占一座位。每一成人旅客只能携带一个婴儿享受这种票价，超过的人数应购买儿童票。

5. 客票及有效期

客票的有效期为一年，定期客票自旅客开始旅行之日起计算，不定期客票自填开客票之次日零时起计算；特种票价的客票有效期，按航空公司规定的该特种票价的有效期计算。

6. 客票遗失

旅客遗失客票，应以书面形式向航空公司或其销售代理人申请挂失，并提供原购票的日期、地点、有效身份证件、遗失地公安部门的证明以及足以证实客票遗失的其他证明。在申请挂失前，客票如已被冒用或冒退，航空公司不承担责任。

7. 变更和退票

旅客购票后，如要求改变航班、日期、舱位等级，应在原指定航班飞机规定离站时间48小时前提出，变更舱位等级，票款多退少补。客票只能变更一次，再次变更，须按退票有关规定办理后，重新购票。

（三）乘机的有关事项

1. 乘机时间

旅客应当在班机起飞前90分钟抵达机场，凭客票及本人有效身份证件按时办理乘机手续。停止办理登机手续的时间为航班规定离站时间前30分钟。

2. 办理登机手续

旅客凭机票、个人有效证件（居民身份证、护照、团队签证等）办理乘机手续，工作人员发给旅客登机卡，上有旅游姓名、具体座位号，旅客凭此卡从指定的登机口登机。如有随机托运行李，还发有行李票，到目的地后，旅客凭行李票领取行李。

3. 安全检查

在乘机前，旅客及其行李必须经过安全检查。

4. 误机

误机系指旅客未按规定时间办妥乘机手续或因其旅行证件不符合规定而未能乘机。旅客误机后，应在原航班起飞时间的次日中午12时（含）以前进行误机确认，如果要求改乘后续航班或退票，按航空公司的规定办理。

5. 航班不正常服务

因航空公司的原因，造成航班延误或取消，航空公司应免费向旅客提供膳宿等服务；由于天气、突发事件、空中交通管制、安检和旅客等非航空公司原因，在始发站造成的延误或取消，航空公司可协助旅客安排餐食和住宿，费用应由旅客自理。

6. 伤害赔偿

航空公司对每名旅客死亡、身体伤害的最高赔偿限额为人民币70 000元。

7. 旅客保险

旅客可以自愿向保险公司投保国内航空运输旅客人身意外伤害险。此项保险金额的给付，不免除或减少航空公司应当承担的赔偿限额。

（四）行李的有关事项

1. 随身携带物品

持头等舱客票的旅客，每人可随身携带两件物品；持公务舱或经济舱客票的旅客，每人只能随身携带一件物品。每件物品的体积不得超过20×40×55厘米，上述两项总重量均不得超过5公斤。超过规定件数、重量或体积的物品，要按规定作为托运行李托运。

2. 免费行李额

持成人票或儿童票的旅客，每人免费托运行李的限额为：头等舱40公斤，公务舱 30 公斤，经济舱 20 公斤。持婴儿票的旅客无免费行李额。

3. 不准作为行李运输的物品

旅客不得在托运行李或随身携带物品内夹带易燃物、爆炸物、腐蚀物、有毒物、放射性物品、可聚合物质、磁性物质及其他危险物品。旅客乘坐飞机不得携带武器如管制刀具、利器和枪支等。

4. 不准在托运行李内夹带的物品

旅客不得在托运行李内夹带重要文件、资料、外交信袋、证券、货币、汇票、贵重物品、易碎易腐物品以及其他需要专人照管的物品。航空公司对托运行李内夹带上述物品的遗失或损坏，按一般托运行李承担赔偿责任。

## 二、铁路客运

### （一）旅客列车的种类

旅客列车分为国内旅客列车和国际旅客列车。

自 1997 年 4 月 1 日以来，我国铁路已经过了六次提速。在新的列车时刻表中，列车分为以下几种：

冠“D”字的动车组旅客列车（列车行驶速度每小时 200 公里以上）；

冠“Z”字的准高速列车或直达特快旅客列车（列车行驶速度每小时 160 公里左右，沿途不停，一路直达）；

冠“T”字的特快旅客列车（列车行驶速度每小时 140 公里以上）；

冠“K”字的快速旅客列车（最快时速每小时 120 公里）；

车次序号为 4 位数的普通旅客列车（1×××、2×××、3×××、4×××、5×××。普通旅客列车的最快速度不超过每小时 120 公里）；

车次序号为 4 位数的普通旅客慢车（6×××、7×××、8×××）；

冠“L”字的临客普快列车多在春运、暑运期间增开；

冠“Y”字的临时快速旅游列车则在春游、秋游和节假日增开。

此外，还有在广深高速线上冠“S”的广深列车。

### （二）车票

车票是旅客乘车的凭证，也是旅客加入铁路意外伤害强制保险的凭证。

1. 车票的种类

车票的基本种类有客票和附加票两种。

（1）客票：包括软座、硬座、市郊、篷车客票。

（2）附加票：包括加快票（特别加快、普通加快）、卧铺票（高级软卧、软卧、包房硬卧、硬卧）、空调票。附加票是客票的补充部分，除儿童外，不能单独使用。

车票票面主要应载明以下内容：发站和到站站名，座别、卧别，票价，车次，乘车日期，有效期。

2. 加快票

旅客购买加快票，必须有软座或硬座客票。发售加快票的到站，必须是所乘快车或特别快车的停车站。发售需要中转换车的加快票的中转站还必须是有同等级快车始发的车站。

3. 卧铺票

旅客购买卧铺票必须有软座或硬座客票，乘坐快车时还应有加快票。卧铺票的到站、座别必须与客票的到站、座别相同。中转换车时，卧铺票只发售到旅客换车站。购买卧铺票的旅客在中途站上车时，应在买票时说明，售票员应在车票背面注明××站上车。乘坐其他列车到中途站时，应另行购买发站至中途站的车。

4. 站台票

到站台上迎送旅客的人员应购买站台票。站台票当日使用一次有效。对经常进站接送旅客的单位，车站可根据需要发售定期站台票。随同成人进站身高不足1.1米的儿童及特殊情况经车站同意进站人员，可不买站台票。

5. 儿童票

随同成人旅行身高1.1~1.4米的儿童，享受半价客票、加快票和空调票(以下简称儿童票)，超过1.4米时应买全价票。每一成人旅客可免费携带一名身高不足1.1米的儿童。超过一名时，超过的人数应买儿童票。儿童票的座别应与成人车票相同，其到站不得远于成人车票的到站。免费乘车的儿童单独使用卧铺时，应购买全价卧铺票，有空调时还应购买半价空调票。

(三) 车票有效期

车票票面上印有“限乘当日当次车，×日内有效”的字样。“限乘当日当次车”，就是要按票面指定的日期，乘坐指定的列车。“×日内有效”，指的就是车票有效期。北京到广州车票的有效期是6天，北京到上海的有效期是5天，北京到武汉车票的有效期是4天。铁路规定，各种车票的有效期以指定乘车日起至有效期最后一日的24时止计算。

(四) 退票

旅客要求退票时，按下列规定办理，并核收退票费：

(1) 在发站开车前，特殊情况也可在开车后2小时内退还全部票价。团体旅客必须在开车48小时以前办理。

(2) 在购票地退还联程票和往返票时，必须于折返地或换乘地的列车开车前5天办理。

(3) 旅客开始旅行后不能退票。但如因伤、病不能继续旅行时，经站、车证实可退还已收票价与已乘区间票价差额。已乘区间不足起码里程时，按起码里程计算；同行人同样办理。

(4) 退还带有“行”字戳迹的车票时，应先办理行李变更手续。

(5) 站台票售出不退。

### 三、公路客运

公路交通以其机动灵活，在旅游运输中占有重要的地位。

(一) 公路的分类

1. 按行政等级划分

公路按行政等级可分为：国家公路、省公路、县公路和乡公路（简称为国、省、乡道）以及专用公路五个等级。一般把国道和省道称为干线，县道和乡道称为支线。

2. 按使用任务、功能和适应的交通量划分

公路按使用任务、功能和适应的交通量分为高速公路、一级公路、二级公路、三级公路、四级公路五个等级。

高速公路为专供汽车分向车道行驶并应全部控制出入的多车道公路。目前主要有四车道、六车道和八车道高速公路。根据我国2004年底国务院通过的《国家高速公路网规划》，国家高速公路网将采用放射线与纵横网格相结合的布局，形成由中心城市向外放射以及横连东西、纵贯南北的大通道，由7条首都放射线、9条南北纵向线和18条东西横向线构成，简称为“7918网”。

(二) 国道编号常识

我国国道采用数字编号，分为四种编号方式，一类是放射状的，这些公路排序都是“1”字开头；第二类是南北向的，以“2”字开头；第三类是东西向的，以“3”字开头，第四类是“五纵七横”主干线，以“0”字开头。国道编号为三位数字，颜色为红底、白字、白边，形状为长方形。分别设在公路的起终点及该路沿途的主要交叉路口。

以北京为中心或以北京为起点的国道，用“1××”表示，这类国道共12条，编为101~112线，包括以北京为中心的环线（仅112一条）和以北京为起点的国道。

南北向的国道用“2××”表示，共有28条，编为201~228线，这类国道的总体走向为南北向，多贯穿南北、跨数省区，为我国南北的交通干线。

东西向的国道用“3××”表示，共有30条，编为301~330线，此类国道通常为东西走向，横贯祖国大地，连接数省区，是我国东西向的交通动脉。

### 四、水路客运

（一）乘船旅行常识

中国的水路客运分为沿海航运和内河航运两大类。按照运营形式又可分为水路游览运输和水路旅客运输两种形式。

以水路游览运输为主业的现代远洋游船和内河豪华游船在很大程度上超越了传统意义上的单一客运功能，成为集运输、食宿、游览、娱乐、购物等为一体的豪华旅游项目。游船一般定期或不定期沿一定的水上线路航行，在数个观光地停泊，以方便游客登岸参观游览。游船的种类很多，根据2008年新的《内河旅游船星级的划分与评定》中的有关规定，旅游船的等级类似星级饭店，用一星到五星来区别；按照航行水域的不同又可分为远洋游船、近洋游船、沿海游船和内河游船。

远洋、近洋、沿海游船一般吨位较大、性能优越、内部设施豪华、造价昂贵。如目前亚洲最大的游轮处女星号（丽星游轮公司），造价3亿5千万美元，拥有各类客房1000间，载客量2019名。拥有的服务设施有歌剧院、电影院、卡拉OK酒廊、图书馆、棋牌室、夜总会、游戏室、健身中心、美容美发室、露天泳池、日光浴场、网球场、会议室、购物廊、商务中心等，仅在饮食方面就有十几种风格的餐厅。

（二）船票

普通客轮的船票分成人票，儿童票和优待票（学生票、残疾军人票），且分为一等、二等、三等、四等、五等几个级别，船票票面注明有“船名”、“日期”、“开航时间”和“码头编号”。旅客购买了船票后，因故改变行程或行期，需要退票时，应在开船时间前2小时，团体票应在规定开船前24小时办理退票，超过规定时限不能退票。

我国长江星级游船的船票现多采取预定，船票有淡季和旺季、上水和下水、标准房间和总统套间等区别。船票费用包括船上餐费和长江沿岸游览费，不包括在船期间的酒吧饮料、洗衣、理发、邮电、医疗、按摩、购物等用于私人目的之费用。行业内多称为一票制。

## 第四节　换算技能

### 一、度量衡换算

各个国家使用的度量衡单位各有不同，导游员应该有换算的技能，以保护入境游客的利益。见表14-1。

表 14-1 **中外常用度量衡换算表**

| 重量单位换算 | | | | | |
|---|---|---|---|---|---|
| 公斤 | 市斤 | 磅 | 盎司 | 克拉 | 克 |
| 1 | 2 | 2. 2046 | 35. 274 | 5000 | 1000 |
| 长度单位换算 | | | | | |
| 米 | 公里 | 英里 | 公尺 | 英尺 | 海里 |
| 1 | 0. 001 | 0. 0006214 | 1 | 3. 2808 | 0. 00054 |
| 面积单位换算 | | | | | |
| 平方米 | 公顷 | 平方公里 | 平方英里 | 市亩 | 英亩 |
| 1 | 0. 0001 | 0. 000001 | 0. 000000386 | 0. 0015 | 0. 00025 |
| 容量单位换算 | | | | | |
| 升 | 加仑 | 毫升 | 美桶 | 公升 | 市升 |
| 1 | 0. 21997 | 1000 | 0. 000629 | 1 | 1 |

**【小案例】8 英尺是多少米?**

譬如，一位外国游客在购物时看中了一种丝绸，告诉导游员他想购买 8 英尺的丝绸，如果这时导游员直接告诉售货员要买 8 英尺的丝绸，则很可能售货员不知道 8 英尺是多少米会造成场面的尴尬，故导游员应该明白 1 英尺大约是 0. 3048 米，然后在心里速算出 8 英尺是 2. 44 米左右并告诉售货员。

## 二、时差换算

英国格林尼治天文台每天所报的时间，被称为国际标准时间，即“格林尼治时间”。

人们在日常生活中所用的时间，是以太阳通过天体子午线的时刻——“中午”作为标准来划分的。每个地点根据太阳和子午线的相对位置确定的本地时间，称“地方时”。

自 1884 年起，国际社会将全球划分为 24 个时区，每个时区的范围为 15 个经度，即经度相隔 15 度，时间差 1 小时。以经过格林尼治天文台的零度经线为标准线，从西经 7 度半到东经 7 度半为中区（称为 0 时区）。然后从中区的边界线分别向东、西每隔 15 度各划一个时区，东、西各有 12 个时区，而东、西 12 区都是半时区，合称为 12 区。各时区都以该区的中央经线的“地方时”为该区共同的标准时间。我国以位于东八区的北京时间作为全国标准时间。我国首都北京与世界主要城市的时差见表 14-2。

表 14-2　　**北京与世界主要城市时差表**

单位：小时

<table>
<tr><th>城市名称</th><th>时差数</th><th>城市名称</th><th>时差数</th></tr>
<tr><td>香港、马尼拉</td><td>0</td><td rowspan="2">赫尔辛基、布加勒斯特、开罗、开普敦、索非亚</td><td rowspan="2">-6</td></tr>
<tr><td>汉城、东京</td><td>+1</td></tr>
<tr><td>悉尼、堪培拉</td><td>+3</td><td rowspan="2">斯德哥尔摩、柏林、巴黎日内瓦、华沙、布达佩斯</td><td rowspan="3">-7</td></tr>
<tr><td>惠灵顿</td><td>+4</td></tr>
<tr><td>新加坡、雅加达</td><td>-0.5</td><td>罗马、维也纳、雅温得</td></tr>
<tr><td>河内、金边、曼谷</td><td>-1</td><td>伦敦、阿尔及尔、达喀尔</td><td>-8</td></tr>
<tr><td>仰光</td><td>-1.5</td><td rowspan="2">纽约、华盛顿、渥太华、哈瓦那、巴拿马城</td><td rowspan="2">-13</td></tr>
<tr><td>达卡</td><td>-2</td></tr>
<tr><td>新德里、科伦坡、孟买</td><td>-2.5</td><td>里约热内卢</td><td>-11</td></tr>
<tr><td>卡拉奇</td><td>-3</td><td>芝加哥、墨西哥城</td><td>-14</td></tr>
<tr><td>迪拜</td><td>-4</td><td>洛杉矶、温哥华</td><td>-16</td></tr>
<tr><td>德黑兰</td><td>-4.5</td><td>安克雷奇</td><td>-17</td></tr>
<tr><td>莫斯科、巴格达、内罗毕</td><td>-5</td><td>夏威夷（檀香山）</td><td>-18</td></tr>
</table>

“+”表示比北京时间早，“-”表示比北京时间晚。各地时间均为标准时间。

## 三、摄氏、华氏换算

世界上温度的测量标准有两种：摄氏℃、华氏℉。我国采用摄氏测量温度。导游员应掌握摄氏与华氏之间的换算公式：

（一）摄氏℃ = 5/9×（℉-32）

例如，将华氏 90°换算成摄氏度数

5/9×（90-32）= 5/9×58 = 32.2

即：华氏 90°等于摄氏 32.2°

（二）华氏℉ = ℃×9/5+32

例如，将摄氏 90°换算成华氏度数

30×9/5+32 = 54+32 = 86

即：摄氏 30°等于华氏 86°

**【实训项目 1】导游腰挂机的使用**

实训目的：掌握必要的导游器材的使用。

实训内容：将学生分成几个小组，每组分配一个导游腰挂机，每名同学都要学会使用。

教师主要观测点：

（1）观测学生对导游腰挂机的使用方法的掌握情况。

（2）考查学生对器材障碍的处理方式。

**【实训项目 2】旅游交通知识抢答**

实训目的：掌握各类交通工具的一般常识。

实训内容：将学生分成几个小组，进行旅游交通知识抢答，对获胜小组予以表扬。

教师主要观测点：

（1）观测学生对各类交通知识的掌握程度。

（2）考查学生的合作状态和参与的积极性。

**【思考题】**

1. 话筒啸叫的处理办法是什么？
2. 常见旅游疾病的处理技巧？
3. 航空和铁路对儿童票的规定有何异同？
4. 我国北京标准时间是如何确定出来的？

# 主 要 参 考 文 献


1. 熊剑平，袁俊. 导游业务. 武汉：武汉大学出版社，2004.
2. 熊剑平，董继武. 导游业务. 武汉：华中师范大学出版社，2006.
3. 熊剑平，李志飞. 导游学——理论·方法·实践. 北京：科学出版社，2007.
4. 国家旅游局人事劳动教育司. 导游业务. 北京：旅游教育出版社，2005.
5. 张力仁. 导游业务. 北京：高等教育出版社，2003.
6. 陈乾康. 导游实务. 北京：中国人民大学出版社，2006.
7. 叶胜华. 导游业务. 北京：人民邮电出版社，2006.
8. 纪俊超. 导游知识千题解. 北京：旅游教育出版社，2004.
9. 徐云松. 旅行社服务案例分析. 北京：高等教育出版社，2000.
10. 郭赤婴. 新导游带团案例. 北京：中国旅游出版社，2006.
11. 湖北省旅游局人事教育处. 导游业务. 武汉：华中师范大学出版社，2006.
12. 张明清. 导游业务与技巧. 北京：高等教育出版社，2005.
13. 杨培玉. 导游技能. 天津：南开大学出版社，2005.
14. 杜炜，张建梅. 导游业务. 北京：高等教育出版社，2002.
15. 陈乾康. 旅行社计调与外联实务. 北京：中国人民大学出版社，2006.
16. 周晓梅. 计调部操作实务. 北京：旅游教育出版社，2006.
17. 蒋炳辉. 景点导游教程. 北京：中国旅游出版社，2006.
18. 袁俊. 湖北经典导游辞. 北京：旅游教育出版社，2008.
19. 韩荔华. 实用导游语言技巧. 北京：旅游教育出版社，2002.
20. 王连义. 怎样做好导游工作. 北京：中国旅游出版社，2004.
21. 魏星. 实用导游语言艺术. 北京：中国旅游出版社，2003.
22. 侯志强. 导游服务实训教程. 福州：福建人民出版社，2003.
23. 王健民. 出境旅游领队实务. 北京：旅游教育出版社，2005.
24. 袁俊. 旅游学概论. 武汉：华中师范大学出版社，2006.

25. 中国国家旅游局官方网站，http：//www. cnta. com .
26. 湖北旅游政务网站，http：//www. hubeitour. gov. cn.
27. 湖北机场集团公司网站，http：//www. whairport. com.